搞定大客户

销售总监10亿订单实战胜经

吴志虎◎著

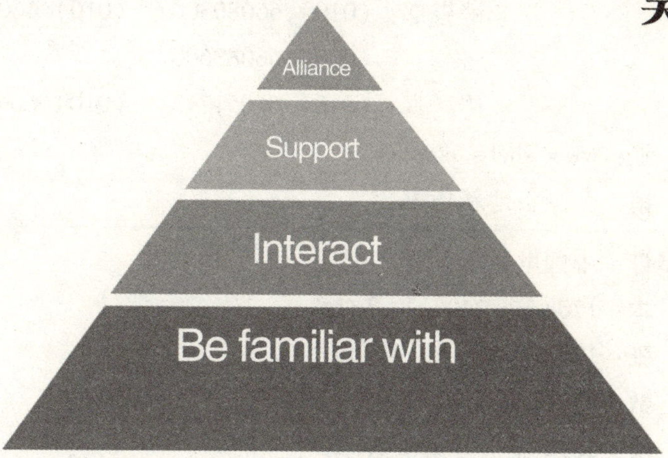

中国社会出版社
国家一级出版社★全国百佳图书出版单位

图书在版编目（CIP）数据

搞定大客户：销售总监10亿订单实战胜经 / 吴志虎著．—北京：中国社会出版社，2014．7

ISBN 978－7－5087－4737－8

Ⅰ．①搞…　Ⅱ．①吴…　Ⅲ．①企业管理—销售管理　Ⅳ．①F274

中国版本图书馆CIP数据核字（2014）第098656号

书　　名：搞定大客户：销售总监10亿订单实战胜经

著　　者：吴志虎

责任编辑：杜　康

出版发行：中国社会出版社　**邮政编码：**100032

通联方法：北京市西城区二龙路甲33号

电　话：编辑部：（010）66032739

邮购部：（010）66081078

销售部：（010）66080300　（010）66085300

（010）66083600

传　真：（010）66051713　（010）66080880

网　　址：www. shcbs. com. cn

经　　销：全国各地新华书店

印刷装订：中国电影出版社印刷厂

开　　本：170mm×240mm　1/16

印　　张：17

字　　数：230千字

版　　次：2014年7月第1版

印　　次：2018年8月第2次印刷

定　　价：39.00元

·推荐序·

国内营销界，特别是工程机械营销领域，鱼龙混杂、良莠不齐，各种理念、各种思想泥沙俱下，被庸俗化的关系营销大行其道，甚至还被有些营销人员和企业奉为圭臬，严重损害了工程机械营销的声誉，也制约了整个行业的规范发展。

本书作者吴志虎2004年加盟山河智能，作为一员销售新兵进入山河凿岩产品销售团队。其时山河的一体化潜孔钻机销售还处于开创阶段，他长期深入条件艰苦的矿山现场，从基层一线销售人员做起，经历了销售办事处主任、区域经理等岗位的锻炼，取得了突出的销售业绩，先后获得过区域开拓奖、优秀区域经理奖、公司十周年先进个人等奖励、荣誉。

难能可贵的是，吴志虎2004年加盟山河智能，他不仅是一位优秀的营销实践者，还是一位善于总结的有心人，本书对他十余年销售生涯作了系统的归纳总结，相信会给从事高端营销的营销人才一定的启示。

山河在国内率先推出特色鲜明的系列一体化潜孔钻机，是一种高效节能的矿山高端凿岩设备。客户一般都是规模较大的矿山和采石场，也就是常说的大客户。要让这些用惯了进口产品的大客户开始采用中国产品确实困难不少！本著作用自己的成功实践告诉我们如何去开拓这样的高端客户市场。

写书是一项没有最好、只有更好的辛勤劳作，仔细阅读本书，感觉如能适当减少知识性介绍的篇幅，增加作者本人及他人的大客户销售案例，进一步增强内容的可读性、生动性就更好了。这方面希望改版时能够改善。

目前，中国正着力于转变经济发展方式，这对企业历练内功、综合创新提出了更高的要求。我真诚希望有更多的有志之士，献身到工程机械市场创新、营销创新实践领域，共同倡行阳光营销、健康营销、绿色营销，彻底告别吃喝营销、灰色营销、金砖营销，践行中央反腐精神，为中国营销的正本清源，为中国工程机械行业的可持续发展，为实现中国梦作出应有的贡献！

山河智能装备集团　董事长
中南大学教授、博导
何清华

序

·事半功倍的成长法则·

恭喜你选对了最有“钱途”的职业！在你获得理想工作、职位提升，甚至找到梦中情人、教育子女的生活过程中，是否具备良好的销售技能，其结果都会产生极大不同。为了实现你人生的目标，建立自己的事业，无论你从事任何职业、处于何种岗位，你都必须是一个优秀的销售人员，有把自己的优势销售给上司和你服务的单位的能力。

销售技能可能成就你，也可能会毁掉你。许多所谓怀才不遇的牢骚者，其实就是缺乏销售自己才华的能力。销售可以提升你应对人生种种问题的技能，可以为你带来丰厚的金钱收入，让你从工作自由到实现财务自由。对于白手起家的你，销售是你成功的最快捷径；对于起点很高的你，销售会为你插上腾飞的翅膀！

中国有八千万销售大军，真正高收入的只是塔尖的少数。为什么同样的付出，回报却千差万别？甚至更努力的付出，回报却更少？所以从事销售工作的你，都应该深思这个问题！答案其实很简单。古语有云：男怕入错行，女怕嫁错郎。不同行业的销售人员，其收入差距巨大。

大客户销售领域的销售人员是解决客户问题的行业专家，需要站在客户和行业的角度，满足大客户复杂组织和个人的利益需求，是具有很高策略要求的专业顾问式销售。如果你只是一个产品推销员，其工作行为主要是执行公司统一的销售政策，完成对代理分销商的沟通以及对终端商户的维护、理货、补货等简单重复劳动。两种销售工作要求不同，所以收入差距巨大。

对于大客户销售领域，撇开销售人员的个人能力和敬业精神等因素，有三个外在因素会影响销售人员成功：一是行业发展前景和趋势，二是公司所处的行业地位，三是公司内部的管理体系。这三者对销售人员的业绩影响巨大，尤其是行业发展前景和趋势，更是决定销售人员收入的关键因素，所有进入大客户销售领域的销售人员，都应该在事先进行充分评估，避免自己陷入职业的雷区。

行业发展前景和趋势对销售人员业绩影响巨大。选择高增长的行业顺势而为，就像跨上一匹飞驰的千里马，业绩会随着市场的增长而爆发，好比遇上股市的大牛市，什么股票都在涨！不幸选择了夕阳行业，或者增长速度放慢的行业，行业整体业绩下滑，即使你所在的公司再优秀，也会像熊市的股票，很难逆市飘红，就好比老牛拉破车，只能是步履蹒跚，业绩增长困难。

公司在行业的地位也是影响销售人员业绩的重要因素。任何一个高增长的行业总会有太多的公司想分一杯羹，难免鱼龙混杂。具有技术或资金优势的好公司可以利用行业领先的技术优势形成核心竞争力，或者利用先发优势形成一定的市场规模或品牌优势。具有技术优势可以使公司持续领先或后来居上，业绩爆发式增长或持续增长；具有先发优势可以使公司赢得丰厚利润，为进一步发展打下坚实的基础。

公司内部的管理体系对销售人员的影响也不可忽视。好公司管理制度相对完善，能给销售人员带来成长的空间，并鼓励销售人员成长。不要选择那些薪酬远低于行业标准，或者推行责任薪金的公司，或者销售人员流动性很大的公司。大客户销售周期都比较长，如果你的运气不是特别好，很可能你难以熬到订单达成的那天。不注重销售的公司，优秀的销售人才很难脱颖而出，这样的公司也很难出现高增长，你就难以坐上高增长的快车。

如果在进入销售岗位前不对行业和公司进行认真调查研究，难免踏入销售雷区，必将沦落到不断找工作和不断换公司的境地。这种境况对销售人员来说很糟糕，无论是个人的收入增长，还是个人成长的速度，都不会很理想；甚至还会因为不断的失败，给销售人员带来很大的挫败感，从而不得不放弃销售工作，同时也会给今后的人生带来不利的影响。

选择未来可能高增长或者稳定增长的行业，果断放弃已经处于下滑的夕阳行业；选择行业内具有核心竞争力的企业，选择每年的业绩稳定增长，已经成为领军企业或者未来可能迅速发展的企业，果断放弃那些业绩停滞甚至萎缩的企业；选择注重销售、尊重销售人员，鼓励销售人员一起成长的企业，果断放弃那些不择手段竞争，盘剥销售人员资源的所谓激进公司，如需要拉人头或者从亲朋好友开始蒙骗的公司。

选择比努力更重要！如果你选对了努力的方向，你可以跟上时代发展的潮流，让业绩随市场发展而稳定增长；如果你掌握了高效的销售技巧，你的单位工作时间就会拥有更高的效率，甚至可以做到事半功倍，付出同样的努力，你可以比其他同行更快成长！

本书作者潜伏大客户销售领域10年，身经1000余个订单实战历练，累计赢单900余个，订单金额超过10亿元。本书介绍的销售实战方法是历经10亿元订单实战检验的销售胜经，是大客户销售的真知灼见，作者用10年的亲身体验告诉你，如何才能事半功倍、快速成长！

目录
CONTENTS

第一章

下一个销售冠军就是你

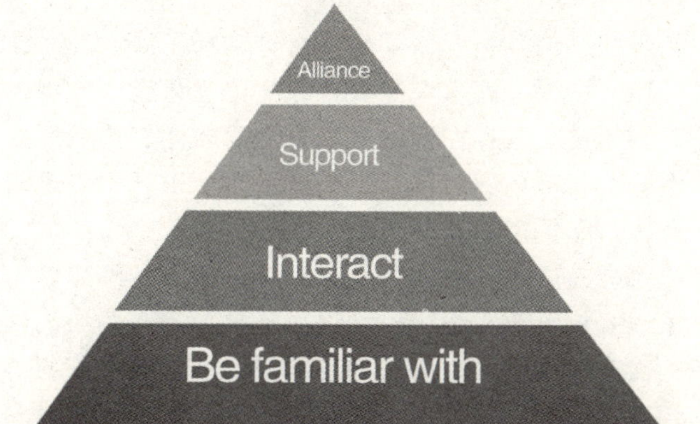

销售无处不在，销售可以帮助任何人任何职业成功！无论你从事任何职业，你都必须是一个优秀的销售人员，有把自己的优势销售给上司和公司的能力。在你获得理想工作、职位提升，甚至找到梦中情人、教育子女的生活过程中，是否具备良好的销售技能，其结果都会产生极大不同。销售技能可能成就你，也可能会毁掉你。许多所谓怀才不遇的牢骚者其实就是缺乏销售自己才华的能力。

销售是只有第一名才能生存的竞争，能养成销售人员永争第一的进取心；销售过程经常遭到客户拒绝，能培养销售人员百折不挠的自信心；销售工作经常需要破解各种难题，能培养积极正面看问题的良好心态，养成思考问题、解决问题的习惯；销售需要经常与客户打交道并建立互信，能学会站在他人的立场和角度看问题，提高人际交往能力；销售需要各种丰富的知识，能增强销售人员的学习力，提高销售人员的素养。

如果你是因为没有工作选择了销售，或者你还是一个身处社会底层的人，那么恭喜你选择了最有“钱途”的职业，你可以依靠自身能力改变自己的命运，赢得金钱、地位和尊严。更可喜的是，当你学会了销售的技能后，你的良好心态和洞察能力将会让你在任何行业、任何职位都游刃有余。

如果你的目标是创办企业，那么恭喜你选择了最快的途径，你可以通过销售了解市场和行情，了解客户的需求和竞争者情况，你可以知道产品如何实现销售，现有销售队伍存在哪些不足，如何才能取得销售的突破。很多销售人员在熟悉行业和市场后，选择了自主创业；也有相当多的老板在创业前先选择去做销售，熟悉市场和行情。

如果你的目标是成为政治家，愿意在为社会服务的舞台一显身手，那么恭喜你选择了最好的行业，你可以通过销售学习与人沟通的本领，分析你的上级和下属的需求，从而选择更好的方式满足他们不同的利益，把你的施政纲领或者管理方略顺利推销出去从而建功立业。好的政治家绝对是个洞察人心的销售高手。

世界500强企业的CEO，70%都曾经是销售人员。成为顶尖销售人员的秘密就是具有坚定的职业认同感！只有认同销售这门伟大的职业，销售人员才会时刻保有激情澎湃的动力，面对挫折时才会不断寻找解决方法，愿意不断提升个人知识素养，提高沟通能力和客户影响力，不断学习产品和行业知识，成为客户行业问题诊断专家，协助客户形成解决方案，帮助客户获得成功。

1. 销售冠军的五种特质

事实上所有人都明白，即使是在同一个单位销售同样的产品，在相同的绩效考核和薪酬激励制度下，不同的销售人员销售业绩还是不一样。甚至是在面对同一个客户，不同销售人员也会体现出很大的差别，即使是产品处于强势地位，还是经常有客户会对供货商提出不愿意与某个销售人员合作，导致公司不得不派其他销售人员跟进项目，就算不提出更换销售人员，同样的合作项目，不同销售人员获得的商务条件也会大相径庭。

所以每个销售人员都要时刻反问自己，客户是不是要选择我们这个档次的产品，选择这个档次产品是不是要选择我们公司，选择我们公司是不是要选择我成交。在抱怨公司产品质量、营销政策、质疑上司之前，先要问问自己，自己的业绩有没有超过最好的同事，甚至达到了公司的平均水准？如果你的答案都是肯定的，你可以选择更换一家有前途的公司，或者重新选择一个更有前途的行业。如果你的答案是否定的，你就要多从自己身上寻找改善的途径。

很多时候产生业绩差异的根源，其实源于销售人员自身。只是出于人性的劣根性，人们在遇到问题时，首先是向外寻找推脱的理由，而不是由内寻找解决问题的办法。这恰恰是优秀的销售人员和普通销售人员的最大区别，办法总比问题多！即使有时不得不向上司解释一个理由，那些想追求上进的优秀销售人员，一定要去探寻真正的原因，寻求办法改善和总结经验教训，给自己内心一个真正的交代。

一般而言，优秀的销售人员都具有五种特质：建立陌生关系的自信力，发现和满足客户需求的理解力，引导和影响客户决策的影响力，持续愉悦服务客户的取悦力，永不放弃自我执行的恒定力。

自信力

自信是销售人员最重要的特质之一，自信能使人积极正面思考问题，遇到事情总能往好的方面想，在困难和挫折面前永不服输，练就极强的心理承受能力。任何人、任何职业都需要自信，对销售人员而言，自信就是相信公司、相信产品、相信自己，能迅速和陌生客户建立关系，并最终赢得客户和订单。自信有三个要素：自我形象、自我肯定、自我期许。

自我形象　塑造良好的自我形象，穿戴适宜、有品位的服饰，掌握丰富的专业知识和具备职业素养，使自己成为解决客户行业领域问题的专家，或者其他领域的专家，都可以增强销售人员的自信心。

自我肯定　是增强自信的好办法。对大部分人来说，有没有自信在很大程度上取决于自己。学会就事论事，遇到问题不是先否定自己的能力，而是分析问题出现的原因，去寻找解决办法或改善方案，经常用自我肯定的方式，对自己进行鼓励和激励就能拥有自信；如果经常否定自己，做事畏首畏尾，自信心就会越来越差。

自我期许　成功实现自己的目标是激励自信产生的最好办法。销售是一个有超强目标导向性的工作，销售人员要在销售的不同阶段不断设定具体的、可实现的销售目标，通过完成任务实现自我激励。

自信70%是天生的，是受父母和家庭环境的熏陶形成的，儿时的环境是造成人们性格趋势的重要原因。30%的自信可以通过后天专门的训练形成。培养自信心最简单有效的方法就是在大庭广众之下讲话。在发言时只要能做到以下三个方面就能培养出自信：第一，把听众当成朋友，保持平和的心态；第二，珍惜听众的时间，把讲话内容分成一、二、三等几个部分，使逻辑关系清晰；第三，给听众以真诚的目光。听众的掌声和赞许的表情是自信最大的源泉。

自信虽然是优秀销售人员的五种特质之一，但不是越自信越好，凡事都要有度，过于自信、咄咄逼人就过犹不及。根据销售人员自信程度的不同，销售人员可以分成四种类型：害怕挑战、不敢面对客户的缺乏自信型，这类销售人员需要提高自信心或予以淘汰；缺少激励、没有上进心和目标的得过且过型，这类销售人员需要严格管理和设定目标激励；狼一样执着、不达目的誓不罢休的战狼型，这类销售人员适合品牌竞争力和价格都没有优势的企业；具有过人胆识和魄力、敢于挑战强者的王者型，这种销售特别适合大客户销售。

理解力

做销售光有自信和胆量是不够的，还必须知道客户的需求到底是什么，还必须能听得懂客户的话，具备很好的悟性和理解力。实际销售工作中，每个客户对产品品质、客户服务甚至灰色收入方面都会存在不同的需求，而且客户所表达的和真正的需求往往不一致，销售人员能否真正理解客户，了解他们的需求非常重要，不能真正理解客户的意图就极易陷入销售困境。销售人员必须有很强的感悟客户内心需求的能力。

要真正理解客户的需求，除了要能理解客户的语言外，还要能理解客户的动作或身体语言，因为人内心世界的想法有55%是从动作中表达出来的。更为重要的是，如果只听客户说话，不观察客户的身体语言，有时很难明白客户的真实想法和意图。倾听是正确理解的必要条件，特别是当客户讲话的时候，倾听时要表现出专注的眼神和领悟的表情，一定要听清楚客户的意思，及时对客户的话作出回应，这些都是悟性与理解力的体现。

销售人员与客户沟通时思维不能固化，对客户的话缺乏理解力，不明白客户的真实意图，甚至感到惊奇认为不可能；更不要低估客户的智商，低估客户的智慧就有可能错误理解客户的意图，不知道客户的需求到底是什么，找不到客户的需求，自然就很难和客户成交，或者使公司蒙受损失。销售人员要对客户的言辞、表情、肢体语言等综合分析，看出或揣摩出客户的真正需求。

客户最不喜欢的销售人员有两种：一种是不诚信，说一套做一套，前面吹得天花乱坠，后面却不兑现的人；另一种就是话太多，不尊重人，不听客户的要求与意见，不看客户的表情、动作，自己在那里没完没了地说，好像是给客户上课，典型没有悟性和理解能力的人。真正的销售高手在与客户交谈的过程中，看得很多，问得很多，更善于去倾听和发问。

影响力

所谓影响力是一种特殊的人际影响力，就是让客户说“是”的能力，引导和影响客户的能力，这一点对销售工作至关重要，它是决定业绩好坏的主要原因。大客户销售的周期都较长，达成销售需要锲而不舍的努力，销售人员必须和客户多次沟通，并不断地游说客户，影响力强的销售人员能引导客户按照自己的思路，推动销售步骤向前发展，直至销售订单最终达成。

在与客户接触的过程中，经常有销售人员与客户谈得很好，客户说一有需求就会联系，但最后订单总是无法落实。事实上，买方时代的实际销售中，如果销售人员不积极和客户联系的话，客户是绝对不会主动找销售人员的。销售无法取得进展，其实质是销售人员没有影响力。有45%的销售人员会在沟通结束前向客户提出推动销售进展的行动请求，事实上所有的销售成败都取决于与客户沟通结束前的3分钟，销售人员要在最后的3分钟里影响客户推动销售进展。

影响力主要来自三个方面：一是有思想，有自己独特的思维模式，对复杂问题有自己的独到判断；二是成为特定领域的权威专家，对特定问题有着超过常人的理解和认识，并具备把这种认识运用到实践中的能力；三是拥有良好品质，包括为人处世的道德准则，在困难面前所表现出的坚忍不拔的毅力，在人与人交流过程中的同理心和换位思维能力，对持有不同性格和思想的人的宽容，在处理危机时的勇敢和沉着等。

一个既没有管理客户的权力，也不给客户发放工资的销售人员，在实际销售中如何对客户施加影响力，推动销售不断进展？一是以身作则，通过实际行动传播自己的价值观和传达各种期望；二是理性说服，对明智和理性的客户来说理性说服最有影响力；三是通过帮助客户或承诺分享利益来施加影响；四是利用人际网络关系或客户有利评价影响客户；五是通过形成联盟或利用从众效应施加影响力。

互信是影响力的根本，只有当客户信任你时，你才具有对他的影响力。构建良好的人际关系网络或联盟，形成熟人关系可以增强影响力。构建人际关系可以从生活圈子开始，从亲朋好友、同学校友师长等熟人开始，拓展到老同事、老上司、老下属，再扩展到客户和销售同行，利用客户的熟人关系引荐，会大大加强销售人员的影响力。特别是已经建立互信关系的客户推荐，或者是已经和客户建立互信的销售同行推荐，因为他们与客户同属圈内人士，而且他们的推荐经过了事实的验证，对客户更是具有极强的影响力。

取悦力

取悦力是一种让客户高兴的能力，是对客户持续的愉悦服务。取悦之所以重要，是因为任何人都喜欢被取悦，希望得到别人的夸奖和承认，客户也是一样。所以能否取悦客户，让客户感到舒心、愉快，对销售工作的意义很大。

取悦客户关键在于眼神，人们在接触的时候能够感受到对方的眼神，不同的眼神会带给人完全不同的感觉。在与客户沟通过程中，目光在客户的眉心到额头的上三角形区，会显得比较严肃，公事公办，好像给下级布置任务，带有命令的意味，会让客户感到压力；目光在客户的眉心到嘴角的下三角形区，它有取悦客户的意味，常见于朋友之间或者是请求帮助的时候，这种满眼都是笑意的眼神最令人愉快。如果与客户距离较远时，目光应集中在双肩和头部的大三角区。

与客户沟通时，良好的倾听技巧、真诚的赞美、充满笑意的眼神，都会让客户感到非常愉悦，愿意与你交往。如果销售人员没有愉悦客户的能力，客户迟早会跑到竞争对手那里。训练自己的愉悦客户的笑容很简单，空姐等服务行业里规定，微笑时要露出6~8颗牙齿，销售人员平常可以模仿空姐，用嘴巴衔着筷子训练自己的微笑，以提升自己的取悦客户能力。

恒定力

恒定力即做事的恒心，就是一贯化的自我执行能力。销售人员有没有重视细节，能不能把一件事坚持做到底，是否具有恒定性，对大客户销售至关重要。大客户销售周期都比较长，签订任何一单合同都非常困难，时间长的需要坚持一年半载，时间短的也需要三五个月。很多时候销售能否成交，就在关键的最后几分钟，销售人员能不能做到恒定性，即在任何时候都坚持把事情做好，把每次客户沟通都做到完美，把每个销售细节都安排到完善，并坚持到最后与客户成交，恒定性具有决定性的作用。

有些销售人员沟通能力、销售思维都不错，很清楚每天应该做什么事情，也能把事情做得很完美，但唯一的缺点就是做事缺乏恒心，大客户跟单时间久了，难免会对跟单工作觉得厌烦，总希望着靠运气拿下订单，放松了对客户的销售跟进，最终无法达成订单。很多时候还会遇到另外一种情况，一个在大客户市场上耕耘很长时间、没有业绩的销售人员刚离职，接替的销售人员一去就轻松赢得了不少订单。很多时候有人把它当成是运气，其实是因为离职销售人员的恒定性不够，如果他能再坚持一阵子，也许他就可以收获成功的喜悦了。

企业里往往有两种类型的销售人才：一种善于进攻，能把别人拿不到的订单拿到；另一种善于防御，能很好地对客户进行维护，提高客户的忠诚度。第二种销售人才所具备的素质就是恒定性，是大客户销售的一个必备条件。具备恒定性的销售人员有情绪不受外界影响的能力。不论何时何地，都知道自己该做什么，该说什么，具有良好的心理素质。与客户沟通中不管谈论什么，做什么，情绪自始至终都是稳定的，始终都能保持语言的逻辑性和条理性，做事风格一致性和细节完美性。

恒定性是一个人的心智状态，是可以培养训练的。培养恒定性，不需要用到大量的智慧，也不必具有良好的教育背景，只要用一点点时间去坚持即可。科学研究证实，通过一段时间的坚持，就能培养出一种良好的习惯。当然恒定性和很多习惯可能需要更长时间的坚持才能获得。一个人对一件事的执着程度要看这件事他有多看重，越看重就越能恒定地坚持，如感情投入的越深就会越舍不得轻易放手；做一件事就一定要看重其意义，看不到事情的意义和价值，只要别人随便阻碍一下，便会动摇意志半途而废！

培养恒定力有四个简易的步骤：第一步也是最重要的是知道自己所求为何物，强烈的动机可以驱使人超越困境；第二步是制订切实可行的目标分步执行计划，容易达成每个阶段目标，可以鼓舞自己坚持到底；第三步是坚持不受阻碍或负面暗示影响，包括了亲友故旧的负面暗示；第四步是公开自己的目标和计划，或请一名以上鼓励自己的人，随时监督自己执行计划追求目标。

优秀销售人员的五种特质很少有人能同时拥有。如果销售人员能具备其中的两到三种特质就已经是很优秀的销售人员了。上天对每个人都是公平的，在资源的分配上也是如此，假如某个人在某一方面具有强势，一定在另一方面比较弱势。每个行业甚至每家公司，对销售人员的要求都不完全一样。除了任何行业、企业都需要的诚恳、正直，销售人员一定要弄明白，自己的企业和岗位对销售特质的要求，同时要有自知之明，能通过学习不断改正自己的缺点。

在大客户销售过程中，销售人员既要完成客户开发任务，又要具备客户维护能力。每天都会面对客户的拒绝，必须具备高度的自信——不灰心、不气馁，勇于面对拒绝、相信自己，能认清客户拒绝的原因，并对客户施加影响；面对客户的不满和牢骚，能始终保持耐心提供周到的服务，有取悦客户的能力和恒定力。顶尖的优秀销售人员，不是所谓的高富帅，不是传统的学历、外表、经验等，而是具备以上五种心理特质的英才！

2. 大客户销售的心智模式

很多销售新人没有得到正确的销售培训指导，当遇到客户一再拒绝，在挫折面前无法前进时，就彻底失去了拜访客户的信心和勇气，甚至没有经历完所谓的“黑色90天”就弃械逃跑转行别的领域。成为一个优秀销售人员，其实并没有我们想象的那么难，关键在于是否拥有良好的心态。

对于销售人员而言，最大的问题是害怕见客户，害怕被客户拒绝，归根结底，是自信心不足的问题！销售人员害怕见客户的原因有四点：一是没有成功的强烈企图心，或者说没有成功欲望和目标；二是没有自信心，比较害羞或怕自己做不好，或对自身能力、产品质量、价格交易条件等没有信心；三是觉得自己是去赚客户的钱，是打扰和麻烦客户，潜意识里产生抗拒，抵制自己继续去拜访客户；四是害怕被客户拒绝，难以承受被拒绝的结果。

销售人员害怕见客户的问题解决起来也非常简单。归结起来有三句话：确立可实现的目标；培养强大的自信心；持续不断的拜访，坦然面对客户拒绝。

确立可实现的目标

销售人员害怕见客户，最主要的是因为缺少动力，没有目标，对成功的企图心不够强烈。所谓成功就是通过努力实现预先设定的有意义的目标。一个人成功的关键在于目标是否明确、是否恰当，有了明确的目标才会动力十足，才不会因为害怕被拒绝而停止追求成功的步伐。人生的成功需要目标指引我们前进，但要获得阶段性的成功还要靠我们近期的切合实际的目标来实现。长远的或者未来几年的目标需要一步一步去实现，只有把目标具体化，才会真正形成内在动力，推动你不断前进。

设定个人目标要考虑五个方面：可行性、挑战性、明确性、可比性、时限性。目标必须是可以实现的，具有可行性；目标的实现不能很容易，必须经过努力才可以达到，具有挑战性；目标必须是明确的一个数字，或任何可以度量的数据，具有明确性；目标应该是针对现状或参考数据作出的可比较的数据，具有可比性；实现目标一定要有一个时限，如果对一个目标无休止地追逐下去，就失去了设定目标的意义了，目标必须具有时限性，这也是最最重要的一点！

设定个人目标的作用不仅可以帮助我们获得前进的动力，指引我们行动的方向，目标还可以细化成我们每天的工作。每个销售人员的年度销售指标，都要分解成可以逐步完成的指标，细化设计成每季每月每周，甚至每一天该干的事情。这样销售人员就可以随时检查自己工作完成的情况。

假设某销售人员的全年任务是1000万元，每个订单的销售额是200万元，销售人员需要完成5个订单才能确保完成销售任务。参考公司平均成单比例或销售人员成单水平，假如某销售人员的成单率为10%，销售人员至少需要有50个客户，如果每个客户必须拜访10次才可以成交，从理论上讲，销售人员需要对50个客户累计拜访500次（有些客户在中途会流失），才能完成全年的销售任务。即每天拜访客户数＝全年业绩÷单笔业绩×10×10÷实际工作天数（除掉周末和节假日，含路途的时间约250天，即每天需拜访客户2次）。假如佣金为销售额的2%，全年佣金为20万元，即每次拜访的价值＝20万元÷500次＝400元/次。

每次拜访都价值400元，当你徘徊在客户门前不敢进去，或者找借口不愿意联系客户时，请随时用设定拜访目标任务监督自己，因为你不完成今天的拜访客户任务，就无法实现你为自己设定的年度目标，同时也失去了这次拜访创造的利益。把自己的目标告诉你身边所有认识的人，包括你的同事和你的上司，因为只有这样做，你才会没有退路，从而义无反顾地去实现目标。

培养强大的自信心

销售人员不敢见客户，除了没有目标，更多是因为没有自信心。其实自信心的培养除了可以通过当众讲话训练外，还可以“装”出来。法国物理学家魏恩堡研究显示：人的面部表情会改变人的内心感觉。美国心理学教授艾克曼博士也曾说过：“人的情绪会呈现在脸上，反过来说同样成立，即人的情绪会随脸上的神情而变。”人的很多心理活动可以根据自己外在的表情、肢体动作等的改变而改变，包括人的自信心。当你强迫自己去实施一些原本你不愿意做的事和一些举动的时候，自信就自然而然地展现出来了。

心理学家长期研究发现，行为会改变人的心理状态，将以下11个一点点培养成习惯，销售人员就会变得无比自信。

把头抬起来一点点

如果你自己觉得不够自信的话，先从抬起你的头开始，当你把头抬起来了，胸也就自然而然地挺起来了，自信心也就随之而来了。当你养成抬头挺胸的习惯之后，你会发现有更多的人愿意与你做朋友，愿意接近你，愿意和你做生意。

嘴角上扬一点点

其实质就是经常保持微笑。微笑给人的感觉会比较容易接近，非常有亲和力，给人很自信的感觉。当你微笑着和客户沟通时，客户从你的笑容中会感受到你的从容不迫和镇定自若，你会给客户以非常自信的感觉。同时微笑还可以去除你的胆怯和紧张，让客户放松警惕，拉近彼此的距离，更容易让客户喜欢你，愿意接近你，减少被拒绝的概率。

开会时坐前面一点点

开会时很多人不喜欢坐前面，担心被主持人点名提问或要求讲话。国外调查显示人类最恐惧的五件事是：害怕自己不受欢迎、穿比基尼、爱人去世、一生单身和当众讲话。训练自信心最好的办法是当众讲话，从你开会时坐前面一点开始，利用或抢夺一次次的机会，强迫自己去训练当众讲话，你的自信心就会被逐渐培养起来。

走路快一点点

走路比较快的人，往往都抬头挺胸，看上去都是比较自信的人，走路比较懒散缓慢的人，给人的感觉一定是没什么自信。当你强迫自己把走路的速度加快一点点，迈着有力而坚定的步伐前进，给人的感觉就会比较自信，配合抬头挺胸自己也会觉得自信满满。长此以往地坚持，自信自然而然就增加了。当然，走路快一点还会提高办事效率，养成雷厉风行的作风。

沟通时多注视对方一点点

沟通时如果不敢正视客户，客户第一感觉就是你没自信，你没自信就代表你对产品没自信，结果肯定是被客户拒绝。沟通时销售人员要敢于正视客户，客户的距离在5米以外时，注视的位置是两肩和头部形成的大三角当中的嘴巴附近；当双方相互距离比较近时，看的位置就是双眉和嘴巴形成的小三角当中的鼻尖位置；沟通时把自己的身体全部朝向客户，这样客户会觉得你没什么需要掩盖的，会觉得你非常有自信，而且觉得你很尊重他，和他聊天非常投入，对你的好感就油然而生了。

说话声音响亮一点点

自信往往和声音大联系在一起，一般来讲，讲话细声细气的人性格都比较内敛，给人的感觉就是没什么自信；而大声说话，声音洪亮的人，给人的感觉就是很自信。即使你天生说话声音小，装也要装得声音很大，有意识地把讲话的音量适当提高，对方就会觉得你比较自信，另外听你说话也不会太费力。

表现得更放松一点点

紧张是自信的天敌，原本很充分的准备可能因为紧张付诸流水。很多销售人员拜访客户时，会因为害怕而紧张，一紧张就更容易犯错，犯错了也就更紧张。经常保持微笑会消除你的紧张感；把客户想象成很和蔼的样子，不断地想象与客户谈话非常融洽、客户很喜欢你，你也很喜欢客户的场景；不要总在心中告诉自己“不紧张”，一定要告诉自己“放松”这类正面词语，先假装一点都不紧张，让自己尽量保持放松的姿态，人只有不紧张，才说明你凡事运筹帷幄，给人镇定自若、自信稳重、一切尽在掌握的感觉，你也就变得更有自信了。

穿衣服特别一点点

人靠衣装马靠鞍，当你的穿着打扮显得成功和有品位时，你自己首先会受到影响，会由内心深处滋生出一种很自信的感觉。别人也会认为你是个成功和自信的人，当别人觉得你自信了，在与你沟通的过程中就会把这样的信息传递给你，你就会变得更有自信了。要提高自信心，就要穿着代表成功和品位的服饰，并且保持干净、整洁、合身，拜访客户时，体面有品位的行头会给你的自信加分。

做正确的演练多一点点

任何技巧都需要经过大量的训练，按照销售拜访的专门流程，不断地进行正确的训练，就能迅速熟练掌握客户拜访技巧，同时见多了各种难缠的客户，熟知客户的各种反应，就会处变不惊形成自信。

多准备一点点

机会只留给有准备的人，拜访客户前多准备一点，充分掌握产品、行业、竞争对手知识以及拜访所需的名片、资料、笔记本和合同等，提前了解客户的相关资料，熟练应对客户提出的专业问题，或者知道谁可以解答客户的问题，你就会显得很自信。对于客户提出的一些自己确实不懂的专业问题，不要含糊其词，而是坦率告诉客户不懂，当场向技术人员请教后转述客户，或者向客户承诺尽快回复，其实有些销售人员还会故作不懂，把问题作为再次约见客户的理由。

多相信自己的产品一点点

很多销售人员认为自己公司、产品、质量、价格、付款条件等都不如竞争对手，没有信心向客户销售和竞争对手一争高下。存在即合理，如果你的同事能在公司规定的条件下销售，就意味着你的产品有市场。其实市面上每种产品都有自己的客户群体，再好的产品也不可能做到一招通吃。只要找准自己的客户群体，你就能自信地实现销售。质量好意味着价格高，有时候质量太好，甚至对有些客户是一种浪费。客户不会指望购买到完美的产品，任何产品都会存在缺陷，只要向客户证明产品的可靠性，或者通过售后服务、常驻工程师、设立配件仓库等手段，保证客户使用的连续性，就会坚定客户的购买信心。

持续拜访，坦然面对客户拒绝

销售人员害怕打扰客户，不敢拜访或与客户保持经常联系，这是销售人员没有理解拜访对客户的意义。在大客户销售过程中，客户其实是很希望销售人员拜访的。主要原因有几个：客户不一定是产品方面的专家，需要销售人员培训产品基本知识，并了解各竞争对手的优缺点；客户对产品的生产厂家不一定熟悉，希望通过销售人员了解市场信息，了解其他企业的生产销售情况；客户对产品市场价格不一定了解，希望通过销售人员进行侧面了解；甚至还有许多私人的话题，希望得到你的帮助；等等。

明白了客户的需要，销售人员应该自信地去拜访客户，你的到来不是骚扰而是帮助。记住，每次拜访客户都要带给客户惊喜。即使是客户对产品、市场都很了解，客户也会有其他的需求，只要你搞清楚了客户的需求，你就会有办法与客户建立互信关系。建立互信后双方成为朋友，销售人员就不会再害怕骚扰客户了。

从人性心理的角度，每个人都有好为人师的习惯。如果销售人员在拜访客户的时候，发自内心尊重和倾听客户，甚至把客户当成自己的导师，客户其实是很愿意交流的。在大客户销售过程中，销售人员只要不进行令人生厌的强迫推销，客户一般不会轻易拒绝销售人员。有些客户还会在坚忍的销售人员身上看到自己当年奋斗成长的影子，产生赞赏甚至是帮助销售人员的想法。

从经济选择的角度看，销售人员让客户在销售推进上不断投入时间和精力等，会让客户产生一种付出的感觉，客户付出的越多就越不容易放弃。经济学把这种已经投入的成本叫作沉没成本。人总是不愿意通过纠正错误止损，而是希望不断加大投入来证明自己正确。所以销售人员不断要求客户投入，会使客户越来越配合，拒绝也就自然不存在了。

有些销售人员心理承受能力差，不敢面对客户拒绝的结果，因为客户拒绝而否定自己，甚至丧失从事销售工作的信心。初涉销售的人最容易出现这个问题。销售过程中时刻会面对客户拒绝，销售人员要学会坦然面对拒绝，甚至是享受拒绝。享受拒绝是对良好心态的一种运用，在遭遇到客户拒绝之后，不要轻易否定自己，而是放下包袱，享受拒绝给我们带来的好处，对困难和挫折进行正面思考，寻找把不利变为有利的方法。

就事论事法，让你积极乐观面对拒绝。所谓就事论事是指面对客户拒绝或事情出现问题时，绝对不可以先否定自己，更不要把客户的拒绝事实烙上个人能力不行的标签。成功者寻找改进工作的方法，失败者习惯否定自己的能力。这次拜访遇到客户拒绝，或者这一次事情没有做好，可能只是这一次的工作方法有问题，甚至是客户自身的原因导致，绝对不可以随便否定自己的能力，而是要认真分析事情的经过，或对客户再次进行深入了解，去寻找到更好的解决办法，为下一次的成功拜访打下坚实的基础。

对于心态良好的销售人员，每一次拒绝都是一次锻炼的机会。当我们被客户拒绝时，我们不要只把它当作一次挫折，我们要从失败中寻找原因，这次被拒绝的原因是什么。我们要去回顾自己整个销售过程，是我们的哪一个环节出了问题，还是因为客户的其他原因。如果你不知道，你可以去问客户。当你去问客户的时候，不但你会了解到你被拒绝的真正原因，说不定还会了解到客户的真正需求。

拒绝不是失败，遭到客户的拒绝说明原来的沟通方式有问题，或者沟通时机不对，需要寻找更好的沟通办法或沟通时机。正如爱迪生的一千次灯泡试验，每一次被拒绝不是失败，而是离成功更加接近。客户的拒绝还会帮你赶走不坚定的竞争者，让你有机会更轻松赢得竞争。同时，不同的客户不断的拒绝，会为你积累丰富的沟通经验。

其实客户拒绝的理由很简单，不是推托价格高，就是现在用不着，或者是不了解，或者是已经有了供应商等，基本上常见的拒绝理由就是这四大类。面对客户的各种拒绝理由时，销售人员首先要做的不是解释说明，而是进一步深入了解客户拒绝的理由，搞清楚客户拒绝的真实含义。很多时候，客户表面上说出来的只是一个借口，真实的理由隐藏在背后。销售人员只有搞清楚客户拒绝的真正理由才能有针对性地给出解决方案。

客户以价格高作为拒绝理由，也许客户只是不了解价格行情，或者对产品创造的价值不清楚，还有可能是客户的预算有限制，等等。针对不了解价格情况怕吃亏的，可以利用其他客户采购价格和市场行情向客户证明他的采购价格很合理；对产品价值不清楚的，要与客户再进行详细的价值沟通，可以采用产品具有的优势折算成总价值，或者将较高的价格细分成很小单元的价格，让客户实实在在看到利益，明白购买价值远远大于支付的成本；对于客户预算受到限制的，如果客户有支付能力只是暂时资金紧张的，可以提供分期付款、融资租赁、银行按揭等付款方式，如果客户资金实力不足以成为公司客户的就干脆放弃。

客户提出现在用不着的拒绝理由，一是真的不需要，二是可能已经选择了竞争对手。可以对客户进行深入的分析，搞清楚客户现有产品是否满足生产，是否超负荷运转，是否有扩产、扩建、新建计划，如果客户没有需求，就暂时放弃等待时机。如果客户需要采购产品满足生产，就要找出客户的真正需求以及了解竞争者的相关情况，利用自身的产品优势和商务优势，制订出有针对性的销售方案。

客户提出不了解或已经有了供应商的拒绝理由，可以通过技术交流和参观考察公司等方式，向客户证实自己的能力。如果客户已经有了选择标准，可以说服客户选择你对比参考，当成备选对象或者作为压价的工具，以这种方式吸引客户对你进行了解，或者先通过一些小额生意和售后服务，解决客户小额配件或急需配件采购难题，通过初步的合作逐步建立信任。事实上客户总希望降低供应商的价格，所以这种销售渗透有时很能奏效。

建议销售人员将客户的常见问题和常见的拒绝理由进行整理分类和总结，结合竞争对手的相关资料总结成专门的小册子，这会让你在今后的销售中做到游刃有余，轻松应对客户的拒绝。

3. 成为客户行业的专家

大客户销售过程中，丰富的产品及其相关知识是建立专业顾问形象的关键要素。很多公司在销售人员入职时，都会进行相关的产品知识培训，囿于培训人员自身的素养，培训内容往往流于肤浅，效果也实在有限。销售人员与客户沟通时经常会被客户问得张口结舌，面红耳赤信心全无，更别说建立良好的专家形象了。

销售人员要成为行业专家，需要掌握的知识很多，除了人际沟通知识，最关键就是产品的相关知识。产品知识不仅仅只是参数和配置，具体包括四个方面内容：一是产品本身的知识，如参数、性能、特点等；二是产品运用的知识，如使用效率、使用成本等；三是产品使用的客户和行业知识，了解产品在客户生产中的作用和价值；四是市场行情和竞争对手的知识。

除了利用公司提供的培训机会，销售人员还要有随时随地学习的意识。三人行必有我师，公司的研发技术人员、服务或应用工程师、销售人员以及产品的用户和竞争对手的客户，特别是公司和用户的技术、维护人员以及用户现场的产品操作使用人员，经常在一线使用或维护产品，对产品的优缺点十分熟悉，都是销售人员最好的老师。

产品本身的知识

在公司参加产品知识培训时，一定要抓住机会认真学习，培训时技术人员、销售人员、售后人员会比较集中，培训中销售人员互动时往往会提出平常不太注意或者客户十分关注的产品知识，抓住机会请教有实战经验的前辈，可以快速吃透产品知识；在日后的销售拜访时，还要经常深入客户使用现场，请教客户操作人员或其他熟悉产品的人员获取更全面的产品知识。

学习产品知识，首先要关注的是产品应用领域。产品的主要功能或作用，可以应用于哪些行业，目前主要销售在哪些行业，适应于何种生产工艺和工况条件，是否还有新的使用功能未被发现，是否还有新的领域可以拓宽销售？

其次要关注产品技术参数和性能。熟知公司提供的产品技术参数，对于公司产品技术参数一览表未提及，但客户比较关心的技术参数要不断收集并进行整理。产品的主要性能、特点和优点，与客户工况条件的匹配、适应程度，是否有针对高原、恶劣气候、复杂地质等特殊工况的技术参数配置等。

最后要掌握产品的主要结构或系统构成以及构成各系统的关键部件。产品由哪几个主要结构或系统构成，各系统或结构承担的功能、作用，每个系统的特点或具有特色的结构及其带给客户的利益。各结构系统由哪些关键部件构成，关键部件的具体功能和作用，关键部件的名称、品牌、技术性能参数，配置的特点及其优缺点。整机的外观尺寸、运输尺寸、工作尺寸，涉及特殊运输的设备，还要结合客户的工况条件，了解最大可拆卸部件的重量和尺寸等。

产品运用的知识

熟悉产品运用知识会使客户觉得销售人员很内行，愿意与你交流加强关系；每次拜访客户时双方容易找到更多的话题；有利于销售人员从客户现场发现客户的潜在产品需求。

第一是关注产品的使用工况条件。客户使用产品的主要目的，客户最关注产品的哪种功能，或者客户需要利用产品的哪种功能解决问题，哪些功能对客户属于必需哪些属于富余。产品适用的具体生产工艺或工况条件，客户使用产品必须具备的最低工况参数条件；客户现在采用的工艺参数或工况，是否可以通过较小和低成本的改造调整，或者不需要进行调整即可使用。

第二是产品的实际使用数据。产品的台年实际工作总量，产品的年实际运转天数，产品的出勤率、故障率和维护保养时间；产品的实际使用效率，应该细化到年、月、日、台班、小时等；产品的燃油或电功率的单位消耗数据和成本，其他消耗件的适用范围、使用寿命和成本，配件更换和维修的频次、成本、处理的难易，配件的通用性和采购难易，产品操作、保养常识和难易程度等；产品使用过程中存在的问题、常见故障，产生的原因和应对办法等；客户对产品的改进意见或自行改进的方案，支持改进方案的理由或改进效果。

第三是产品的配套条件。产品使用时的配套工艺或设施，产品使用环节的上下游工序，必须具备的条件和对产品使用的影响，特别要关注水、电装机功率或容量、质量要求，是否超出客户现场条件以及其他影响产品使用的必要条件；产品使用需要配套的辅助设备，对辅助设备的技术参数要求等；产品使用现场的场地条件和准备工作，产品是否需要专业安装，安装现场的运输、吊装、电焊等设备和人员的需求等。

第四是产品对操作人员的要求。操作产品人员数量需求情况；产品操作是简单还是复杂，是否需要特殊技能，是否需要专业培训或持证上岗；客户培训是在现场还是专业场地，是否需要提前培训操作人员，还是对现有人员简单培训即可；操作人员流失是否会给客户带来重大影响。

产品使用的客户和行业知识

熟悉客户行业知识会使客户觉得销售人员像个专家。专家的光环可以营造一种晕轮效应，客户更容易相信销售人员的话，增强引导和影响客户的能力。

首先要关注产品应用行业和重点客户。从行业协会官网或统计网站了解行业年度总生产量、重点客户及其生产量；国家的经济和行业政策及其变化，国内国际或行业重大事件，新技术新工艺的发展，行业重点客户的重要事件或动态，对行业产生的影响或潜在影响；行业的生产运行、市场销售、产品价格及变动情况，行业上游原材料和下游客户销售价格变动以及新技术发展或替代产品情况，对行业和客户的影响或潜在影响；行业最新资讯，最新技术发展动态，行业会议议题或热点问题，行业内领军人物或知名专家的成长历程、言论、逸事等，都是销售人员应该掌握的知识。

其次要关注行业客户的生产运营。行业客户的整体经营、效率和效益情况；生产运行具体流程和每个环节的关键内容；产品发挥作用的生产环节，解决客户哪种生产或经营问题，给客户带来的价值；客户缺失产品的不利影响，有无替代方案以及使用替代方案的可行性和优缺点；客户新建生产线的投资费用、大致周期以及预定的投产或试生产日期；设计、基建、安装、调试各步骤大致时间进度，客户各关键产品采购方式和时间安排，特别要注意产品关联的上下工序，关联工序产品的采购、安装、联调时间安排以及产品安装需要具备的场地和其他工序进度或配套准备等。

最后要关注样板客户的经验教训。熟知样板客户的基本情况和发展历程，生产工艺和运行流程的特点，生产效率和经济效益情况；熟悉样板客户在提高生产效率，扩大技术优势和新产品开发以及提升产品销量等方面的先进经验和教训；了解样板客户的产品采购过程，产品的使用情况以及产品使用带来的改变和经济效益等。

市场行情和竞争对手的知识

销售人员必须了解的市场行情知识包括：整个市场的产品容量估算情况，市场上现有产品的保有量调查情况，新建、扩建生产线的产品需求以及落后设备更新换代需求，带来的潜在市场销量情况；市场上销售同类产品的竞争对手及其市场占有量，各自的主要客户群体特征，各种产品的对外报价和销售价格，各种产品的付款方式、售后服务等销售政策的区别，各自销售人员的销售手段等；市场是否还有替代产品，替代产品的替代率和发展趋势等。

竞争对手的产品知识，要结合自己产品的对比情况学习，这是销售人员学习竞品知识的重点。销售人员要根据收集的竞品资料，详细了解其技术参数、主要部件配置、设备功能特点等内容；要深入竞品主要用户的使用现场，每次至少观摩竞品运行一个台班，直至完全搞清楚竞品使用、消耗、维修等情况；要通过各种途径了解其销售价格、商务条件等内容。制作竞品资料分析对比表，仔细分析竞品的技术参数、主要部件配置、设备功能特点、适应工况情况、生产效率、能源和耗材的消耗、维修和配件供应情况，实现产品和商务的差异化营销。

第一要比对各自技术性能的不同。包括技术参数的优缺点及其原因；产品的结构或系统的优劣、关键部件的选型和差异化配置，给客户带来的价值；产品功能模块和适应工况的优缺点及其对客户的作用和利益，要特别关注客户最看重的竞品功能和最不认可的竞品缺陷，要考虑缺少的功能对客户的影响，是否可以减少和消除，多出的功能形成竞争壁垒；对客户原有生产工艺、技术条件的配套情况以及客户使用现场的场地、水、电等基础配套条件的要求；产品自重、运输尺寸以及部件分拆等方面的对比；安装条件、安装成本和安装时间对比；操作人员数量及技术要求的对比。要特别关注产品的独有功能和技术优势及其能给客户带来的作用和价值。

第二要比对使用情况的优劣。产品的台年实际工作总量对比，包括产品的年实际运转天数，产品的出勤率、故障率和维护保养时间；产品的实际使用效率对比，最好细化到年、月、日、台班、小时；产品使用总成本对比，包括产品的燃油或电功率的消耗数据和成本，其他消耗件的适用范围、使用寿命和成本，配件更换和维修的频次、成本等；产品易用性对比，包括产品操作、保养和故障处理的难易，配件的通用性和采购难易等；产品的稳定性、故障率、售后服务响应速度等的对比。特别要重点比对竞品在使用中表现出来的缺陷及其可能带给客户的重要影响或损失。

第三要比对公司及商务策略的不同。公司企业性质、注册资金大小、经营年限、行业地位、研发和技术优势、产品销售规模、市场占有率、区位优势、企业文化和员工素质等的对比；产品对外报价、销售价格和付款方式对比，是否接受分期付款、银行按揭、融资租赁方式，是否接受承兑汇票、商业票据等；保修期限、保修范围、售后响应时间、配件供应速度的对比；产品定制和服务的对比，是否可以根据客户的工况条件，对产品进行按需设计或改造，是否可以派驻现场服务工程师，是否可以在客户使用现场设立寄售仓库，是否可以为产品提供后续的技术升级服务等。

学习产品知识要从客户使用的角度学习，产品功能是为使用设计的，产品只是实现客户业务的工具，客户的业务才是问题的关键，理解了客户业务也就熟悉了产品。销售人员可以不懂得产品设计，但一定要懂得产品运用；不懂得产品运用的时候一定要知道谁可以解决问题。

4. 打造有影响力的形象

客户对销售人员第一印象的建立有时候并不依靠销售人员还未来得及展示的才华，一身邋遢的行头或者着装，客户会在潜意识里对销售人员进行否定；一身得体的着装、优雅的姿态，会使客户在第一时间记住你、接受你，受到你的影响。当今商业环境下，销售人员要通过包装自己，改变着装、仪态、改变自己的形象，建立客户心目中的良好第一印象，并进而达到销售产品的特殊目的。

良好的自我形象对你的业务和社会关系起着支配作用。销售人员无法改变出身，无法改变身高和智力，但销售人员却可以改变客户对你的印象。每个选择做销售人员的同人，都是最优秀的社会精英，或者是希望成为社会精英的人，一定要通过包装来打造自己的良好形象，使自己成为一个表里如一的人。

整洁的仪容

三分长相，七分打扮。仪容最重要的是干净整洁。销售人员要保持良好的卫生习惯，每天都要进行良好的个人清洁，勤洗脸并护理脸部皮肤，男销售人员要每天刮胡须，勤洗澡和更换衣服，确保自己没有体味。有体味的销售人员可选择香水遮盖，但香水味不宜过浓，可能的话，每天早上或拜访客户前洗澡一次，再适当喷些香水。

销售人员的双手是第二张名片，无论是献茶、敬酒，还是握手、递名片、签字等，你的双手时刻都处在醒目之处，更要时刻保持干净卫生。销售人员必须定期修剪指甲，绝对不可以留长指甲，服务行业指甲标准长度是与手指齐平，最长不超过 2 毫米。女性可涂合适的指甲油，但指甲油忌残缺不全。

仪容最重要的部分应该是头发。经常修剪头发，注意发角线的整齐，一旦发现发角线不整齐，就该修剪头发了。销售人员一定要坚持每天都洗头，不能有头屑和异味。根据自己的发质、脸型、身高、胖瘦、年纪、着装、配饰、性格等因素，特别是职业因素，来选择合适的发型，要注意扬长避短，个子较矮就不宜留长发。

唇部和牙齿也要注意。可适当涂唇膏，保持唇部湿润。随时注意保持牙齿健康和干净，拜访客户时应少食葱、蒜等刺激性食物，饭后要用茶水漱口或嚼口香糖，确保口腔没有异味，牙缝没有残留食物。

优雅的姿态

仪态优雅得体是素养的体现。姿态时刻存在于你的举手投足之间。每个人的仪态随时都在传递着他的情绪，反映他的心态，同时也会给人留下不同的印象。善用形体语言与客户交流，销售人员会受益匪浅。挺拔的体态，充满自信的微笑，完美的表达，会使你看起来年轻许多。

我们经常看到一些销售人员，虽然衣冠楚楚，却站没站相、坐没坐相，令其形象风度大打折扣。即使是最昂贵的衣服、最漂亮的首饰也修饰不了一个萎靡不振的躯体给人的不良视觉感受。坚持优雅的坐立行走姿态，改掉不良的体态，对于保持优雅的风度和迷人的魅力非常重要。

站如松。男性双脚稍分开，距离与肩同宽，两腿不能弯曲，挺胸、收腹、提臀、松肩（不可耸肩，背部要直），头颈正直、下颌微收、双目平视，重心在两腿之间。双手自然垂放在身体两侧、相握于腹前或交叉在背后。女性站立时应双脚并拢呈外八字或丁字站立，两膝要并拢。无论男女，在面对上司、长辈、重要嘉宾或向他人介绍、问候时，都应双腿并立，身体挺直。

切忌过于随意、懒散的站姿，如探脖、塌腰、耸肩、抖腿、频繁变换身体姿势等动作，在正式场合双手抱胸、随意摆弄手指或双手插入口袋，当众搔头皮、挖耳朵、抠鼻子、咬指甲等，都会给客户很糟糕的印象。

坐如钟。与客户交流、说话时身体应转向客户，上身应微微前倾以示尊重对方。就座时上身应挺直，不可前贴桌沿后靠椅背，上身与桌沿和椅背均应保持一拳左右距离，坐2/3位置或坐满整把椅子。男士双膝自然分开，宽度不能超过肩部，双脚自然垂地正放，双手掌心向下平放在膝盖上或放在椅子扶手上。

入座时应轻缓，走到座位前面转身入座，从座位后面入座时应走左侧，掌握好重心轻轻坐下。入座后应上身直立，头正目平视，面带微笑。坐下后，双腿不可随意抖动，手摸小腿或脚部，或双手抱在膝部、夹在腿间、放在臀部下面。不可跷二郎腿，或将腿搁在椅子上，叠膝式坐时不可把脚底对人。起身时，右脚向后收半步起立，或直接站起来，不可弯腰起身。

行如风。行姿是站姿的延续，无论在日常生活还是社交场合，走路都是最引人注目的肢体语言，也最能表现销售人员的风度和气质。

走姿要领：头颈正直，下颌微收，双目视线稍微向下或平视前方，不可眼光向上一副不可一世的样子；上体正直、收腹、挺胸、提臀，重心落于两脚中间，不可倾斜；行进时身体略前倾，重心应从足中移到前脚掌，脚跟先着地，膝盖在落步时应当伸直；腰部以上至肩部尽量减少动作，保持平稳，双臂随步伐在体侧自然摆动，不要左右横摆。

步幅适中，两步间距以自己一只脚长度为宜，男士约40厘米，女士约36厘米。正常情况下，男士每分钟108～110步，女士每分钟118～120步，不可突然加速或减速。尽量使自己走在一条直线上，不突然转向，更忌讳突然大转身。男士要走出协调、稳重、刚毅，女士要体现轻松、敏捷、优雅。

在办公区、公共场合，都要靠右行走，把左侧让给迎面来的人或后面有急事的人；男女一起行走时，男士走外侧，让女士走内侧；遇有急事可加快步伐，忌讳慌张奔跑、冲撞别人；不要从并行站着的两位交谈者中通过，如遇路窄，可让他们先通过；路较窄时，不可多人并排而行，可两人一排靠右行走。

与客户交会时，应靠右侧行走，离对方两米处，应放慢速度，面带微笑躬身15～30度，眼看下方，并致以问候“您好!”与客户打招呼示意。空间小的地方，应侧身正面对着客户，让客户通过后再前行。与客户同行时，尽量不要超过客户，必须超过时要先道歉后超越再致谢。

忌两脚呈内八字或外八字、弯腰弓背、摇头晃脑、两肩大幅度摇摆、扭腰摆臀、左顾右盼，更不能用脚蹭地面或将手插在裤兜里；忌边走边吃、抢行、横冲直撞；忌在公共场合，两人勾肩搭背、搂搂抱抱；忌女性行走男性化，男性行走女性化。

得体的着装

衣服说明一个人的所有情况。通过服装和外表进行印象管理最大的魅力在于：销售人员难以区分有意留给客户的印象和自己本人真正的形象，我们会逐渐相信自己表演的形象，从而使自己成为一个与衣服相称、表里如一的人。如果你想改变自己的生活，就需要改变自己的外表；如果你想要更成功，就需要包装自己，向那些有助于你取得成功的客户表明你需要什么。

着装总原则：时间、地点、场合。销售人员在商务活动中需要向客户展示你的专业度和个人品位，传递你所销售产品、服务的品质形象，与客户建立相互信赖的关系，着装应符合自身的年龄、性别、职业、工作环境，既实用又便于活动。

没有什么比传统的衣服更耐穿！销售人员的着装不需要追求时尚或很流行，着装款式应传统、简洁、经典大方，颜色沉稳，着装讲究整体的统一，上衣和裤子搭配要合理，休闲服与正装不要混着组合，更忌讳穿着暴露、性感和紧身服装。面料应选用毛料、混纺毛料、免烫棉等高质量的材质。在经济预算允许的情况下，尽量选购高级的传统服装，但即使穿着非高档的服装，也一定要保持干净、清新、整洁。

销售人员最佳着装为西服，三粒扣或两粒扣西服均可。所有销售人员都必须至少拥有一套高品质深色西装以应对正规场合。休闲服是销售人员的非正式场合着装，选择则视个人情况而备。

西服面料应选择纯毛料或含毛70%以上的混纺毛料，夏款西服可选择聚酯纤维与人造丝混纺面料；颜色首选最具信任度的深蓝色以及灰、深灰、黑灰色等中性色，不要选择棕、橄榄绿、浅咖啡等看起来不精神的颜色；纯色、暗或淡而含蓄的条纹都可以，细条纹面料比粗条纹大格子有品位，条纹越不明显越好，越是只有仔细才能看出的，越显示你的品位。买西装时，拽紧上衣袖子2~3秒钟然后放手，如果袖子能立刻恢复到原状，证明这西装是可以穿的；如果上面留下皱纹，你最好不要买，这种西装易起皱。

选择经典的西服式样，合适的长度大小。长西装短夹克，西服的长度以站着时从脖子算起到地面距离1/2为最佳，西服的袖长应长及手腕骨中间部位为宜，手表刚好可以露出一半左右。最好的办法是试穿，试穿西服时身体站直，将两臂垂直于身体两旁，手指稍自然弯曲，如果衣服下摆正好在你指尖，这个长度就是合适的。身材较矮的人，西装的下摆可以从臀围处向上移1.5厘米左右，这样会使腿显长、身材匀称些。

裤腰是西裤的灵魂。裤腰最理想的位置在肚脐稍微偏上一点，太高上身显短，过低腿部显短。穿好裤子在自然呼吸的情况下，裤腰不松不紧地刚好放得下一只手掌为合适；如果伸不进去一只手掌就是裤子瘦了，如果你的裤腰能伸进一个拳头就说明裤腰肥了。西服裤管的中折线一定要不偏不倚地、笔直而自然地垂到鞋面，只有这样中心折线才能衬出裤管英挺的质感。裤子的长度从后面看应该刚好到鞋跟和鞋帮的接缝处。如果想让腿看起来更修长，裤管的长度也可以延伸到鞋后跟的1/2处。

正装衬衫应为免烫全棉或含棉60%以上的纯色衬衫，纯棉斜织物、牛津布、粗纹理面料、绒织物等属于休闲面料，应尽量避免在正式场合穿着。正式商务场合要穿白衬衫，一般场合可穿蓝色衬衫，其他如象牙色、灰色、浅蓝色等柔和色调的衬衫，可视个人肤色、气质灵活选择。条纹衬衫不要超过两种颜色，细条纹比粗条纹更典雅商务。衬衫领形要结合脸形、脖子长短综合选择，新衬衫系上领扣后可以插入两个手指，洗过后领围会比较合适。衬衫袖长应在手腕骨偏下一点，比西服袖长要长出一些（0.6～1.2 厘米），袖口不松不紧，职业衬衫应选择袖叉上带纽扣的形式。

正式场合下必须穿硬领衬衫，以无胸袋衬衫为佳。不可以单穿衬衫、打领带直接去参加重要活动。穿西装打领带时必须扣好衬衫扣子；如果不打领带，必须解开衬衫上面的第一颗纽扣。穿西服时，衬衫袖口要露出 1 厘米左右，过长过短都不符合规范；领口要高于西服外套 1～2 厘米，领口的松紧程度以能进入食指为宜。衬衫下摆要均匀地掖进西裤腰内，要平展不可皱巴巴的。

领带应选择丝绸制作的高档领带，适合常年系戴，混纺、羊毛、棉布、亚麻及人造纤维等建议在工作之余佩戴。颜色图案选择素色、斜纹、圆点和几何图案，能够与任何款式的西服或衬衫搭配。公务场合和隆重的社交场合适合选用单色领带，以蓝色、灰色、黑色、紫红色为佳。标准领带末端最宽为 10.16～11.43 厘米，长度是 139.70 厘米或 142.24 厘米。适合销售人员佩戴的有三种款式：商务场合首选最好搭配的纯色图案，尤以深蓝色提花丝绸领带为经典；条纹图案也称军团式领带，使人产生严谨、缜密和有条理的感觉；偏小圆点图案适合性格温和、儒雅男士，不建议佩戴过大的圆点图案领带。

袜子要选择中长款西服袜，袜子的长度大约在小腿的中部，要盖过踝部包住小腿部位，不要让人看见腿毛或露出秋裤。面料选择纯棉或纯毛制品，款式精致大方简单，颜色以黑色、深灰色等单色，接近西服的颜色为最佳的选择，深色袜子可以和任何颜色的衣服相配。夏天穿浅色的衣服，袜子颜色可浅一些，但一定要略深于衣服颜色。白袜子和浅颜色的纯棉袜子只适合运动休闲时穿，白色和格子袜子不能搭配西服和皮鞋。

正装皮鞋以系带黑色牛皮鞋更庄重正规，羊皮、猪皮、鳄鱼皮、磨砂皮都不合适。黑色的低跟皮鞋更有绅士风度，可以配任何颜色的服装，可以在任何场合使用。正式场合穿黑色系带皮鞋，“一脚蹬”比较适合夹克衫和宽松装，厚跟皮鞋或镂空式皮鞋不适合职场穿着；光亮的黑色漆皮鞋是为舞会或搭配晚礼服准备的，不要在职业场合穿着。不要在两天内穿同一双皮鞋，防止皮鞋变形。不要让你的皮鞋有灰，锃亮的皮鞋给人感觉很酷，很有教养。

皮带应和鞋子颜色一致，最好和手表带颜色一致。高质量的皮带应是黑色、栗色和棕色的全牛皮皮带，黑色皮带适用于任何颜色的服饰。皮带扣应大小适中，金色为最佳颜色，银色的也较好，钢质、金质或银质的简单风格皮带扣比较正统合适。一般皮带宽度应保持在3厘米，太窄失去男人阳刚之气，宽皮带只适合牛仔和休闲。皮带长度应比裤腰长5厘米左右，皮带在系好后尾端应该介于第一和第二个裤袢之间，不要太短也不要太长。系皮带的时候，要使皮带扣与拉链在一条线上。最好不要在皮带上挂钥匙、手机等物品。

公文包的标准样式是手提式的扁长方形的公文包，拎包、夹包、背包等不能充当公文包。面料以牛皮、羊皮为主，尼龙、麻、革难登大雅之堂。颜色以黑、棕为正统色。公文包里，资料要放整齐，不要放太多的物品，以免弄得鼓鼓囊囊，像旅行包一样，显得不雅观。

手表是男人守时和时尚的标志，一个成熟稳重的男人不能没有一块精致的手表。在西方国家，手表、钢笔与打火机一起被称为“男人三宝”。机械手表适合正装、商务装搭配，结合自己的身材、手腕粗细，选择一块配上金色或银色表带、厚重坚固的机械表。上好皮质表带更适合优雅人士佩戴。除白金戒指外，其他如运动手表、各种夸张的配饰，都不适合销售人员。

服装穿着搭配要点如下。

1）西服穿着的前后顺序：内衣—衬衫—西裤—皮带—袜子—领带—皮鞋—西服。

2）西服整体着装风格符合“三色原则”，最好全身上下不超过三种颜色。衬衫、领带、鞋子、袜子、皮带和西服颜色相配，如深浅深搭配，深色西装配浅色衬衫，衬衫的颜色比西装的颜色浅一些，领带的颜色比衬衫的颜色深一些，或者浅深浅搭配。

3）西服着装“三一律”，一是指正式场合露面时，公文包、皮带、皮鞋应注重色彩的合理搭配，最好为同一色系；又指三点一线，即衬衣领开口、皮带扣和裤子前开口外侧应该在一条线上。

4）西装标准穿法，衬衫里面不穿棉纺或毛织背心，更不能把高领内衣穿在里面。西装内除穿长袖衬衫（不可穿短袖衬衫），要慎穿内衣，万一非穿不可时，最好穿一件单色薄型的 V 领内衣，但不可露出在衬衫外，或者在衬衫外配一件单色薄型的 V 领羊毛衫。

5）站立时西服纽扣应扣上，以示郑重；就座后应解开，防止西服变形。两粒扣西装只系第一粒扣，三粒扣的西装，可以只系第一颗纽扣，也可以系上上面两颗纽扣，不能只系下面一颗，而将上面两颗扣子敞开。双排扣西装所有的扣子应全部扣上。

6）领带尖的位置应刚好到皮带扣上方，最低不宜超过皮带扣中部。除非你是在解领带，否则无论何时何地松开领带，都是很不礼貌的。穿西装，但不系领带，可以穿便鞋，穿西装系领带，绝不可以穿便鞋。

7）西装两个下袋用来盛放纸巾之类的松、软、薄的东西，切不可装得鼓鼓囊囊。上衣左胸上袋也叫手巾袋，专插装饰性手帕，也可以放一些厚硬的如名片夹等东西。上衣内袋可用来放重要证件、凭证和钢笔，有的上衣还有直口内袋，专用于放眼镜。西裤的左右插袋用作插手取暖和放烟盒等厚硬的东西，裤子右边有个放手表的表袋。西裤两个后袋，右边的用来放手帕，有纽扣的左后袋则用来放钱包、记事本之类的东西。三件套西装背心的上下四个口袋用于放名贵的小件物品，如戒指、打火机，千万不能像摄影背心那样塞得满满的，显得呆笨。

8）不需要穿着西服的季节，可选择衬衫和西裤搭配，不需要系领带。其余穿着技巧与西服穿着规范一致。

工作场合在户外的销售人员可以选择西服组合或夹克组合等非保守职场着装。衣服质地以棉、麻、毛、丝质为主，款式以穿着舒适、美观为佳。

西服组合：西服可搭配高领的羊绒衫、圆领衫、针织衫，穿着时最好不要扣西服纽扣；或者西服里配 V 领的套头毛衣、毛背心，里面穿纯棉衬衫、牛津纺衬衫，下装选择卡其布、牛仔布、法兰绒的裤装搭配，这种搭配也要敞开西服。需要系西服扣的正式穿着不适合这样的搭配。

夹克组合：夹克衫内配长袖马球衫（翻领针织衫，领下有2~3粒扣）是体现男性干练、帅气风格的最佳组合；夹克里面穿羊绒、纯棉针织高领衫、圆领衫、V领衫，下装穿卡其布、牛仔布的裤装，配上厚底、缝线、磨砂质地的鞋或高档胶底帆布鞋，体现男性的活力和简约风格。

第二章

竞争性市场销售策略

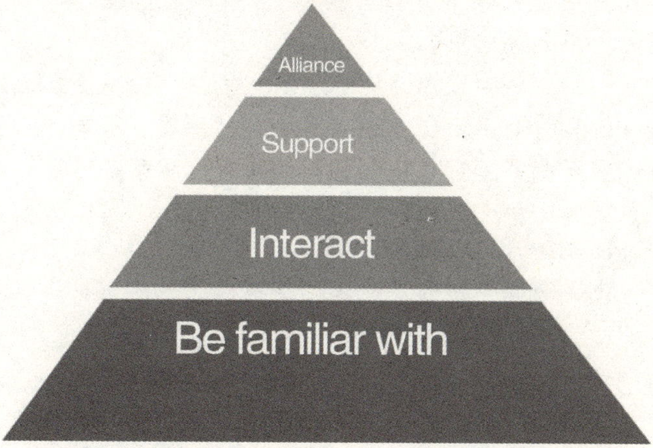

搞定大客户实践胜经

大客户销售领域没有所谓的蓝海，有销售人员的地方就时刻面临激烈的竞争，几乎任何一个目标市场都是完全竞争性的市场。要想快速切入并突破目标市场，销售人员必须有能力在茫茫人海或成千上万的用户中快速高效收集潜在客户信息，从中筛选出符合企业产品定位的目标客户。这是大客户销售的关键工作，也是销售人员必须要掌握的技巧。

到有鱼的池塘去钓鱼，这是大客户销售的根本法则。面对陌生的目标市场，销售人员首先要做的是市场分析，产品面对的目标市场在哪里？有没有可以开发的新市场？目标市场潜在销售规模有多大？目标市场竞争格局如何？公司产品定位处于高中低端哪个位置？只有搞清楚了自己的位置才能确定目标市场开拓的最佳手段。

互联网经济时代，一切都似乎变得更加便捷，巧妙运用“资料、网络、人员”三种渠道可以让你快速找到目标市场潜在客户。但可怕的是，客户同样可以便捷地找到更多供应商，为你引入众多的竞争对手。所以销售人员一定要找准属于自己的客户群体，对自己的销售目标实施精准定位，才能实施有效的销售策略去赢单。如果不能精准定位自己的目标大客户，就盲目推进销售，肯定无法制定有效的销售策略；在不符合定位的客户身上投入资源，很可能会错失真正的销售机会。

要想在激烈的竞争中赢单，你必须比竞争对手做得更多。发现更多的潜在销售机会，比竞争对手更早发现销售机会，等等。提前介入销售项目，获取低竞争度或者无竞争的销售机会，当然是最为明智的做法，但毕竟这种机会极少。一是因为竞争无处不在，很难赢得先机；二是因为客户也会有意引入竞争，以确保自己获得最好的交易条件。

竞争性市场的最佳销售策略必须依靠精准的销售定位。除了要精准定位目标市场，还要精准定位自己主攻的行业，精准定位主攻的客户群体，精准定位有价值的销售商机，精准定位销售项目的关键决策人员。项目关键决策人员的定位是项目销售成败的关键。令销售人员业绩倍增的采购决策导图是每个销售人员在项目销售开始之前，就必须获取的作战指南。

依靠作战指南的精准定位，销售人员才能搞清客户采购决策流程，搞定项目关键决策人员，对其他重要参与者施加影响力，形成强大的支持者合力，才能推动销售向前顺利发展，直至最终赢得销售订单。

1. 锁定目标市场潜力

快速切入并突破目标市场是销售管理中的头等大事，也是令许多从事大客户项目销售，特别是工业成套设备和软件系统的销售人员，甚至在业内摸爬滚打多年的老销售伤透脑筋还一筹莫展的难题。新人漫无目标地寻觅，不但浪费了公司大量的差旅费用，还影响了市场开发的效率，给公司带来了很大的损失。很多企业为了迅速突破市场，不惜以重金甚至股份、期权激励，聘请行业资深销售人员。但事实上，这些靠高薪酬引进的销售人员容易被透支或被更高待遇吸引走。

客户是所有企业最关注的资源，销售人员拥有客户才能拥有资本，资深销售的最大价值是其对行业的熟悉，以及行业和客户关系的积累。这些资源能为企业快速打开新市场无疑具有很大的潜在价值。新销售人员只要学会了行业评估和市场分析，就能在很短的时间内完成资深销售一样的行业积累，快速熟悉整个行业，高效捕捉项目和潜在客户资讯，直至最后达成销售订单，快速突破目标市场。

销售人员深入目标市场之前，首先要分析目标市场的潜在规模。具体的分析方法是，先搞清楚所销售产品的主要应用行业，然后从政府或行业相关网站统计数字，查出目标市场各行业的总产能数据以及年度新增产能数据，将各行业总产能数据相加即为各行业总产能数据；再根据所销售产品的设备台年效率以及公司产品的设备折旧率和备用系数，即可初步测算目标市场上所销售产品的潜在总需求数量以及年度潜在需求量。

具体测算公式为：

目标市场潜在总需求数量＝（所有行业总产能＋新增产能）÷公司产品设备台年效率×备用系数。

设备台年产量效率来源于公司提供的测算数据，并得到行业主要用户的印证；设备备有系数一般取值为1.2～1.3。

目标市场年潜在需求量＝总需求数量÷10年×（1＋折旧系数）。设备更新换代时间为8～10年，折旧系数一般取值为10%。

其次是要测算所销售产品的年度实际需求量。一般而言，目标市场产品的年度实际需求量主要来源于以下三个方面：一是本年度各行业新增产能创造的市场需求量；二是本年度各竞争产品（包括自身产品）淘汰更新所产生的市场需求量；三是本年度其他可替代的非竞争产品，因性能升级或者因工艺改变而产生的市场需求量。这三个方面的需求量即是目标市场年度实际需求量。

销售人员应根据所销售产品的品牌、技术特点、资源情况、市场战略、目前市场的实际保有量、市场占有率、客户群体特征以及对行业市场发展前景的预测，综合评估自身实力，选择主攻的客户群体，确定可能从目标市场切分的销售份额，设定自身可能实现的实际销售目标。

实际上，国内大部分企业给销售人员下达的销售目标一般根据历史销量情况设定增长比例。如果所销售的产品来自于行业领军企业或处于发展期的新兴企业，其设定的销售指标增长在30%左右，一般企业在10%左右；如果是参考行业增长率设定销售目标，一般会比行业增长率高10%～30%。即所销售产品的年销量目标＝所销售产品上年销售量×（1＋增长指标）。

销售人员对公司下达的销售指标应根据目标市场总需求规模和年度实际需求量进行评估，看是否能够顺利达成。如果销售指标差距太大，特别是在销售任务超出目标市场总需求规模，应建议公司调整销售目标；即使销售任务超过目标市场年度实际需求总量，也应该尽可能要求调整，以确保公司下达的销售目标达成，因为目标的达成与销售奖金息息相关。

尽管上述两类测算数据准确性存疑，但如果有了上述测算数据参考，销售人员可以大致明白目标市场的情况，大致了解目标市场客户的总数量，能够分析出潜在客户的数量以及项目采购信息的数量，等于有了检验自己工作的标准。

销售人员在开展工作时要根据“二八原理”抓大放小，优先收集目标市场比较好找的行业重点客户名单；再利用一般重点客户周边都会形成的一定规模的产业客户圈的产业集群原理，以点带面，充分发掘重点客户周边的产业集群客户；一般而言，减去前两类客户的产能规模后，剩下的产能规模可能就不大了，可以暂时放弃专门的搜寻，改在围绕重点客户和产业集群客户做工作时通过转介等方式顺便发掘。通过这样三个步骤，整个目标市场内的客户名单和市场的基本情况就一清二楚了。

了解清楚整个目标市场的客户情况后就要对目标市场的客户进行分类，可将客户按产品使用偏好划分成四类：习惯使用国外产品、国内高端产品、中端产品、低端产品等四个层次。然后再根据所销售产品的历史用户群体情况以及最新的市场开发目标，确定所销售产品的主要客户群体属于哪个层次。确定主攻的客户群体，最多可以在主要客户群体层次上下浮动一层，不要跨层级开发客户，跨层级客户比较难以开发成功。这样的销售工作目标明确，不至于在非公司的客户群体上消耗太多精力。

2. 三大渠道快速突破市场

寻找目标市场的潜在客户是销售成功的第一步，也是最基础和最关键的一步。如何在茫茫人海中搜寻到客户资料，或从成千上万的客户中获取潜在客户名单，筛选出符合企业产品定位的潜在客户，找出最理想的销售机会，选择最有成交希望的客户是销售人员必须要掌握的技巧。

勤奋敬业的销售人员一头扎入销售区域，每天挎着一大包公司资料，依靠双腿和保险销售员扫楼一样，每日辛辛苦苦奔忙在市场上，可是时间花了，精力花了，金钱花了，效果却不明显，时间一长，意志被消磨，常常怀疑自己的能力，觉得自己不适合做销售，慢慢就被市场无情淘汰了。比较懒惰的销售人员，预支了公司的差旅费用，干脆就躲在自己的领地上，心情好的时候出去晃悠晃悠，三天打鱼两天晒网，大多数时间就躲在宾馆上网、聊天，胡编乱造一些数据、报表糊弄公司，反正他们的目标只是抠点公司差旅费用。

销售人员在进行客户资料收集之前，首先必须明确自己的客户目标。公司的产品应用于哪些行业，各行业的所有客户名单，哪些客户会需要这类产品，根据公司的产品市场定位，哪些客户是公司的潜在准客户？同时，销售人员还要利用收集整理客户资料的过程，不断学习和积累行业知识，熟悉客户业务流程和产品使用知识，使销售人员看起来像个专家。

客户资料和客户名单的收集有三个渠道：一是查阅黄页、行业名录、会议名录、报纸杂志、地图、统计资料等各种相关文献和出版物；二是利用功能强大的网络搜索功能，利用行业网站、政府网站和搜索引擎等，收集并验证资料的准确性；三是通过日常拜访、随时观察，利用人际关系网络等手段，这类方法收集的客户资料信息比较及时，准确程度较高。

寻找客户资料的方法多种多样，千变万化。但无论是文本资料查阅，还是网络引擎搜索，抑或是主动上门开发，其宗旨都离不开“资料、网络、人员”这三大元素。无论是销售高手还是销售新人，都可以从中得到有益的启示。收集资料的过程就是销售人员成长的历程，在熟悉这些方法的同时，销售人员已经不知不觉地成长为一个销售高手，巨量的销售订单也会不期而至。

书中自有黄金屋

查阅各种相关出版物是成本最低廉的客户资料收集办法。销售无学，学术界从来就没有把销售当成一门学问。在中国，销售人员地位一向不高，士农工商，工农兵学商，无论在哪个朝代，商人的地位都是极低的。虽说现今销售人员地位略有改善，但也一直被视为不学无术、油嘴滑舌，特别是本山大叔《卖拐》在春晚播放后，销售人员又统统变成了忽悠大王。一般人家的子女都不愿意嫁娶销售人员。

正是因为这种种原因，销售人员不爱读书甚至不读书。有些销售人员认为只要我口齿伶俐，敢于豪言壮语，就可以蒙到客户；或者以为只要我海量，酒杯一端，客户就可以欣然为价值百万元、千万元，甚至上亿元的订单埋单；还有一些擅用低劣手段的销售人员以为只要安排好了客户吃了、喝了、玩了、拿了，“折扣、纽扣、回扣”一上，就能俘获客户。

在大客户项目销售中读书有时经常是判别一个销售人员水平高低的重要指标。那些经常关注行业资讯，关心客户发展动向的销售人员往往都是这个行业的销售精英。他们早就跳出了推销的窠臼，成为客户的咨询顾问，甚至是行业内的顶尖专家。

研究人员一般重视读书的深度，销售人员读书更多是为了获得资讯，追求的是资讯的广度，而不是过于追求深度。当然，一个销售人员有时也愿意成为某个领域的专家，对销售的促进作用无疑是巨大的。销售人员的读书书单大抵可以分为以下几种。

黄页类行业名录

现在黄页类行业名录书籍很多，已经发展成为一个产业。有中国电信黄页、慧聪商情网等以及各式各样的行业资讯类公司编制的、质量良莠不齐的各种山寨版名录。

这些行业名录的优点是按图索骥可以迅速了解区域市场内客户名单。缺点是这些名录的编制者为了降低成本，大多数资料都没有经过实地核实，失真的情况十分明显。销售人员可以网络搜索和电话沟通，对名录的资料进行核实和更新，从而形成有效的客户资料。

有一类特别有价值的名录是主管部门因为工作需要编辑的名录，这类名录的资料一般都比较新，而且比较权威。如国土部门颁发的采矿权名单，安全部门发布的安全生产名单，工商部门的企业年检登记名单，等等。

还有一种行业会议名录，这种会议名单联系方式比较准确，很多留有客户的手机号码，比较有价值。销售人员要学会通过各种渠道获取，经常参与会议的客户，组织会议的科研院所或杂志社，或者其他专业会务组织单位等，也可以通过与同行交换获取。

行业资讯类书籍

每个行业都会编辑一些大部头的行业概览或者年鉴类的书籍。比如矿山行业就有《中国矿山概览》一书。这类书籍的卖点，在一般销售人员和书籍编著者看重的是书后面附录的客户名录。其实除了获取名单，这类书籍被忽视的更大价值是里面关于行业和重点客户的资讯，可以让销售人员快速熟悉整个行业。

又如《国家统计年鉴》或《行业统计年鉴》等，书中会详细描述行业年度总产能、重点客户产能以及各种经济技术指标以及国家的行业产业政策或最新动态，还会有大量的行业重点客户名单、行业专家名单，在年鉴上做广告的客户一般还会有总经理名单，可以收集到非常多的重要资讯，具有极其重要的价值，强烈建议每个销售人员都要认真学习。

资深销售人员看重的是这类书籍对整个行业的描述。销售人员要取得客户信任，首先是要力争成为这个行业的专家。在你没有成为真正的专家之前，如果你通读了这部分内容，你就会对行业的大客户和相关资讯有充分的了解，你就会成为看上去像个专家的销售人员。我强烈建议有追求的销售人员把这部分内容强记下来。

行业内核心刊物

一本行业核心刊物对于有心的销售人员而言是一座蕴藏丰富的宝藏，拥有丰富的行业资讯和客户资料。刊物编辑记者经常采访主管部门和行业大佬，拥有的资源绝对丰富，甚至有些还是客户高层的朋友，如果能和他们交朋友，销售人员就有一条获取一手资料的最佳途径。

刊物扉页往往指明了行业发展的方向；刊物资讯部分是了解行业发展动态的窗口，甚至直接就可以了解项目信息；刊物论文可以了解行业技术发展前沿，论文的作者或者单位有时还是你公关的客户，谈论作者的论文是最好的公关手段之一；刊物的理事会、编委会名单，有没有你的客户，用他们的名字百度一下，名单也许就会丰富成客户资料；刊登广告的单位，联系上他们的销售人员，资料互换、信息互通，他们的客户资料就会变成销售人员的客户资料。

竞争对手和同行还会刊发样板客户名单，这也是不可多得的资料。竞争对手的客户名单是最有效的潜在客户名单，销售人员要想办法获取。如在项目技术交流时期获取竞争对手的交流文件，在招标结束后获取竞争对手的标书，这上面一般都会有竞争对手客户名单。

新闻报纸

新闻报纸除了可以获取与客户交流的谈资，也经常是销售人员发掘项目信息的渠道。厚报时代，建议读报以头版、经济新闻、广告等栏目为主。

新项目奠基、开工典礼、竣工投产，政府领导人视察，管理部门颁布的奖励、处罚名单，对于当地报纸而言都是重大新闻，一般发布在地方报纸头版或经济新闻板块可通过快速浏览标题确认。新闻里发掘的客户信息很多都是有购买潜力的准客户信息，是销售人员宝贵的财富。报纸广告中的祝贺名单，政府部门发布的各种公告名单，企业的招聘、产品推广广告、宣传文章，也是你发掘客户名单的好地方，在报纸上也很好找。

其他诸如地方志、地图、各种招商引资的画册，都是销售人员广泛涉猎的对象，这些资料都会对本地情况进行详细介绍，甚至旅途中的路牌广告、宣传横幅等对于有心的销售人员来说都是收集资料的好办法。

资讯时代，网络为王

网络是一个很好用的工具，也是最便捷的客户资料收集办法。网络不仅可以用来寻找潜在客户，而且可以在拜访客户前了解更多的客户信息。销售人员至少应该学会在客户的行业协会网站、当地的政府网站、客户的企业网站、个人博客，以及B2B、B2C网站等中寻找客户。

百度、谷歌、搜狗、腾讯、搜搜等群雄并起，只要我们百度或者谷歌一下，几乎所有的信息都可以在网络上找到。网络信息传播的速度、广度、深度已经远远高于传统媒体。网络资讯具有多样性、复杂性、良莠不齐的特征，学会甄别和使用网络信息资源是销售应该具备的一种直觉能力。

一般而言，来自于政府网站的资料，其可信度比较高；特殊兴趣群体和业内资深人士的个人网站资料也比较翔实；来自搜索引擎的资讯，由于推广付费的竞价排名，已经很难辨别真伪，对于其中的资讯需要多方印证其准确性。销售人员需重点关注的网站有以下几种。

权威的政府官网

来自政府官网的声音都是权威的发布。对销售人员而言，要重点关注地方政府部门网站。各级地方政府的网站中都会拥有大量当地经济情况的介绍以及大量关于当地经济发展的资讯，新项目和大型项目都会在官网得到大量的宣传。甚至很多重大项目，网络新闻发布的时间会早于传统媒体。

如负责招商引资的招商局，批准新项目立项的发改委，经济领域重要管理部门商务部、经贸委，管理着企业的工商、税务、卫生、安监、环保、城管等各级政府部门，其网站内都有大量的信息和你的业务息息相关。发改委的新项目立项信息，招商局的引进项目，工商和税务部门的企业登记、年审和纳税信息都会定期发布在官网。

特别是产品使用单位的重要管理部门或证照核发单位，比如负责矿山采矿权证颁发的国土资源部门，比如负责安全生产监督的安监部门和负责环保评价的环保部门，其网站都会定期公布各种名单和相关资料，这些名单和资料都是客户信息的重要来源。

行业官网、企业网站、招投标网站及其他 B2B、B2C 商务网站

行业官网一般由行业主管部门设立，国家宏观经济政策、行业运行最新数据、新项目立项建设情况、行业巨头发展动态、行业大佬重要言论、企业名单库、行业会议情况等，资讯十分丰富。销售人员一定要定期关注行业官网，以获得最新资料和拜访客户高层时的关键话题。销售人员关注的行业网站，除了是自身所在行业，还要重点关注用户所在行业资讯。

企业网站是企业自身用于宣传、推广企业的网站，里面有很多重要信息。销售人员要重点关注企业发展目标、长远规划、近期计划、组织架构、各级决策人名单、新项目上马情况、设备使用情况等重要情况，提前获取客户采购项目立项、建设等情报，收集相关决策人的资料情报，提供拜访话题，便于建立信任关系。

招投标网站是项目招投标信息发布的重要网站。销售人员除可以利用网站及时获知项目招投标信息，还可以关注已完成了招标的公司，跟进下一步的改、扩、建新项目；或者根据项目的其他设备招投标信息，分析项目进度，预测自己销售的设备招标时段；了解已公示中标的单位，深入那些已经采购了竞品的企业，去收集竞争对手的情报。

B2B、B2C 网站。如阿里巴巴、慧聪商情网等，众多商家在网站上发布供求信息，销售人员可以通过和他们的联系获取客户和项目资料，还可以通过线下的互动，与相关商家建立联系，或者商家所在地的客户

情况。同时还可以发布供求信息，吸引客户主动联系。

要特别留意企业内部关键人员的博客，还有一些客户专业的QQ群和论坛，也是资料来源的重要手段。那里有很多技术人员在主动交流，他们会主动说出现在要做的项目，正在用的设备的优缺点等。进去不要急着要客户信息，这种行为谁看了都烦，先多发言，多交流技术信息，先交朋友，后谈生意。

无所不能的搜索引擎

搜索引擎功能十分强大，几乎无所不能，是便捷的资料收集手段。来自于搜索引擎的信息有时候过于庞大芜杂，需要销售人员加以甄别和选择。用搜索引擎寻找客户资讯，最重要的是设定关键词。与企业或产品密切相关的关键词，与区域市场相关的关键词，或者客户名称中的关键词都是搜索时经常选用的关键词。反复在不同的搜索器中搜索，你就会有意想不到的收获。

你的客户群体是建筑企业，输入地名＋建筑、建设等关键词，就可以找到你的客户；你的客户群体是制造行业，输入地名＋机械、制造、设备等关键词，就可以找到你的客户……

各种寻找客户途径得来的资料都有可能是已经过期或者失真的信息。销售人员要学会利用搜索引擎进行真伪印证，只有经过确认的信息才是有价值的信息。如果你的客户信息未经确认，你满腔热情地跑到一个已经购买了竞品，或者干脆就是一条假消息的项目上，那是多么的悲摧啊！

有人的地方就有江湖

大客户销售产品价值高、订单金额大，销售周期短则数月长则数年，客户采购多个部门人员参与，决策流程复杂，产品为生产工具或生产资料会直接或间接影响到客户的生产经营状况，涉及设备的安装、调试、售后服务等内容，决定了大客户销售一般都是采用人员销售为主，其他销售策略为辅的销售方式。

通过人际关系获取销售资料是最重要也是成本最高昂的方式，光是销售人员的差旅费用就是一笔巨大的开销，但在产品单位价值较高，采购流程复杂的销售过程中，人际手段是最有效果和最具价值的客户资料收集方式。

通过人际关系收集资料手段十分丰富，代理商合作、设计院所推荐、行业协会、俱乐部和社团等客户集聚地收集，客户及供应商转介、关联产品销售人员或同行交换、同学朋友人际网络介绍，直接拜访、重点地区客户集群走访、个人观察以及吃住行随时随地进行。

产品代理或关联机构推荐

深入走访销售同类或关联产品（用于同一个客户或者上、下道工序）的当地经销商，可以迅速获取当地客户资料，甚至还可以借助经销商行业人脉达成销售。经销商熟悉当地风土人情，可以使销售人员尽快融入当地人的生活；经销商的老板或者资深销售很多都是这个行业的专家，请教他们有利于新销售人员尽快熟悉行业；他们对当地的客户群体熟悉，甚至很多已经有过业务往来，能很快把你的产品销售出去。

尽早拜访行业内知名的科研院所，大型项目的环评、科研、立项、设计等环节科研设计人员是最早接触到项目的人员。建立联系可以使你尽早获得项目信息，可以使你的产品成功入围，可以为你引荐客户高层。在个别项目上，设计人员甚至替你有效屏蔽竞争对手，将你的产品设计引入项目，获得优先选择权甚至是独家选择权。一些知名大学的教授也创立工作室或设计室承揽项目设计。

打入客户圈子

参加行业会议。选择与公司产品关联的、由行业主管或政府部门组织的行业会议，有时一份主题报告和会议客户名单就能让你对市场或行业的发展状况了如指掌。行业会议除了可以快捷获得客户资料名单，还要努力在会上和客户建立联系，并要力争认识一些行业主管领导。如无法出席会议，也要想办法获取客户资料名单。还可通过在会议地点蹲守，休会期间直接上门拜访等手段收集客户资料。

加入客户集聚地的圈子。行业协会、各种社团或俱乐部等都是客户经常集聚的地方，重点关注客户的行业圈子、学术圈子、校友圈子、朋友圈子，等等，销售人员可以视情况有选择地加入，进入客户的圈子，不但可以方便收集最新的客户资料，还可以利用这些机会提升自己的人脉关系和品位，与客户尽快建立互动，从而推动客户关系向同盟发展。

人员推荐或转介绍

朋友介绍即发动自己的亲戚、朋友、同学、校友、同事、同乡、战友、同行、客户、供应商等，利用他们的行业圈子、学术圈子、校友圈子、同学圈子的人脉进行客户推荐或转介绍，是优秀销售人员收集客户信息的主要方式，是拓展客户最为关键的秘诀。

朋友介绍或转介的业务，销售人员容易与客户快速建立信任关系，销售难度大大降低。先做人后做事！从某种意义上讲，销售其实是一个培养与发展自己朋友圈子的过程，达成销售仅仅只是拓展朋友关系的一个副产品。

客户目标群体相同的非竞争销售同行。他们服务于同行业客户，或同一家客户上下游工序，没有直接竞争关系，不但可以为销售人员提供客户资料，还可以为销售人员指明工作方向，关系到位的，甚至还可以将销售人员推荐给客户。

通过公司的新老客户转介。老客户介绍成功概率比较高，但不要忘记请暂时没有合作的新客户介绍，无论是身居高位的客户决策管理人员，还是把握关键环节的技术人员，甚至是参加工作不久的基层人物，都可以成为最好的客户资料来源，因为他们都是圈内人，有众多同学、校友、朋友在同行业工作。公司和客户的供应商有时也是客户资料来源。

请科研院所技术权威推荐，他们本人就负责不少项目，也了解很多项目信息，同时利用他们的行业圈子、学术圈子、校友圈子、朋友圈子内的广泛人脉进行转介绍，是充分发掘技术人员资源的最好手段。

直接拜访获取资料

直接拜访客户俗称“跑街”，是大客户销售的重要手段，尽管效率稍低，但效果最佳。客户往往有地区集群和行业集群现象，有影响力的重点客户周边地区一般会伴生或寄生大量同类企业，如矿脉具有延续性，大型矿山周边会有多家矿山伴生。拜访时要拟订合理客户走访计划，合理安排拜访线路，节约路途时间提高拜访效率，重点区域优先，重点客户优先，以点带面全方位覆盖。

拜访客户途中，销售人员要做一个眼观六路、耳听八方的有心人，吃、住、行处处留心观察，任何与客户关联的区域都可以获取客户资料。

坐车时可与当地人或出租车司机聊天，打听客户信息；住宿时选择车站码头等销售同行喜欢的地方，通过服务员和销售同行了解客户信息；吃饭时可以和老板、服务员交流，获取有价值的客户情报……

大客户销售中的潜在客户企业周边，一般都会有几家靠这个企业生存的小饭馆。他们的老板或许和这个企业有着千丝万缕的联系，甚至干脆就是老板的亲戚。来这里吃饭的也大多是企业员工，或者是来这里联系业务的各色人等。拜访客户后来这样的小店，点几个小菜，在老板不忙的时候唠嗑几句，或者在吃饭的时候，竖起你的耳朵，一些重要信息就这样得来全不费工夫。

考虑到交通便利，销售人员选择住宿地点一般会考虑两个因素：一是车站附近，交通便利，便于出行；二是客户附近，便于了解和约见客户。用心留意活跃于当地的老销售，可以交换到很多有价值的客户信息。

客户公司遇到的上下游产品销售人员也是重要信息来源。如果恰好遇到和客户做过生意的销售人员，虚心向他们请教，会获得搞定客户的第一手资料，当然，同样可以交换到当地的客户名单。

在与各种人员交流中，销售人员要以心换心，对于非销售同行的小人物要发自内心的尊重，甚至可以通过赠送一些小礼品等，获取他们的好感和帮助；对于销售同行，要热心给予力所能及的帮助，以换取他人的帮助。

客户资料不仅仅指潜在客户名单。销售人员在收集客户资料时要关注四个方面内容：一是要能快速从浩如烟海的资料中迅速发掘出销售人员所需要的行业客户名单，并通过收集客户资料的过程熟悉行业，使自己看起来像个行业专家；二是按照公司产品的市场定位，来确定潜在客户名单，确保有限的时间、精力和销售资源用在关键客户和重点项目上；三是要有经营客户理念，按照各级客户进行分类，建立完备的客户档案；四是尽快找出潜在客户的项目进展资料和项目决策人的个人资料，为建立客户互信和销售推进，打下坚实的基础。

3. 精准定位目标大客户

初步收集完客户名单之后，在开始销售拜访之前，还有一项最重要的工作，这就是从客户名单中筛选出具有跟进价值的潜在准客户。不做客户筛选难免无效拜访，金钱可以浪费，但销售人员的时间不可以浪费。时间浪费在无效客户或无效拜访上，除了降低销售人员的工作效率，更可怕的是会错过进攻有效销售项目的最佳时机。

筛选准客户名单，首先要根据产品使用工艺条件，明确客户使用行业和客户群体。具体要考虑三个因素：一是要根据公司产品的研发思路和现有客户群体情况，分析产品主要可能应用的行业及客户群体；二是根据产品技术工艺参数，分析是否还有可拓展的行业及客户群体；三是利用新发现的用途或使用方法，拓展新的使用行业及客户群体。

其次是根据公司产品适用的产能，确定客户的最低产能规模。如果客户最大产能低于公司一台产品 80% 的产能，这个客户基本上目前不会采购你的产品；如果客户设备的实际产能已经不能满足客户的使用要求，或者需要满负荷或者超负荷运转，工人需要加班加点生产才能满足需要，说明客户近期就会有增加设备的需求。当然，销售人员要有客户经营意识，时刻留意客户的发展态势，客户设备更换或者性能升级，或者项目扩产、扩建，新建项目以及兼并重组等，都有可能成为公司客户。

最后是根据公司产品的市场定位以及客户的采购偏好，确定符合公司定位的客户群体。公司定位在高端还是低端，高价还是性价比高，等等，这是选择准客户的关键环节，却往往被大多数销售人员忽视。我们需要有单必争的勇气，也要有敢于放弃的智慧。优秀的销售人员在销售项目开始前，一定会对项目输赢有一个基本判断，放弃完全没有胜率的项目不是无能的投降，而是有计划的撤退。

一般而言，大客户项目中销售的产品大体上可以分为：国外进口产品、国内高端产品、国内中端产品、国内低端产品等四大类型，其匹配的客户群体特点和选择也各不相同。国外进口产品最适合高端客户，国内高端产品最适合中高端客户，国内中端的产品最适合中端客户，低端的产品最适合低端客户。

销售人员凭借销售技巧与服务，可以在很大程度上弥补公司产品的不足。即使产品不是很适合客户，只要产品没有重大缺陷，客户还是愿意选择朋友的产品。所以当销售人员的客户关系到位，除了能使客户选择档次匹配的产品，也可能将上一端和下一端的产品销售给客户，如高端的客户可能会选择你的中端产品，或者作出相反的跨级别选择。但与公司产品定位跨了一个层级的客户，了解一下即可，千万不能做，这是销售的大忌。

高端客户不是因为资金充足才选择高端可靠的设备，高端客户对产品可靠性的要求是中端产品满足不了的。大企业的运营往往都是系统化工程，一环扣一环非常紧凑，与小企业有很大的不同。由于很清楚提高可靠性对自己的重要性，一般大企业选择重要供应商都会有严格的要求，比如说企业规模，可证明的用户，必要时还要参观生产线，这一系列的手段已经把不合格的供应商淘汰了。

即使销售人员通过各种手段，以低端产品拿下了高端客户，如果不考虑成本，很少有不能用销售手段拿下的客户。比如说，我的产品不行是吧，买了我的产品我帮你拿1000万元的订单；又或者我这儿与市内某高层有很铁的关系；等等。但后果也不会好看，等到你的产品老是出现质量问题，又没有足够的服务支持的时候，客户使用者的意见从下级反映到上级，再从上级返回到采购部门的时候，你就要“享受”你自己带来的苦果了。

因为这类客户都是强势而又专业的客户。他们在采购合同里早就清清楚楚地写明了质量要求以及达不到质量要求时的处理方法。即使没有写，他们依靠在当地的巨大影响力，也可以轻轻松松地让你在这个市场变成隐形人，更不要说还有合同法与消费者协会了。随便哪一种手段都可以把你打垮，赔款、退货等要求会把你闹得焦头烂额。这时候你再去找客户支持你拿下订单的关键人物，他们早不知道躲到哪里去了。

企业是一个复杂的系统，影响企业稳定的因素每提高或降低万分之几的可靠性，都会产生巨大的利益或损失。一个企业里所有的高端设备，同时不出故障的机会是每台设备可靠性的相乘而非相加。对于一个大企业，每个部门和部件在99%稳定可靠的前提下，每提高一点微小的可靠性，都会让一个企业发生根本性的改变。

一个几十人的小企业，一台关键设备坏了，充其量也就影响几十个人，实在不行，大不了大家休息停产几天，厂长在车间里大叫一嗓子，大家就回家了，等设备修好了，哪怕一个一个地打电话把人叫回来也就半天工夫，这工厂说停就停说开就开，启动起来容易得很。对于上万人的大企业来说，事情可就大了，一个设备停了会影响到几道工序几个层次上千人，而且他们是一个紧密衔接的整体，再启动起来需要各方面的配合，可就不是那么容易的事了。

对于一个只有两台设备的小厂来说，买两台可靠性为90%的设备，与买两台可靠性为95%的设备是相差不大的。两台可靠性为90%的设备同时不出故障的可能性为90%×90%=81%，而两台可靠性为95%的设备同时不出故障的可能性为95%×95%=90%。前一种是后一种的90%，相差不大！

但对于一个有10台设备的大厂来说，前一种的可靠性就成了90%的10次方，0.9×0.9×0.9×0.9×0.9×0.9×0.9×0.9×0.9×0.9=35%，而换成可靠性为95%设备，其可靠性为95%的10次方是60%。前一种只是后一种的58%。如果设备有20台，前一种只是后一种的34%，如果设备有40台，前一种只是后一种的11%……

高端产品的销售人员应该明白，产品稳定性是最大的卖点，让客户明白稳定性的价值，可以让客户接受高价格带来的高可靠性产品。采购价格提高带来的成本增长是直线上升的，而可靠性提高创造的收益是几何级增长的。在一起配合的设备越多，对客户的生产稳定性能的影响，其几何级增长特性越明显。

销售人员在筛选客户过程中，一定要有经营意识，要学会经营客户和经营自己。销售人员、公司产品和客户都处在一个动态发展过程之中，现在不适合你的客户将来由于自身原因，或者公司产品和客户发展的升降级，可能会变成适合你的客户，及早建立人脉有利于自己在企业中的发展。销售人员也可能会因为跳槽，从中端跳到高端，又或者从高端跳到中端，这都是常有的事。

做销售其实是一个为自己和公司建立并发展人脉的过程，销售人员一定要学会经营客户。在客户的行业中多交几个朋友永远不是坏事，因为同一行业的客户间的关系永远比我们想象中更要紧密，他们之间的距离永远比我们想象中更短。身处这个圈子中，你就会有很多别人所不可能有的人脉与信息来源，不在这个圈子中，有些东西你永远得不到。

一个优秀的销售人员，其业务来源应符合 4321 法则，即 40% 的业务来自老客户的重复购买，30% 的业务来自客户的介绍和推荐，20% 的业务来自自己的朋友圈子，10% 的业务来自于自身开发。明确了产品与客户的需求匹配原则，销售人员应按照二八原则来分配时间和精力，必须把 80% 的精力放在与公司产品定位匹配的 20% 客户身上，把 20% 的精力放在上一端和下一端的客户身上。

在筛选潜在客户名单时，除了要考虑客户和产品的层次匹配，还要充分考虑客户采购的紧急程度，根据项目采购时间对客户进行分级管理，优先考虑近期可能成单的客户。总结起来，大客户销售要找符合“MNA”的客户，M（Money）预算充足，N（Need）有需求，A（Action）愿意行动，有迫切需求，资金预算充足，愿意立即行动的客户，才是你要开展工作的潜在客户。

大客户项目中销售的产品，大体上可以分为：国外进口产品、国内高端产品、国内中端产品、国内低端产品等四大类型，其对应的客户特点也各不相同。

进口高端产品及其客户特点

一般来自于市场顶级供应商，多为大型外企。卖点是产品质量好，可靠性高，设计上有很多独有的东西，产品改进很快，往往三五个月后就有新的改进，服务理念先进。

缺点是价格最高，相当于市场上中档产品的2倍左右；国外产品原封不动搬到中国，有些功能不适合中国，有些中国所需要的功能他们没有；依靠代理商销售，销售和服务能力是短板，很大程度上浪费和过滤掉了他们产品的优势；产品零配件供货周期长，国内市场难以买到，国外发运至少28天，严重影响了他们的服务质量；服务人员的水平低，大型外企的核心技术人员大都是老外，本身在培训中国技术人员时就沟通困难，最终导致他们的服务质量非常低，又不肯把重要技术泄露给中国人，也是造成服务质量低的原因之一。

选择国外进口高端产品的客户主要是发达地区政府和机关，国内的特大企业、上市公司、大中型的外企和合资企业。客户追求技术先进、功能多样、高性能、高可靠性的品牌产品。这类客户销售最难做，小公司的产品无论好坏，他们都不会考虑。

这类客户采购过程很复杂，一般都要进行招标；采购人员很专业，见多识广，胃口很大，很难被一点小礼物和几顿饭打动；出于企业安全的考虑，客户不会允许供应商独大，会有意识引入竞争对手，诱导供应商相互竞争，从中获取更大的企业或个人利益；客户内部关系复杂，公司领导多，权力层级多，帮派多，能对采购产生影响的人也多，不确定因素也多。很多时候销售人员客户关系做得很到位，但只要合同还没签字，上级集团公司某个大领导一个电话，就可能把供应商给换了；客户决策人重视自己有含金量的位子，销售过程中让他们觉得不安全，或可能会影响位子，哪怕仅仅一丁点儿小事没做好，都有可能会让你前功尽弃。

尽管这类客户最难做，但他们仍然是所有销售人员最大的追求。因为客户采购量大且频繁，拿下一个这样的客户，销售人员就可以轻松完成销售指标；客户资金实力强，货款支付快，一般不会恶意欠款；这类客户是市场领军企业，具有很强的宣传效应，其他客户往往会跟随采购。

国内高端产品及其客户特点

主要是国内行业的领头羊。特点是初期以模仿国外的产品起家，针对国内市场和自身生产加工能力做了适应性的改进，一些客户不需要的性能被去除，一些国内制造工艺做不到的东西，用适当牺牲可靠性的低端方法生产，增加了国内市场特有的性能。

国内市场份额大，长期规模生产同一种产品，生产线稳定，产品可靠性大大提高，成本进一步降低，提高了公司利润；有能力在全国建有强大密集的服务网络，弥补产品可靠性的不足，拥有强大的竞争优势。近年来发展迅速，市场份额增长迅速，是目前市场上最活跃的品类。

其缺点是由于没有知识产权的保护，一家改进很快大家都会跟进，导致大多数这类企业产品都差不多，同质化严重。到后来大家都没有改进意愿，产品改进越来越少越来越慢，虽说他们嘴上总是在说创新。但近年来，部分企业意识到研发的重要性，开始加大研发投入，产品与国际潮流开始接轨。

选择国内高端产品的客户主要是一般地区政府机关和大中型企业，客户注重产品的性价比，注重产品的终身价值，比较注重服务，与使用国外进口产品的高端客户相比，他们不够专业，对供应商的忠诚度不高，付款方面还算有保障，但需要销售人员及时催收。

国内中端产品及其客户特点

主要是国内市场的二线品牌和地方性品牌。依靠引进的国内领头羊的技术人员，从模仿国内领头羊产品起步。与国内高端产品相比，由于品牌知名度不足，产品性能与可靠性都有差距，只好打价格战，一般价格会比国内高端产品低10%~30%。

在没有规模优势的情况下降价，一是依靠降低利润率，所谓薄利多销；二是依靠降低配置，国内高端产品的核心部件和重要部件一般都选用国际二流配件供应商或者国内一流供应商，而国内中端产品则往往选用国内二流配件供应商；三是去掉产品的部分高端性能。通过这几种方式虽然把成本降低了，但牺牲了部分性能和产品的可靠性，性价比不如国内高端产品。对价格十分敏感的客户是他们的生存空间。

选择国内中端产品的客户主要是贫困地区的政府机关，中小型国有企业和中型民营企业。客户对产品知识了解一般，非常注重价格，设备性能只要达到基本要求即可，其他的只要价格合适就行了。由于客户产品知识不够，很难真正理解项目设备性能需求，这类客户只要销售人员早介入，就可以轻松影响客户的采购标准，引导客户采购标准按有利于己方的方向发展。这类客户销售相对容易，由于规模小、资金紧，货款回收比较困难，销售人员要盯住收款。

国内低端产品及其客户特点

多为作坊式的小微企业，其产品偷工减料，配置较低，功能被删减，这种产品运行不稳定，故障率高，使用寿命相当有限。客户看中的是其价格便宜，并没有打算用多久。

选择国内低端产品的客户，多是小型民企，特别是创业阶段的民企以及一些亏损的中小型国有企业。

这类客户注重价格，但更注重的是首付，哪怕价格高点，只要能把首付降下来，一样可以把客户拿下。主要因为中国的中小企业普遍的融资困难，资金紧张，虽然明知道便宜货用不了多久，但资金实力制约其无法购买高端产品，只能先买台便宜的将就使用；再者这类客户的未来有很大的不确定性，今天不知明日事，也许过一阵子项目就转型了，买台能用20年的设备干吗？再或者，谁知道公司明天还在不在？

4. 业绩倍增的采购决策导图

客户的采购基于两大原因：一是获得采购带来的好处，二是解决客户的难题和燃眉之急。销售的要点是以客户的需求为中心，抓住客户的痛点激发需求，找准客户的兴趣点推进关系。销售人员的时间、精力和销售资源有限，只有全面系统地收集客户资料，才能有针对性地分析客户及项目情况，筛选真正有价值的目标客户，制订合理的销售计划，集中优势兵力打歼灭战。

在接触客户前，销售人员应事先尽可能收集客户基本资料，在接触客户后，销售人员要发展认可我方价值、愿意透露资料的客户为线人，因为最了解客户的人一定是客户内部的人。在发展线人时，应该坚持由先易后难、由低级别到高级别、由点到面的顺序，逐渐在客户内部建立起情报网，源源不断地提供客户资料。当然，最好的线人是项目最高决策领导。

搜集项目关键情报时要特别关注项目采购的发起者，即提出采购建议的人。发起者感受到一些严重的问题需要解决，故提出解决建议，客户中与设备使用相关的任何人，或其他各个部门的任何人都可以成为采购的发起者。产品更新或升级换代，发起者经常是使用部门；对于事关企业战略性的采购，发起者往往是决策层客户；可能是出自员工们的建议，也可能是决策者为了保留优秀员工而采取的策略。

将潜在采购发起者的隐性需求发掘为明确的显性需求，结合自己的产品和服务带来的益处，形成针对客户问题的解决方案，往往可以带来新的订单，这种订单有时候客户就直接采购了。这种造单的销售模式，是销售人员努力追求的最高境界，每个销售人员都要力争成为解决客户问题的行业专家，大订单的造单者。

具体而言，客户情报包括：客户基本资料、客户组织架构、项目需求情况、采购偏好与采购方式、决策者个人资料、竞争对手资料等六个方面。客户个人资料是建立客户互信的关键信息，销售人员只有真正了解客户，才能与客户快速建立互信；了解客户采购决策组织架构是大客户销售的重中之重，只有掌握了客户的采购决策流程和模式，才能顺藤摸瓜集中优势兵力打胜仗，而不会陷入盲人摸象的销售误区。

无论客户是否有明确的销售机会，也不论所收集的客户资料是否对当下的销售有价值，都建议销售人员将六方面的客户资料建立详细的客户档案。客户和销售人员都是在发展变化的，今天不是客户，也许明天就会成为客户，优秀的销售人员一定要善于经营客户。对于有销售机会的，应立即将销售推进到下个阶段；如果暂时没有销售机会，进入客户培育阶段，重点在于维系客户关系，等待客户出现的销售机会。

客户基本资料

包括客户的联系电话、通信地址、邮箱和网址，企业性质属于国企、民企、外企、上市公司、中小企业等，行业及地位、业务范围、年产能规模，经营和财务现状、对客户和供应商的信誉等，工况条件、技术工艺参数等，现有同类产品和服务（包括竞争对手）的使用情况，这点特别重要，要详细了解产品的数量、采购年限、实际使用年限、设备现状、设备能源消耗、常见故障及维保材料消耗、设备台年效率、设备运转班次、设备技术短板、操作使用难易与舒适程度、最新工况条件、设备与最新工况条件匹配情况等资料。

项目需求情况

项目新建、扩建、扩产、设备更新或升级换代等五种情况，客户会有采购需求。项目设计资料、项目建设进度、设备采购安装等时间安排或预测等，都应该尽力了解清楚。如果可能要争取在项目设计阶段介入，直接将公司产品写入项目设计书；利用行业知识或通过内线向导，预测或了解项目的进度安排，设备进场安装时间减去设备合同交付时间就是设备采购和招标时间，在这个时间段前做工作能确保项目不会被客户有意或自己遗漏。

客户产能规模会因为新建、扩建、扩产等情况而改变，客户也可能因内外部环境发生变化而进行设备更新或升级换代。如客户的技术工艺流程发生变化，可能导致原来设备不能满足需要，会引发客户的采购行为；客户受外部国家政策要求提高环保水平，或某种施工工艺被要求升级等，这些因素都可能会迫使客户不得不更新设备。销售人员要及时了解客户内部变化，国家或行业相关政策变化情况，确保提前介入和跟进客户项目。

根据设备的普遍使用年限，分析客户现有设备的实际使用年限，预测客户近期是否有可能更新换代，如果客户设备使用年限较长，甚至是超期服役，很可能客户近期就会有采购需求，如果客户设备刚采购不久，很可能近期不会再有订单。

采购偏好与采购方式

销售人员要特别关注客户的业务，对于企业客户要关注其产品的生产、销售方式和盈利目标等；对于政府机关等非营利机构，要多替客户考虑工作效率和考核指标。了解了客户的业务，就了解了客户真正的采购动机。针对客户的老板或老总，站在为客户赚钱的角度，才能真正说服他们购买。国有企业关注赚多少，民营中小企业关注省多少。

工业品客户购买产品有两种目的，赚更多的钱和节省更多的费用。多数人愿意为多赚10万元而支付1万元，但对于花1万元省10万元的事情视而不见，或者心理上排斥这种支出。客户过去的采购偏好，喜欢选用哪一类产品：进口、高端、中端、低端，资金预算松还是紧，追求行业领先，还是讲究性价比，或者能用就可以？明确了客户对产品的基本需求和定位，就可以更好地制订沟通方案和产品推介方式。

客户过去的采购方式是委托专业招标单位公开招标、客户公开招标、客户邀请招标、单一来源采购、竞争性谈判采购、客户直接比价采购，客户是集团公司的要了解是集团公司统一集中采购，还是分公司自主决策采购，又或者集团组织、分公司参与的采购模式？

决策者个人资料

客户的家庭情况，包括其父母、子女、配偶的情况，特别是其子女教育情况；客户的家乡、毕业的大学和专业；兴趣和爱好、喜欢的运动、餐厅和食物、喜欢的书和杂志等；主要经历、年龄、职位、工作中实际权力与名义权力，单位内部的朋友和对手、职位发展空间及需求等；客户的性格特点与沟通方式、日常工作行程安排、业余度假计划等资料。

竞争对手资料

竞争对手的客户群体特点、销售情况、市场占有率等，竞争对手的产品使用状况以及客户满意度，竞争对手的销售代表的名字、销售的特点，竞争对手销售代表与客户之间的关系，竞争对手价格及付款方式等资料。除了竞争产品，还要多关注替代品，有时客户会选择替代品来取代产品，导致市场容量大幅度下降。

客户组织架构

这是大客户销售的要点之一，销售人员要在开始销售前清楚了解客户公司组织架构以及客户的上级机关、控股股东以及控股企业之间关系；了解客户采购决策负责人，了解参与采购的各个部门和领导者，了解各部门的职能和采购中的地位，了解各个部门之间的利益和制衡关系，避免踏入客户内部政治关系的雷区，对项目销售带来负面影响；了解其他可能对采购产生影响的机构和人员。

采购时参与的部门，除了常规的设备部门、使用部门、采购部门、分管领导，还要考虑其他有影响力的内部部门，如负责资金预算及支配的财务部门，负责工艺流程生产技术的技术部门，负责信息管理的计算机维护部门等。外部的影响力量主要来自于负责项目设计的外部设计单位和设计师，公开招标时可能参与评标的评委，上级主管部门领导，甚至政府部门领导等。

销售人员分析客户组织架构时要从客户级别维度、客户职能维度、客户采购流程维度三个方面对客户的组织结构进行深入分析，最好能根据客户在采购中的作用，画出客户采购决策的组织架构图。

客户级别维度

操作层，客户中直接接触产品和服务的人员，往往是最终的使用者。虽然他们不能在采购中作出决定，但是他们直接操作这些设备，他们对产品好坏最有发言权。他们数量很多，他们的意见也会影响采购的决定，有时操作层的人也会参与采购，成为采购的直接影响者。操作层的满意程度最终决定了产品在这个客户内的占有份额。

管理层，对于中小型规模的采购，管理层可能就是采购的决定者。每个客户的组织机构都有一定的授权，一些采购只需要签字就可以。对于大型的采购，采购牵扯的部门很多，管理层也担负着根据自己部门要求提出建议的权利，他们虽然不能决策，往往具有否决权。

决策层，当别人说“不”他可以说“是”，当别人说“是”他可以说“不”。客户内的主要领导者通常来说是职位最高的，是在合同上签字的人。制定发展战略，建立组织机构，优化运营流程是他们的主要工作，任何采购对他们而言都是一种投资，更关注产品的投入产出比。通过授权，他们将那些不重要的采购授权下属，但是他们始终拥有采购的最终决定权。在采购中，他们将作出五个重要的决定：是否购买？何时购买？预算多少？最终选择哪个供应商？是否签订合同？

客户职能维度

使用部门，客户中使用产品和服务的部门，往往是采购的最初发起者以及最终使用的评估者，会贯穿于整个采购过程中。

技术部门，往往负责采购的规划和投入使用后的维护。技术部门负责某个采购领域的规划，一些日常的采购往往直接由技术部门负责。

采购部门，集中采购是客户减少采购成本的一种有效的方法，这样更能够从厂商得到更大的优惠，不同行业的客户对于采购部门有不同的称呼，采购部、供应部、设备部、招标中心等，负责依据采购指标进行比较评估和谈判。

决策部门，客户内部决定采购预算、是否进行、最终采购的部门，一般为客户授权的分管领导，如总工程师、分管设备副总等负责人，是客户的高层领导。

客户采购流程维度

决策者，客户内部决定采购预算、是否进行、最终采购的负责人，通常是职位最高者或其授权人，是在合同上签字的人，更关注产品的投入产出比。

影响者，可以是设计者、评估者和其他内外部影响者。设计者是指规划采购方案的人，职责是将采购动机变成采购指标。评估者是评估潜在供应商方案的人或者小组，根据设计者提供的采购指标，比较各个服务供应商的方案和承诺。其他影响者，可以来自上级主管、环评专家、安全专家、社区公众等有影响力的部门和人物，甚至还可能是决策者亲朋好友等。

把关者，一般以技术部门居多，也可以是资金部门、使用部门，他们从技术方案、资金预算、产品功能等多个方面，对竞争供应商进行选择，他们是把关的守门员，是销售方案的否决者，他们并不能决定谁可以胜出，但是可以决定谁提前出局。

使用者，最终的使用者，他们参与到采购的全过程，是采购的重要影响者之一。他们可能是采购的发起者或者设计小组和评估小组的成员。产品和服务最终是由他们使用的，因此他们在很大程度上决定着客户满意度。

购买者，有权选择供应商并负责采购条件的人，负责筛选供应商、标书制作、招标事务、商务谈判、合同签订等具体商务工作。采购者可以帮助制定产品规格，但主要任务是选择卖主和交易谈判，产品价格、供货周期、服务条款、质保与索赔等细节，主要由采购人员来决定。在较复杂的购买过程中，采购者中或许也包括高层管理人员，如决策者和财务、纪检监察人员等，他们会一起参加交易谈判。

第三章

专业销售拜访技巧

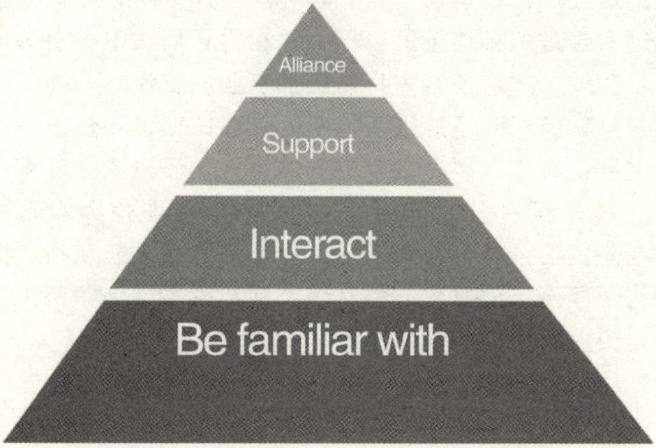

搞定大客户实践胜经

专业高效的销售拜访是赢得订单的关键销售手段。利用经常性的销售拜访，加深客户对销售人员的印象，促使双方建立互信甚至朋友关系，推动销售不断向有利自己的方向发展。面对面的客户拜访，客户的言行举止以及客户内部环境的观察，可能会透露出比语言更有价值的信息，可以比较直观地把握客户对自己和公司的看法，从而对销售工作进行查漏补缺，确保销售项目的可控性。

大客户销售周期较长，很多订单都要经过多次，甚至十数次的销售拜访才有可能赢得订单。每个销售人员都必须在生存与发展方面作出均衡，即使是超级大单，销售人员也很难在单一客户身上投入全部的销售资源。这势必要求销售人员提高拜访技巧，通过有计划的行动，在有限的时间内尽可能提高客户拜访数量，以扩大赢单的基础，同时要提高单个客户的拜访质量，以获得高质量的拜访效果。

要在有限的时间内对客户进行全面、高质量的拜访离不开拜访计划的制订。科学的拜访计划除了必须要对客户项目进行分级管理，要考虑客户和项目的轻重缓急，确定拜访目标和时间安排，甚至还需要考虑拜访线路安排，以确保时间的最佳利用。但对于专业客户拜访计划而言，更为重要的是，每次拜访都必须有合理的销售推进目标，并在实际拜访中尽量多做工作，力求超出拜访目标预期，才能使客户拜访更加专业、高效。

专业客户拜访技巧除了必须有科学的拜访计划，和随意性的客户拜访相比，它更注重拜访细节，以客户为中心的销售会谈方式会使客户更乐意与销售人员沟通；关注客户现状和存在的问题，以专业化顾问形式发掘客户难题，会更容易触发客户的潜在需求；遵循客户性格沟通风格，能快速与客户形成良好的沟通氛围，建立双方的互信或朋友关系，使销售人员在同样的拜访时间内获得更多有价值的信息。

1. 赢得大客户行动承诺

销售拜访是建立客户关系的重要手段，每一次的销售拜访都必须赢得大客户的行动承诺，推动客户的采购进程，推动销售向有利自己的方向发展。

俗话说，一回生二回熟，三回四回是朋友。经常性的销售拜访，一是可以加深客户对销售人员的印象，促使双方建立互信甚至朋友关系；二是可以详细了解客户项目的进展、客户采购流程、相关决策人资料，准确掌握竞争对手的工作情况、客户内部对竞争者的支持情况；三是面对面与客户交流可以把握客户对自己和公司的看法，对销售工作进行查漏补缺，确保销售项目的可控性。

销售拜访是销售工作的重点，也是订单能否达成的关键，也是成本最高的销售手段。销售拜访最好的结果是赢单，较好的成果是取得进展。实际销售过程中，特别是项目关键时期，销售人员的每一次销售拜访都要根据具体的实际情况，精心策划销售进展目标，可以设定主要进展目标、次要进展目标，甚至是第三进展目标，在赢单之前所有的销售行动都要按照这个方式进行。

甚至在丢单后的拜访也要设定拜访目标，如了解客户不选择你的理由，了解落选背后的真实原因等。此时客户的心态比较放松，容易说真话，关系密切的内线客户甚至能指出销售人员的工作失误，为销售人员成长提供帮助。同时销售人员要通过理性的行为在客户心中建立良好印象，为今后的合作寻找机会。

大客户销售周期较长，销售人员迫于任务的压力，和自己对销售提成收入的渴望，不会也绝不可能让自己在一棵树上吊死，一般都需要同时跟进多个项目。俗话说：吃着碗里看着锅里！优秀的销售人员会在同一时间同时跟进大量的销售项目，不断推动各个销售项目的进展，不断发现新项目不断赢得订单，形成所谓的“销售漏斗”。这样才能保证自己的销售业绩和自己的收入。手里项目很少的销售人员绝对不是一个优秀的销售人员；手里只有个别项目的销售人员注定会因为孤注一掷而黯然离场。

销售人员时间、精力和资源都有限，必须要对工作和时间进行科学合理的安排才有可能同时对多个客户实现拜访，维护好不同客户的关系，推动不同的销售项目取得进展。合理科学地安排时间包含两个方面的内容：一是根据“二八法则”，20%的客户贡献80%的销售，销售人员应将时间花在能出订单，特别是能出大订单的有价值客户身上；二是销售人员要学会制订销售拜访计划，科学合理安排时间，用同样的时间做更多的事情，最大限度地利用时间。

制订销售拜访计划，首先要学会客户分级管理。根据销售机会和成交时间的紧迫性以及订单的影响力，将客户分为ABCD四级。对A级客户，销售机会大，成交时间短；B级客户，销售机会小，成交时间短；C级客户，销售机会大，成交时间长；D级客户，销售机会小，成交时间长。对于A级客户，销售人员要优先安排拜访，随时把握销售动态，同时按优先次序跟进其他的BCD级客户。

销售拜访计划应包括拜访客户的数量、优先次序、时间及线路安排、销售进展目标设定等内容。销售人员每次出差前都要对正在跟进的销售项目进行全面仔细的梳理，确定本次销售拜访的客户数量；然后再根据客户分级的优先次序，分别设定ABCD四级客户的拜访目标，预估达成拜访目标的时间；最后是根据各项目所在地，科学合理规划线路，力求两个客户之间的距离最短，交通工具最方便，尽量不要走回头路或者绕远路，确保时间的最大化利用。

销售人员的销售拜访计划，无论公司是否要求提交，都需要精心策划和认真执行。对客户群体在外地需要长途出差的销售人员，这一点尤为重要！销售人员的每次出差都是长途舟车劳顿，不能利用好出差时间，损失其实是非常大的。如果线路安排不合理，就会增加路途时间，缩短实际销售拜访的有效时间；如果没有拜访计划和目标，应达成的拜访目标没有达成，就会造成重复劳动。

制订销售拜访计划时，一是要考虑客户和项目的轻重缓急，确定拜访目标和时间安排，对每个客户的拜访都有合理的销售推进目标，并在实际拜访中尽量多做工作，力求超出拜访目标预期；二是要根据客户分级的优先次序，科学安排销售拜访的线路，除非确实交通不便利，所有拜访线路应该都不会走重复路，客户之间的距离路线最短，能及时乘坐到合适便利的交通工具。

销售拜访时设定的销售进展目标包括：收集客户和项目的详细资料，对了解到的客户资料进行证实，了解采购项目的有无和资金预算情况，客户使用现场的详细情况，客户内部的组织架构，参与采购项目的决策人、相关人员及其资料，发展客户内部线人和教练，搞定相关决策人，推动客户组织技术交流，邀请客户参观考察公司和工地，协助客户撰写招标文件、确立技术优势并将己方具有优势的技术方案写入招标文件。

大客户采购决策流程复杂，参与的部门和决策人员众多。销售人员每次拜访客户都要尽可能拜访更多的部门，与不同层次的客户进行沟通，对不同客户提供的信息进行相互印证。一是可以避免被虚假信息误导，或掉入竞争对手内线的陷阱；二是每次到客户那里都不容易，要使销售拜访的时间得到最佳利用。根据客户内部组织架构和采购决策人员的职务高低可将客户分成操作层客户、管理层客户、高层决策者客户，不同的职位有不同的拜访目的。

操作层客户多为公司的基层员工，是负责具体工作的办事人员，是销售情报的重要来源之一。销售前期拜访他们，主要是收集客户资料和了解项目进展情况，后期主要是利用他们了解关键客户情报以及竞争对手的销售情报。将这类人员维护好可以使销售人员信息灵通，随时把握项目进展情况，对于销售推进有实际意义。拜访时可以送一些小礼品以示对客户的尊重，平时可以多给他们发短信、打电话联系。

管理层客户一般都是公司的中层或部门负责人，他们是具体负责的管理人员，对技术交流、参观考察等销售活动有直接的话语权和建议权，可以为销售人员引见高层客户，协助销售人员在客户内部推动销售，加快采购流程的进展等。此类客户应该重点拜访、多次拜访，保持高频度的密切联系。拜访结束后可以一起吃饭或娱乐，进一步加深双方印象，也可以送一些有特色的礼品。

高层决策者客户，一般都是公司的高层管理者，对销售人员的销售活动有最终的决定权。这类客户有身份、有地位、爱面子，可能没有时间出席你的饭局，也可能不会轻易收下你送的礼品，这就要求销售人员在联系或拜访时注意礼节，要从话语上表达出对他的尊重和敬佩。如果可能的话，应尽量早一点建立互信关系。利用客户重要纪念日进行拜访，保持联系并加深印象；在项目关键时刻拜访，取得客户支持或承诺。

销售拜访时可以从高层往下拜访，也可以从底层往上走，无论选择哪种拜访方式，在正式与客户的高层决策人接触之前，销售人员都应该先尽可能多地了解客户相关信息，包括客户公司和客户个人的相关信息，只有了解客户才可能形成良好的沟通。拜访高层客户时的第一印象对于销售人员非常重要，至少决定着销售项目50%的命运。

拜访高层客户时一般有两种结果：一是被高层客户直接拒绝，二是高层客户会婉拒，告诉销售人员哪个部门谁具体负责。如果是第一种情况，就非常糟糕，说明客户对销售人员的印象不佳，下次再建立关系的难度加大了。如果是第二种情况，有两种处理方式：一是请高层客户帮你联系具体负责人，销售人员要敢于要求，也许高层客户就直接帮你联系了，你下一步的工作就好开展多了，可以打着高层领导的招牌，这种情况在项目选型初期比较多见；二是直接打着高层领导的招牌去找项目具体负责人。

当高层客户亲自打招呼，或者销售人员打着招牌活动，告诉项目具体负责人领导让我来找你时，项目具体负责人肯定会给面子。因为他首先要揣摩领导的意图，是刻意地打招呼，还是没有目的随意安排，销售人员是领导关系户，还是打着领导的旗号拉大旗作虎皮。中国人喜欢揣摩领导的意图，但一般不会询问领导的真实意思，在没有摸清楚领导意图之前，项目负责人至少会给销售人员机会。

不建议刚入门的销售人员开始就拜访客户的高层，因为新人把握人心的能力、观察能力、驾驭会谈场景的能力以及随机应变的能力都还不够。销售人员通过基层客户由下向上进行拜访，可以事先了解客户组织、高层与关键人物的基本情况，摸清楚客户组织内部的错综复杂关系，对客户和高层有一个初步印象和基本了解。这时候再拜访客户高层，容易从客户的业务找到沟通的话题，客户容易对销售人员形成良好的第一印象。销售人员前期多花一分力，将来会为你省下至少十分力气。

建议销售人员从底层和客户现场开始拜访，特别是对客户的初次拜访。客户的基层员工一般都比较好打交道，平时与他们接触的人较少，如果销售人员真心相待，主动热情拜访，很容易获得他们的帮助和支持。与基层客户打交道，一是客户容易接触到，不像拜访客户高层，需要经过层层把关者才可以见到；二是基层员工比较友好，愿意沟通和表达；三是销售成本较低，有时候，几支烟几杯酒就可以获取很有价值的情报。

基层员工是公司内部人员，对客户的情况肯定比销售人员熟悉，他们了解客户和现场的基本情况，清楚公司内部组织架构和采购流程，甚至有些人还清楚客户的内部政治，知道谁是领导关系户，谁是谁的对手等，能为销售人员提供很多有价值的信息。当然，对于客户的内部政治情报，销售人员要在拜访中层客户，或通过其他方式进行验证，因为基层客户毕竟处于公司底层，对客户公司不一定能全面了解，特别是高层的政治关系，很多时候属于捕风捉影。

拜访客户的现场可以了解到很多有价值的信息。销售人员必须重视现场拜访，很多时候可以通过客户现场的情况印证销售拜访时得到的信息。如通过了解客户现有产品或生产线其他设备的产品层次，可以确定客户的基本采购偏好；了解客户的产能、设备配置和使用情况，如果客户设备的实际产能已经不能满足客户的使用要求，或者需要满负荷或者超负荷运转，工人需要加班加点生产才能满足需要，说明客户近期就会有增加设备的需求；了解客户的项目进展情况可以及时掌握客户设备采购时间等。

销售人员的销售拜访量指标，无论公司是否进行考核，销售人员都要自行设定。对于重要客户的拜访，时间一定要充足，甚至可以多天拜访一个重要客户，每次拜访都要尽可能和多个层次的不同客户见面沟通；对于普通、希望不是很大的客户可以一天拜访1～2家甚至更多，把这类客户的拜访时间安排在拜访重点客户的缝隙里。

正式的销售拜访一般以上班时间为宜，选择上午9：30～11：30或下午14：30～17：00，客户上班时较为空闲的时段。拜访时间要避开客户用餐时间，也不要选择在中午时间登门，因为许多客户有午休的习惯。即使是你想请客户吃饭，也应尽量提前，防止客户被竞争对手邀请或另有安排。一般不要选择周一上午拜访，新的一周开始客户会较忙，领导级别的客户多数在开会；也尽量不要选择周五下午，周末了大家的心思不在工作上。如果到客户家中拜访，最好选择在节假日前夕。

销售拜访的频次以客户能接受、不影响客户日常工作为度。一般而言，项目采购时间在1个月内的，应保持每周2次或更多的拜访频次；项目采购时间在1～3个月内，可以保持每周1次或更多的拜访频次；项目采购时间在3～6个月内，可以保持每2周1次或更多的的拜访频率；项目采购时间在6～12个月内，可以保持每月1次或更多的拜访频率。

销售拜访的理由可以多种多样，如技术问题澄清、技术交流、洽谈方案、提供客户公司或个人所需资料或文件、帮助客户公司或个人、邀请参观考察、商务宴请、赠送特色礼品或纪念品、客户公司或个人重要事情祝贺等。拜访时应尽可能对项目关键决策人进行全面系统拜访，并取得关键客户承诺。销售拜访结束后24小时内销售人员必须电话联系客户，这个时候联系最容易强化客户的拜访印象。电话内容可以是赞扬客户（如专业知识、友善态度等），也可以向客户表达接受拜访的感谢之情，更可以是根据拜访情况作出的下一步行动计划。

2. 细节决定拜访成败

销售拜访前最好预约并告知拜访目的，以防客户不在或者吃闭门羹，避免被门禁森严的单位守门人拦在门外；同时又可让客户有所安排和思想准备，有过预约的客户，拜访时往往会有更好的效果。拜访客户高层一定要预约，除非高层一直避而不见，或者底下客户阻挠拜访，才可以直接堵门式拜访。有公司高层陪同的销售拜访，或者是公司高层间的互访，建议和客户书面确认拜访时间。要是陪同你拜访客户的上司在客户那里吃了闭门羹，结果可想而知。

预约电话包括问候、告知身份、阐述拜访价值（预约理由）、提出拜访请求四个环节。电话时间要控制在 3 分钟以内，其中关键的、起主要作用的是头 1 分钟，在头 1 分钟里一定要表明自己的身份、自己的公司名称和你想主推的产品以及给客户一个与你见面的理由。预约的语言、口气应该是友好、请求、商量式的，而不能是强求命令式的。如客户答复在你选择的时间另有安排或应酬应主动表示歉意，并与客户商讨下次接待你的时间。

每个行业每种职位都有其相对固定的工作时间规律，选择他们通常方便的时间约见可以大大提高约见的成功率。根据预约客户的时间规律，提供两个可选方案会比较容易得到客户认同。比如，我周一或者周二上午 9：30 来拜访，或者我周一上午 9：30 还是 10：00 你比较方便。约访时间的精确度控制并不是越精确越好，这也要遵从客户的特点。

一般来说客户的文化程度越高，企业经营越规范和可控，客户职位越高，约见的时间就越要精确，反之就不宜太精确。比如矿山行业的矿长或车间主任，他们在工作中的突发事件非常多，有时还要到矿山现场巡查，约见时就要尽量定在上午或下午，而不是上午10点10分，因为客户不敢保证自己到时能有空。在这种情况下，客户肯定不会去调整工作时间保证对你的守约，他本能的反应是逃避问题，拒绝与你见面，这是人性。

一旦约定不要轻易改变时间或失约。赴约时一定要准时，切记不要迟到！最好提前5分钟到达客户办公室，提前10分钟左右到达客户办公大楼，有时间到卫生间整理一下仪容。迟到，或因特殊情况不能按时到达，或者要取消拜访，一定要提前给客户电话告知原因，并说明预计到达的具体时间，可适当预留时间，切记不可以再迟到，避免耽误客户工作。

无论预约拜访的客户是否在电话中同意约见，你都不应该放弃拜访，这在项目销售中尤为重要。因为从人性的角度来讲，见面就有三分情，电话中拒绝了你的拜访，当面往往不好拒绝。而且项目销售中客户参与采购的人多，见不到张三找李四，到时候再从李四认识张三，这类迂回拜访战术也是销售人员常用的策略之一。因事情紧急做了拜访，应视情况在见面时说明原因并表达自己的歉意，求得对方谅解。因为客户可能反感你的突然来访，有可能你打乱了客户的安排。

如客户无安排又托词拒绝，要分析客户是不是已经被竞争对手搞定。如不是，则要分析是不是时机不对，或者客户对自己不满，或者其他原因，找准原因再做工作。对于连续两三次拒绝约见的客户，你一定要过几天才去拜访，或者利用迂回战术重新约访。否则你约了客户周二见面，被客户拒绝之后还要在周二强行拜访，会给客户一种你不把他的话当回事的感觉，会让客户觉得你对他不尊重。

到达客户办公室时，无论客户是否关门，切记都要敲门（按门铃）通报，或者称呼客户的职位通报，万万不可喊客户的名字作为通报！这是礼节，更是对客户的尊重。敲门的方式：用食指和中指，一次持续三下，如果室内没有反应，再持续敲三下，切记不可使劲捶门，大声呼喊开门，这些都是不符合礼仪的。按门铃的方式：先按一下，如果室内没有反应，再按一次，切记不可按住门铃不放，暗含催促之意，不合乎礼仪规范；按完门铃后应站在“猫眼”的正前方，不远不近，方便室内客户通过“猫眼”

看到拜访者脸部。

进入客户办公室后，只有当客户伸手相握时才可以和客户握手。双方握手应由地位更高者即“位尊者”先伸手。见面时客户没有主动伸手销售人员不要主动伸手，告辞时销售人员可主动伸手握手。握手的标准方式：行至客户约 1 米处，双腿立正，上体略向前倾，行 15°欠身礼，伸出右手，手高约与腰部齐平，掌心向内，四指并拢，拇指张开与对方深情一握，上下轻轻摇动 2 次为宜。握手时应注视对方，面带微笑，用力适度（七分力度），握手时间不宜过长或过短，3 ~4 秒为宜。

握手一定不能用左手，右手拿东西应先放下再握手；握手时不可漫不经心；忌“双手式”握手，即握手时不可用左手拍打客户身体；忌有气无力的“死鱼式”握手，当然也不要用力过分；忌在手不干净时握手，双手一定要洗干净，若无法清洗，一定要向客户说明原因；忌戴手套握手，或握手后用纸巾或手帕擦手。

商务场合判断“位尊者”的顺序为：职位、主宾、年龄、性别、婚否；社交场合判断“位尊者”的顺序为：性别、主宾、年龄、婚否、职位、先后（到达时间）。上级先伸手，下级才能握手；主人先伸手，客人才能握手；年长者主动伸手，年轻人才能握手；女性主动伸手，男性才能握手；已婚者应主动伸手，未婚者才能握手。社交场合，先至者应先伸手与后至者握手。关系密切的朋友之间没有顺序讲究，先伸手表示更加热情和诚意。有客人来访，送别时应等客人先伸手，避免由主人先伸手而产生逐客之嫌。

销售人员的名片可以在刚见面自我介绍前递给客户以示谦恭，也可以视情况在拜访结束时与客户交换名片。递名片时应起身站立，使用双手（右手拿名片左手扶着）或右手将名片正面对着客户，恭敬地递给客户。递名片时应先作自我介绍“我是某某公司的某某”，交给客户名片后再说“请多多指教”。也可以说一些问候语或寒暄语，如“请多关照”“常联系”等。使用中英文名片时，要视对方使用语言来决定名片递出时的方向。

名片是人的第二张脸，是一个人简单的履历表。质地精良、精心设计的名片可以艺术地表现自己的身份、品位和公司形象。名片字体要易认，可以同时使用中英文、简繁体字，但设计不要五颜六色、太过花哨。切记不要把自己的私宅电话印在名片上！名片不仅要美观更要便于保存，破旧名片不要凑合使用。当客户收到销售人员制作低劣的名片会对销售人员形成“对方就如这张名片，做事情也会很随意，没有品位”的第一印象。

销售人员向客户索要名片时，先向客户自我介绍并主动递出自己的名片，懂礼貌的客户会回递一张自己的名片以示尊重。如果客户没有给名片，可以采用请教法，如“某某您好，早就久仰您的大名，今天与您的交流让我受益良多，今后如何向您请教?”还可以直接向客户要求交换名片，如：“王董事长，您好，很高兴认识您，能不能有幸跟您交换一下名片?”一般情况下，懂礼貌的客户不会直接拒绝的。

接客户名片时应起身，微笑注视客户，以双手或右手捧接，接过名片后要说“谢谢”！接到客户名片一定要阅读名片，可以将客户的姓名、职衔（高职位）念出声来，并注视客户，使其产生受重视的感觉；如客户职位较低，则不用大声阅读，面带微笑认真阅读即可。如遇不懂的生僻字一定要向客户直接请教。阅读后不必急于将客户的名片收起来，可放在桌上10分钟左右，在对方离去之前或者等一个话题结束后再将名片妥善放在专门的名片包或名片夹里。

销售人员穿西服时，名片夹只能放在左胸内侧口袋里；不穿西服时，名片夹可放在随身携带的商务手提包内。不可把客户的名片随手扔在桌子上，把客户的名片随意塞在口袋里，把客户的名片放在西裤臀部后侧的口袋里，把客户的名片扔在餐桌上，弄得菜汁、饮料滴在客户的“面子”上；名片不得随意涂改，更不能在上面随意写字；当着客户的面在名片上做笔记是很失礼的，事后可以在名片反面记下认识客户的时间、场合、事由、其他在场人员等，为进一步沟通打下良好的基础。

商务社交场合，如果希望认识对方，可以主动上前介绍自己并递上名片，但不可以在就餐时发名片；他人有意结识并提议交换名片时，可以大方自我介绍并礼貌回递名片；送花、送礼物需要他人转送，最好附上名片，并留下简短的附言，以示祝福或感谢；更换了工作、地址、联系方式时别忘了给客户送上新名片。递名片的顺序没有严格要求，与多名客户交换名片时，应讲究先后次序，或由近而远，或由尊而卑，先将名片递给职务较高者或者年龄较大者，如分不清职务和年龄时可先和自己对面左侧方的人交换名片，然后按从左到右顺序进行。

称呼客户时一般应按职位或职业称呼。对于职称或职位较高的客户最好直接以其职位或职称称呼，以示身份有别，体现敬意和尊重，如王总经理、张董事长、赵高工，对于从事特点行业的客户可直接称呼对方的职业，如李医生、刘律师等。称呼姓名加职务时要注意，称呼时要吐字清晰，如果客户是副职，可删去“副”字，如果是总经理，切记不可删去“总”字变为“经理”。与陌生客户见面时，除去称呼礼仪，还应主动和对方握手（视情况）、点头致意，或者说“认识您很高兴”“请多关照”“久仰大名”等客套话。

销售人员拜访客户时，向客户打完招呼就要抓紧机会介绍自己，介绍时应保持微笑，态度诚恳、自然大方，表现出良好的风度才会使人感到亲和，才可能使客户产生和你更进一步交往的愿望。拜访客户、技术交流、参观考察、参加会议主持人忘记介绍你，有求于人而对方不熟悉你，社交场合与不认识的人相处等情形，销售人员都有必要进行自我介绍。

自我介绍时应先向客户点头致意，得到回应后再简洁向客户介绍自己的姓名、单位、部门、职位等。如，“我叫张虎，某某公司销售部经理，很高兴认识您!”介绍姓名时最好作简单解释，如，“我叫张虎，弓长张，猛虎下山的虎。”自我介绍时最好递上一张自己的名片。为便于和客户沟通，视情况还可以加上自己的籍贯、兴趣、毕业学校或者与客户某位熟人的关系等内容。介绍要力求简洁，尽可能在半分钟内完成。措辞要适当，既不要过分炫耀，也不要过分自我贬低。

如果有同事陪同拜访，销售人员还应向客户作介绍。介绍时应按“尊者有优先知情权”的国际惯例，先把男士介绍给女士；职位或辈分有差异时，先把晚辈（低职位者）介绍给长辈（高职位者）；先为主人介绍客人；先为早到者介绍晚到者；先把亲人介绍给他人。如果被介绍人可以按照其中两个顺序介绍，一般应按后一种顺序介绍。如一位年轻女性拜访一位年长很多的男性，就应该将年轻女性介绍给年长男性主人。

介绍前应先向客户打个招呼，如，“张总，您好，请允许我向您介绍一下某某”。介绍时手臂抬起掌心向上倾斜，五指并拢指向被介绍的同事，将同事介绍给客户，然后再向同事介绍客户。介绍时要为双方提供必要的信息，清楚说出被介绍方的姓名、公司名称、职务，最好对其个人的情况作一句简单而积极的评价，更有助于双方的了解，如，“王董事长，这是升华公司的李经理，业内知名的化工专家”。

如果销售拜访时双方参与人数较多，介绍时要按双方的地位、身份高低顺序来介绍，可先介绍人少方再介绍人多方；也可以只将主角介绍给客户，不需要一一介绍，也可选择笼统相互介绍，如，“大家好，这几位都是某单位的领导”。介绍完毕后销售人员最好花一点时间，引导双方的交流，这样会使整个过程更加自然，双方都能体会到你的体贴周到。

当客户把销售人员介绍给同事时，销售人员应及时作出礼貌回应。如果销售人员是站着的应走向对方，面带微笑，注视着对方；如果是坐着的，当介绍人走近应起立，因特殊情况不能起立的，应点头、欠身，以示尊重。介绍完毕后要注意与之握手（参考握手礼节），更应该向对方打招呼，可以从重复对方的姓名开始问候。如，“您好！张部长，很高兴认识您”。

销售人员带客户考察公司时，标准的做法是先向客户介绍己方人员，因为客户拥有优先知情权。一般可由销售人员介绍，或者公关、文秘、办公室主任等接待专人介绍，或者由客户的拜访对象作介绍。贵宾一般由参与接待的最高职位者作介绍，这是对贵宾的尊重。在公司内遇到同事，应先介绍自己公司内的人，再介绍客户的人。如果是多人相互介绍，应先介绍自己公司人员，职位由高到低，再介绍客户公司人员，职位由高到低。

进入客户办公室后，得到客户的允许后方可坐下。就座时身体朝向客户，面带微笑身体略向前倾，表示对客户话题感兴趣。双手自然放在桌上或轻松垂下，显示你态度平和，这样客户也容易敞开心扉和你交谈。注意双手不要抓椅把、绕衣角，这是不自信的表现，也不要放在臀部下面，显得保守，交际能力不强，更不要做跷二郎腿等不雅动作。

注意不要冒犯客户的空间，以免受到客户内心无形的排斥。这种无形的排斥，销售不留心根本注意不到，其后果就是客户和你的会谈时间很短或者闪烁其词，很难从会谈中获取你所需要的信息。拜访不太熟悉的客户时，与客户保持1.2~3.6米的距离为宜，贸然行进距客户身体0.4~1.2米的私人区域，客户会有被冒犯的感觉。多次拜访客户时可以利用私人空间区域来试探客户关系的远近，如果客户进入你的私人空间区域，或者默许你进入他的私人空间，恭喜你，意味着客户对你的接纳程度提高，客情关系更近了一步。

会谈开始前先将手机关机或调成振动状态后放入公文包内，不要放在客户的桌子上。最好当着客户的面调整手机，这个动作表明你对此次会谈的重视，客户也会更加认真对待与你的会谈。切记在会谈过程中，不要打、接手机，发送短信等，不要频频看手表，显示出不耐烦的情绪，除非客户向你示意会谈结束时，你可象征性地看时间，然后提出告辞。

会谈过程中要专注有礼倾听，通过表情、手势和肢体语言，如赞许的点头或拍手等动作，“嗯”“您说的很对”“请您继续说下去”等反馈性语言积极反馈，使客户感到你对他的谈话很感兴趣，向客户表示你正在认真倾听，并拿出笔记本进行书面记录，建议用大16开黑色笔记本，本子越大越显得专业，会给客户更好的暗示，使客户在会谈中更认真，提供的信息更加真实。

当客户认为会谈可以结束时，会暗示你离开，比如客户眼神开始涣散、注意力不集中，或者姿势不断变换、伸胳膊打哈欠，较长时间没有说话、言语之间都是嗯啊一类的回应，低头看文件、打电话安排工作、茶水喝干后不再帮续茶等，基本上就是客户终止谈话的时候了。客户已经不在状态，继续交流的效果无法达到，销售人员这时应主动告辞，避免客户产生不耐烦的情绪，影响此次拜访效果。

一般的销售拜访以半小时至一小时为宜，要见好就收，不要唠叨个没完。

有时候客户尚未暗示，但销售人员认为拜访目的已经达到，此时销售人员可以把交谈使用的文件或电脑轻轻收好，或者把对方的名片收进专用名片夹内，或者与客户协商下一步的销售推进计划，用此类方法向客户表达你的告辞。然后慢慢起身，并伸手向客户握手，礼貌致谢。当客户礼貌送你出门或至电梯，你应该请对方留步。经过客户公司办公室时，要向给拜访提供方便的工作人员致谢。

3. 大客户销售会谈技巧

销售的本质是搞定人的过程，搞定客户靠的不是说服，夸夸其谈的说教与推销只会让客户对你敬而远之。人际沟通有五方面的特点：每个人的接受风格、速度不同，集中注意力的时间很有限，重复能够增强人的记忆，人们在思维被激发起的时候接受得最快，人们在放松的心情下接受得最好。

从心理学的角度分析，为了达到良好的沟通效果，销售人员在与客户沟通时，首先要适应客户的沟通风格，与客户建立起良好的沟通氛围，使客户能在放松心情下与销售人员沟通；其次应多听少说，多采用提问的方式，来唤起客户的注意力集中，引导客户积极参与互动，主动说出自己的问题和需求点；最后要通过不断重复和强调，将客户的隐性需求转化为显性需求，引导客户形成自己的解决方案。

销售人员要擅用“五同步”方法，通过寻找与客户的共同点营造良好的沟通氛围。一是寻找与客户相同的地方，比如同乡、同学、同行、同样爱好等；二是与客户情绪同步，客户高兴时你也高兴，当客户沮丧时你也沮丧；三是语言同步，模仿客户的语调和速度；四是肢体语言同步，模仿客户的肢体语言；五是语言文字同步，重复客户的话，让客户有一种被尊重的感觉。

心理学研究证实人们在沟通的过程中是通过眼、耳、口等多种感官来接收信息的。一般而言，客户可以记住读到内容的 10%、听到内容的 20%、看到内容的 30%，可以记住他们看见和听见内容的 50%，可以记住他们自己说的内容的 70%，可以记住他们自己说的和做的，或者他们教导别人的内容的 90%。统计显示：倾听占了管理人员全部时间的 30% ~

40%，“倾听”名列20项重要经营技巧之首。

真正的沟通高手，首先不应该是一个表达者，而应该是一个倾听者，倾听是建立信任最有效的方法。销售人员的角色是学生和倾听者，把客户的角色变成导师和讲演者，不但要用耳听，还要用眼去看、用心去悟，源源不断的有价值的信息会在客户的讲述中透露。良好的销售沟通，销售人员讲述的时间不会超过30%，倾听时间不会少于70%。与客户沟通十个方面的问题，应该在六七个问题上让客户多说，显得客户在这方面懂得比你多，另外三个方面表明自己的观点，让客户看到你的一些与众不同之处。

销售沟通中客户谈话的内容远没有他说话的方式重要。说话的原因（目的），说话时的表达（语音语调），听上去的感觉（词语的选择），说话的时机（与接收者的心理活动相关）以及在话被说出来的时候，看上去的感觉以及内心的感觉等往往要比所说的话（内容）更为重要。美国著名心理学家托马斯·戈登认为，倾听可以分为三个层次，第三层次的倾听对客户影响效果最好。

第一层次，听者完全没有注意讲话者所说的话，假装在听其实在考虑其他事情，或内心想着辩驳，他更感兴趣的不是听而是说。这种倾听容易引起客户反感或者因未理解客户真正意思作出错误应对。

第二层次，听者只注意语言内容，不注意讲话者通过语调、身体姿势、手势、脸部表情和眼神所表达的意思。这种倾听可能会忽略客户的消极情感，导致误解客户意思；听者通过点头同意来表示正在倾听，不用询问澄清问题，还会使讲话者误以为自己所说的话被完全听懂并理解，导致双方都作出错误的判断。

第三层次，听者清楚自己的个人喜好和态度，能够避免对讲话者作出武断的评价，或是受过激言语的影响，善于从讲话者的语言、语气、语调、表情、肢体语言、沟通意图中寻找感兴趣的部分和获取新的有用信息。好的倾听者不急于作出判断，而是感同身受对方的情感，他们能够设身处地看待事物，更多的是询问而非辩解。销售人员与客户沟通时必须调动整个身心，了解谈话的整个范围，从而透过谈话内容的表象感知其实际所表达的内容。

沟通时身体应朝向客户，略微前倾，与客户的眼神保持接触，适时利用微笑的目光、肢体语言、附和短语、记笔记等方式作出鼓励、附和的动作或声音反馈，表明自己在认真倾听和对客户的绝对尊重；不要批评、不要反驳、不要打断客户谈话，不要过早对客户的话下定义，在听完整段话之前不要急于回答；捕捉客户谈话中的细节，注意客户通过谈话语气、语调、表情、肢体语言等传递出来的言辞之外的信息，站在客户的角度换位思考，设身处地倾听出客户内心的真正需求；理解客户的谈话内容，仔细揣摩客户谈话的真实意图，要善于听出客户的弦外之音，暗示的意思通常比说出来的更为重要。

销售人员在倾听时要带有目的，倾听过程中要排除无用信息的干扰，寻找到对自己最重要的信息，在对方谈话结束后，要总结对方的意思并进行确认，确保自己对客户信息的理解是准确的。确认有两个内容，一是确认自己是否清楚理解了客户表达的意思，二是对自己需要了解的重点信息进一步确认。销售沟通中良好的倾听能让客户清晰表达出自己的需求，客户对沟通内容的记忆度高达90%。

销售人员要随身携带记事本，随手记下客户沟通时表达的重点，记下客户的需求和答应客户要办的事情。当你虔诚地一边做笔记一边听客户说话时，除了能鼓励客户更多说出他的需求，一种受到尊重的感觉也在客户心中油然而生，你接下来的销售工作就顺利了。沟通结束后，销售人员还要养成总结的好习惯，详细记录与客户沟通的时间、地点和客户姓名头衔，沟通时双方讨论的话题和内容，双方确认的后续销售推进计划，必要时可以给客户发一份沟通备忘录。

倾听时最忌讳两点：一是在倾听之前形成了自己的主观意见，二是在客户没有全部讲完之前就决定了怎么做。如果不能摆脱这两点误区，即使销售人员再怎么假装倾听，客户也能感知你并不是真正的用心聆听，沟通效果肯定很差。沟通时还要避免选择性倾听，只选择听那些谈及自己感兴趣的事情，没有接收到客户表露的全部信息；要避免经常打断客户的讲话，不等客户的谈话结束，就跳出来发表自己的见解；不要感觉迟钝，只听到客户的文字表达，不注意客户表达时的语气语调和肢体语言，不注意上下文联系，充分理解客户的真实意图。

无论是初次拜访还是多次会面，销售沟通都有其特有的流程和方式，大致可以分为四个步骤：第一步，问候客户和自我介绍；第二步，开场白的话题破冰，形成良好沟通氛围；第三步，回顾上次沟通达成的结果，说明本次沟通的目的，初次拜访时可直接说明沟通目的；第四步，总结会谈要点，确认会谈目标达成情况，与客户达成下一步销售工作计划。

大客户销售不是一锤子买卖，销售人员与客户沟通时不可能只谈产品和交易。面对不同层次的客户、不同性格的客户、不同场合氛围，销售人员要随时注意观察客户的兴趣点，发起有针对性的不同话题，吸引客户的注意和兴趣，使客户放下手中的所有工作，专心致志地听销售人员的介绍。从谈吐、举止、专业知识等多方面赢得客户的好感和信任，给客户留下良好的第一印象，顺利推动销售向前发展，为最终成功销售做好铺垫。

销售拜访的开场破冰话题可以是各方面的闲话，包括天气、气候、季节、纪念、节假，同乡、同学、同行、前辈、共同的友人或介绍人的关系及近况，个人近况、经历、工作、技能、经验、成就，姓名、出身、家庭、住房、孩子教育，经济、新闻、天灾，艺术、电视、电影、戏剧；健康、养生、旅行、汽车、时装、趣味、爱好等多方面。

没有一种固化的开场白，话题破冰要随机应变，良好的开场白至少应做到两点：首先要使客户明确销售人员是谁，与客户沟通的目的是什么；其次是要找准客户的兴趣点，形成良好的沟通氛围，使客户愿意和销售人员交流，允许销售人员提出问题进行深入沟通。选择沟通话题时，要避免四个方面的错误：一是直奔主题，直截了当推销产品；二是太过迂回，天南海北，浪费客户时间；三是无话找话，引不起客户的兴趣，自己也倍感尴尬；四是使用低价值产品的呈现利益开场白技巧，引起客户的反感。

大客户销售的开场白可以采用“适当赞美 + 引起兴趣”的方式。不管面对任何性格的客户，销售人员出现在客户面前，永远保持面带自信的真诚微笑，沟通破冰可以从赞美客户开始。赞美客户有三大好处：赞美会让客户放松戒备，容易接纳销售人员；赞美客户会使销售人员得到客户的正面反馈，给销售人员带来自信；赞美必须找到别人引以为傲的优点，会让销售人员拥有正面看问题的积极人生态度。

赞美客户要发自内心，客户可以从销售人员的语气、表情，看出销售人员的赞美是否真诚；赞美客户时要仔细观察，找到客户自己也认为是优点，最希望销售人员赞美的地方；赞美要实事求是，不要子虚乌有，更不要说反话；赞美要适度，过犹不及；赞美要有新意，最好能说出一些别人没有说过的话，这样的赞美才会让客户记忆深刻。

寻找客户的赞美点和话题兴趣点可从以下几个方面入手：一是办公室大小、装修风格、办公设施及布置，二是书柜或橱柜摆放的书籍及物品，三是衣着服饰和日常用品，四是兴趣爱好方面，五是待人接物和言谈举止，六是家庭子女和教育问题，七是关于客户公司、市场信息、个人成就等方面。

除了赞美的方法，还可以向客户请教，对大多数客户也有极大的杀伤力，是营造良好沟通氛围的另一种办法。销售人员拜访客户时要摆出低姿态，多向客户虚心请教，有时还要故作不懂，对客户提出的建议装作恍然大悟的模样，然后对客户提出的意见表示真诚的赞美和感谢。这种把客户当成导师的沟通模式，客户一定会心情舒畅，既可以从客户的意见中受益，又能赢得客户的尊重和好感，引起客户的注意和兴趣，把注意力放到你身上。

销售人员可以请教客户工作中遇到的难题，生活、家庭、个人发展的问题；可以征询客户对公司产品、服务等方面的意见和建议；还可以通过请教客户生产、技术、运营、管理知识，分析客户生产经营状况，从中引发出客户存在的问题和难点，揭开客户的伤疤扩大客户的痛苦，引导客户认识问题的严重性和解决问题的紧迫性，利用同行业客户的解决方案和获得的利益吸引客户提出合理建议或解决方案。

沟通时合理选择座次也会给客户很好的暗示，形成良好的沟通氛围。

选择与客户座位成90°的交谈方位，有利于形成良好沟通；客户与你同坐在一张沙发上，半斜着身子面对销售人员，说明客户对话题很感兴趣，对你开始认同；与客户隔着桌子面对面交谈，容易形成公事公办的氛围；体位面向客户，目光注视客户，并减少面部表情，这样会给客户施加压力，有时能不自觉地让客户说出真话。

销售沟通过程中开场破冰话题设计除了营造良好的沟通氛围，还应为销售人员与客户后续沟通提供方向。达成良性沟通氛围后，销售人员发起的话题应该立即从闲谈的客户个人话题巧妙过渡到客户公司的话题，或者设定的拜访目标上来，而不是继续漫无目标地闲聊，耽误客户的时间，浪费良好的沟通机会。

客户的生产经营情况，客户公司的地位和经验，客户的顾客变化情况，客户行业的市场信息，客户同行业的近况和新举措，销售人员公司的产品技术发展以及市场销售等情况都是很好的沟通话题。

打开话匣子就刹不住的销售人员应时刻牢记多听少说的训令，适时通过提问将话题引导到拜访目标上来。学会通过不断询问，探寻客户需求，获取推动销售的相关资料，用提问的方式来引导销售会谈，这是销售人员最基本的销售技巧。善用提问销售技巧，会谈交流将会更加自由和开放，可以鼓励或者引导客户谈话，获取更准确的客户信息和项目细节。

4. 触发大客户的关键需求

从严格意义上讲，销售人员与客户的每一次沟通都要事先设定沟通目标，根据沟通目标精心策划问题。问题面要采用由宽到窄的方式，提问的方式要由浅入深，逐步进行深度问题探寻。沟通中设计的所有问题都应该是客户愿意回答，或者可以从客户口中试探出答案的问题。对于一些随处可见的基础性资料，销售人员沟通前要做好功课，不问很常识的问题是对客户的尊重，更不可以像查户口似的引起客户反感。

尼尔·雷克汉姆先生创立的 SPIN 模式提问技巧是以顾客的需求为出发点，配合客户的心理变化而设计，发掘、明确和引导客户需求与期望，不断地推动销售进展的提问技巧。其实质是运用背景问题（Situation Questions）对客户现状探询，为开发客户需求打下基础；使用难点问题（Problem Questions）诊断客户面临的问题、困难和不满，开发客户的隐性需求；利用暗示问题（Implication Questions）扩大客户痛苦，使客户隐性需求转化为显性需求；利用需求—效益问题（Need - Payoff Questions）启发引导客户确认产品或解决方案的价值。

在大客户销售过程中，客户实际上存在着两种需求，即隐性需求和显性需求。隐性需求是指客户对现状的所有不满以及遇到的困难和问题，传统小订单只需满足隐性需求就能促成客户交易。显性需求是指客户对现状有了极大的不满，存在着非常明显、非常严重的问题，并且产生了愿意改善现状、解决问题的想法或行动。客户处于隐性需求阶段时，购买欲望还不是非常强烈，所以销售成功率并不是很高；只有当客户觉得问题已经严重无法忍受，隐性需求就会逐步转化为显性需求，客户才会产生解决问题的想法和行动。

SPIN模式提问技巧是建立在客户的需求上，依据客户在购买过程中的心理转变进行提问，不断询问客户所重视的问题，推动客户的隐性需求向显性需求转化的过程。销售人员在和客户沟通时，一定要灵活运用SPIN模式提问技巧，尽可能扩大客户的问题带来的痛苦，使问题变得更加严重和迫切，帮助客户看到这些问题将导致的后果，使其隐性需求逐步转化为显性需求。SPIN模式问题策划，共分为四个步骤。

第一步，先询问客户的背景问题，即是关于客户现状和事实的问题。利用背景问题来了解客户的现有状况，目的是为下一步难点问题开发打下基础。只有充分掌握了客户和个人的背景资料，方能进一步导入正确的需求分析。背景问题应该是中性的、便于回答，不要问重复的问题，不要问没有必要的问题，数量必须适可而止，以避免客户产生厌烦与反感。

背景问题可作为寒暄用语，不可占用大量的销售会谈时间。销售人员应事先做好基础的资料收集工作，不要去问随处可以看得到的基本事实和背景信息。新客户可适当多问背景问题，老客户仅当寒暄，或作为引申问题的切入点，或对客户内部情况进行试探。提问时应将整理过的资料结合自己的观察和思考进行，每个背景问题都要有所侧重、目的明确，有利于引申出下一步的难点问题。

第二步，销售人员应对获取的客户背景资料进行分析，把自己的产品或服务与客户的难题建立有效关联，选择自己产品能够解决的、客户可能会产生的难点进行提问，问题必须针对客户现在所面临的问题、困难和不满。

难点问题帮助客户发现问题、困难和不满，销售人员要学会站在客户的角度思考，按照“了解、理解、感同身受、探讨解决之道”的思路策划问题，找准客户目前面临的难点、困难、困惑、不安、不满、挑战，从中发现客户的隐性需求。销售人员所开发的客户的难点问题必须是自己产品或服务可以解决的，最好还能与产品优势建立关联，而且客户的难点问题不解决将会给客户带来巨大的损失。

第三步，销售人员应将客户的难点通过暗示问题进一步扩大化。暗示问题是对难点问题的一连串引申，使难点问题产生的后果或影响，呈现进一步严重和扩大的问题。利用暗示问题积聚或扩大客户难点问题带来的严重后果及其可能带来的各方面关联负面影响，使客户的难题变得更加清晰、严重、迫切，直至客户不能承受，使客户的隐性需求转化为显性需求，以提升客户逃避痛苦、付诸行动的决心。

暗示问题的实质是将客户的潜在问题扩大化，把一般问题引申为严重的问题，通过积聚和扩大客户难题的严重性和急迫性，使它足以大到客户必须付诸行动的程度。销售人员使用暗示问题时一定要聚焦自身产品的优势，不要引导客户采购了竞争对手的产品。在没有和客户建立互信的时候不要轻易去提暗示问题，特别是要避免过于暗示客户的敏感问题，避免因客户的不信任而被拒绝。

第四步，一旦客户认同需求的严重性与急迫性，且必须立即采取行动时，销售人员便会通过需求—效益问题，与客户确认解决问题所能带来的价值或利益。需求—效益问题是引导客户分析解决问题带来的价值和利益，增强客户逃离痛苦追求快乐的决心，激发客户产生明确的显性需求，鼓励客户将重点放在解决方案上，增加客户对解决方案的兴趣。

从 SPIN 模式提问技巧的四步销售循环可以发现，背景问题（S）是要探究客户的现状，难点问题（P）是在帮助客户建立目标，让客户知道他们下一个目标可以被你解决。客户总是会遇到各种各样的难题，但不是每一种难题都会转化为有效的目标，那些被客户认为能够或者是可能解决的难题才会转化成为有效的目标。暗示问题（I）是在扩大客户难题的痛苦，让客户意识到难题的巨大影响，促使目标形成明确的显性需求。需求—效益问题（N）是体现解决问题的价值和利益。

销售人员需要注意的是很多时候难题能不能够解决并不是指客观上的有没有可能解决、需不需要解决，而在于客户主观上是不是想解决。在大客户销售中，大多数客户购买行为的发生都是客户的不满达到真正严重迫切的地步，难题足够大、损失足够大，不立即处理难题产生的损失远远大于客户为解决问题所支付的成本，或者说客户解决问题所获得的利益足以平衡或超过解决方案支付的成本，只有在这两种情况下，客户才会愿意采购行为的发生。

在大客户销售中，销售人员要多作调查研究，尽量少问客户背景问题，避免客户的不配合或反感；多从自身产品或服务能解决的难点问题出发，开发客户的难题可以从很小的缺点、难题或不满之处开始，自然而然地逐渐转变为很清晰的问题、困难和不满。销售人员开发的客户难点问题都应该让客户深刻理解，直到完全明白难题的来龙去脉。

暗示问题的策划最需要销售人员下功夫。难点问题揭示出来的严重性后果和影响最容易引起客户高层决策者的注意。暗示问题提示的思维模式是客户管理决策层通常的思维模式，在与客户高层沟通时，要多用暗示问题和需求—效益问题沟通。

SPIN 模式提问技巧不是一个僵化的流程，并不是所有的销售会谈都会遵照 SPIN 模式的发问顺序，也不是所有的销售会谈都会需要 SPIN 模式策划的全部问题。比如在询问暗示问题时，可能会辅以背景问题来获取客户更多的背景资料以扩大客户的痛苦；有时候各种问题会被单独使用，销售人员初次拜访客户时，背景问题可能只是一个暖场的话题。

当客户已经有了明确的需求，对销售人员的产品也很了解，就不需要使用 SPIN 模式开发问题，直接与客户签订购买合同即可；如果客户有了明确的需求，但对销售人员的产品不了解，就可以直接进入需求—效益问题环节；当客户有隐性需求，存在的难点、困难和不满等问题，就可以直接用暗示问题扩大客户的痛苦，使客户的隐性需求转变为显性需求；当客户没有感觉到问题时，利用 SPIN 模式的四个问题，不断挖掘客户隐性需求，抓住客户很小的问题或困难放大再放大，把一般问题引申为严重问题，把隐性需求转化为明确的显性需求。

使用 SPIN 模式探求客户需求时，问题策划要站在客户的角度思考，会谈沟通时，销售人员要摆正自己的位置，不要显得处处比客户聪明。在与客户进行销售会谈时，销售人员除了产品知识，其他方面都要显得比客户懂得少一点。显得比客户懂得少，为了向客户表示尊重；产品知识了解多一点，是要让客户觉得你是内行，愿意和你交流；即使在某个领域懂得真的比客户多，也不要在客户面前显露出来。当然，如果销售人员已经成为行内知名专家，就可以利用专家的权威说服客户。

使用SPIN模式策划问题时可以从客户的生产经营情况、客户行业信息或市场行情、客户工作生活问题等三方面入手，这些话题策划的各种相关问题能引起客户的注意和兴趣，推动销售会谈顺利进行。

客户的生产经营情况、经验教训都是客户关心的话题，谈论这个话题会让销售人员赢得专业的形象，为良好的销售会谈打下坚实的基础；讨论客户公司生产运营情况，产品销售情况好不好？好在哪里，不好的问题在哪里？有没有扩大再生产的计划？讨论客户公司的技术、管理、成本等，哪方面客户最具有优势？客户是如何做到的，有什么经验教训？讨论客户公司内与所销售产品关联的环节，了解这些产品的使用状态以及客户的处置方式，有没有遇到困难、难点或不满？

向客户提供有用的市场信息是销售人员送给客户的最好礼品。销售人员经常会见不同客户，有机会了解到一些客户不容易收集到的信息，这些信息对客户可能具有很大的价值。如国家产业政策的变化，客户行业的发展前景和发展机会分析，客户行业的新闻以及上下游情况变化；针对客户市场销售的问题和建议；客户竞争对手的销售情况、竞争策略和动向，其他同行的运作模式，有意义、有启发、可借鉴的经验、成果和成功案例，客户眼下正关心的某个问题的解决方法及经验等。涉及其他客户的经营机密，销售人员不要轻易泄露。

客户工作中遇到的难题，客户工作和生活不可调和的矛盾等，都可以与客户公司的难题相关联，开发成客户需求。

提问是会谈沟通的需要，不是为了满足好奇心或窥探隐私的欲望。使用SPIN模式策划问题时，要根据不同的提问目的选择开放式问题（open - ended question）或封闭式问题（close - ended question）。

开放式问题具有一定的深度和广度，不是一两个词就可以回答，需要客户更多的解释和说明，销售人员想让会谈继续下去，了解更多的或更有深度的内容，就要多提开放式问题，激发客户的会谈兴趣。开放式问题以“什么”（引出事实、资料）、“怎样”（引出事情经过或情绪）、“为什么”（引出原因或对原因的探讨）、“能不能”（引出一般性情况以促进客户作自我剖析）等关键词发问，它可以收集资料，促使客户自我分析，推动会谈进行。

使用开放式问题时必须建立在良好的沟通氛围上，同样一句话，因客户或客户关系不同会产生截然不同的效果。提问时要注意问句的方式，询问的语气语调，不能轻浮，不能咄咄逼人或指责，不要让客户产生一种被质问、被窥探、被剖析的感觉，在涉及一些敏感的隐私问题时，更要注意不触怒客户。实际销售会谈中，销售人员应视不同情境，选择商量式、探索式、启发式三种问句形式进行灵活选择使用。

商量式问句是和客户商量问题的句式，这类问句一般和客户切身利益有关，属于征询客户意见的发问形式；探索式问句是针对客户答复内容，继续进行引申的一种问句，这种问句不但可以发掘比较充分的信息，而且可以显示出发问者对客户所谈问题的兴趣和重视；启发式问句是启发客户谈看法和意见的问句，以便吸收新的意见和建议。

封闭式问题事先设计好备选答案，问题的回答被限制在被选答案中，回答时只需要从备选答案中挑选自己认同的答案，常用来收集和确认资料，当客户的叙述偏离正题时，可用封闭式问题适当地中止客户话题，获取重点、缩小讨论范围，避免客户的谈话偏离会谈目标。封闭式问题的常用词语：能不能、对吗、是不是、会不会、可不可以、多久、多少等关键词，而回答也是“是”“否”式的简单答案。

过多地使用封闭式问题会使客户陷入被动回答之中，压制客户自我表达的愿望和积极性，剥夺了客户充分表达的机会，使客户变得沉默、压抑，甚至产生被审问的感觉。实际销售会谈当中，需要证实或确认客户提供的情报，缩小话题范围或纠正偏离话题时，封闭式问题有选择式、澄清式、暗示式和参照式四种形式，销售人员可以视情况选择。

选择式问句是给客户提供两个以上的条件或情况，让客户在特定范围内选择，没有超出范围的选择余地；澄清式问句，是针对客户答复重新让其证实或补充的一种问句，这种问句的目的在于让客户对自己说的话进一步明确态度；暗示式问句，这种问句本身已强烈地暗示出预期的答案，无非是销售中敦促对方表态而已；参照式问句，把第三者意见作为参照系提出的问句，如果第三者是对方熟悉的人，对顾客会产生重大的影响，顾客就可能会同意。

让客户更积极地参与谈话，开放式问题比封闭式问题更加有效。开放式问题可以营造舒适的会谈氛围，使客户作出更长时间的反馈，能够帮助推动自由讨论，给会谈留下了足够的空间，可以让你知道的更多；而封闭式问题可以把握会谈的主题，限定客户回答问题的方向，只需要“是”或“否”就能回答。销售人员在会谈过程中常犯的毛病是使用过多的封闭式问题，导致获取的客户信息有限。

在大订单销售情况下，选择开放式问题还是封闭式问题与销售是否成功没有很大的关系。理论上，开放式问题能够获得开放式的答案，封闭式问题只能获得一个词的答案。但事实并非总是如此，60% 的封闭式问题能够得到多于一个词的答案或开放式的答案；大约 10% 的开放式问题只能获得封闭式的答案。销售人员提出问题的目的是接近销售目标或者推动销售进展。提出问题时应考虑的是：问题是否与客户需求密切相关，是否环环相扣有效开发了客户的需求，而不是考虑问题是开放式还是封闭式？

5. 高效沟通人性解码器

性格决定命运，对于销售人员而言，这句话有两方面的含义：一是要结合自身的性格特点，在与客户沟通中学会扬长避短，并在日常工作生活中积极磨砺自己，培养耐心、理性、冷静等成就伟大事业的性格素质；二是要学会分析客户性格，制订科学合理的沟通方案，不断推动销售直至赢得订单。

性格没有好坏之分，每种性格都有好和坏的两面，每个弱点也都能找到相应的优点，不同性格的人合作才能创造出最大的价值。人际关系专家卡耐基说过，一个人的成功10%取决于他的专业知识，还有90%则取决于其人际关系。科学研究证明性格的形成先天遗传因素约占40%，后天教育培养和环境影响因素约占60%，这说明性格特点是可以调整的。了解性格就是帮助销售人员了解自己、了解客户，发挥自己性格优点避免性格缺陷，从而更好地提升自己的客户关系。

不能同流哪能交流，不能交流哪能交心，不能交心哪能交易。销售人员应该认识到人与人其实都是不同的，不同的性格有不同的思维模式，大部分人只能够理解和自己性格模式相近的人，对其他性格特征的人缺乏了解，因此，对其他人的做事方法难以苟同，并在生活、工作、家庭等各方面与之产生摩擦。只有了解顾客，你才能有针对性地介绍产品；只有懂得客户性格，你才能投客户所好，销售才能成功！

人的性格特征和行为方式按照行事的节奏和社交能力分为力量型（又称Choleric型，代表动物：老虎）、活泼型（又称Sanguine型，代表动物：孔雀）、完善型（又称Melancholy型，代表动物：猫头鹰）、和平型（又称Phlegmatic型，代表动物：鸽子）四种类型。

力量型客户精力充沛，意志坚定目标明确，做事爽快决策果断，以事实和任务为中心；超级自信，以自我为中心，喜欢支配人和下命令，常会被认为是强权派人物，是天生的领导者；争强好胜，易发怒，绝不认错，直言不讳，不怕得罪人，有些人会觉得他们不善于与人打交道；缺乏耐心，时间观念很强，讲求高效率，喜欢直入主题，不愿意花时间同你闲聊，讨厌自己的时间被浪费；往往是变革者，你若能让他们相信你可以帮助他们，他们行动的速度会很快。

活泼型客户基本上也做事爽快，决策果断，决策时往往凭感觉，不关注细节；态度乐观积极，待人热情，通常以人为中心，而不是以任务为中心；活泼好动，喜欢与众不同好表现，幽默风趣健谈，面部表情丰富夸张，与人沟通的能力特别强，很容易成为交谈的核心；喜欢在友好的环境下与人交流，追求被他人认可和喜欢，希望不辜负他人的期望，社会关系对他们来讲很重要，需要他人鼓励建立自信；浪漫，好奇心重，喜欢有新意的东西，习以为常、没有创意、重复枯燥的事情往往让他们倒胃口；记忆力差，做事马虎，虎头蛇尾。

完善型客户目标明确，坚持不懈，对公司忠诚；工作认真，注重细节，追求完美，讨厌马虎的工作态度，对别人要求严格，对自己也要求严格；爱思考爱研究，做事动作缓慢，决策时瞻前顾后也很慢；不太喜欢与人打交道，更喜欢通过大量的事实、数据来作判断，以确保做的是正确的事情；需要在可控的环境下工作，对习以为常、毫无创新的做事方法感到很自在；不太容易向对方表示友好，平时也不太爱讲话，性格显得有些孤僻，敏感忧郁消极，遇到问题易自责。

和平型客户对别人不要求，对自己不苛求。单纯、友好、平和，不易生气，平稳有耐心，做事情不急不躁；容易满足，不思进取，不喜欢冒险，喜欢按程序做事情，缺乏主见的执行者；喜欢听别人说，不喜欢讲话，喜欢团体活动，希望能参与一些团体，个人关系、感情、信任、合作对他们很重要，希望在团体中发挥作用；多疑，安全感不强，害怕失去现有的东西，决策一般会较慢；与世无争，不希望与别人发生冲突，在冲突面前可能会退步，遇到压力时会趋向于附和。

无论是面对面的办公室拜访，还是私底下的电话邮件交流，甚至是应酬场合的细枝末节，都会泄露出客户的性格秘密。销售人员与客户互动时要仔细观察客户的方方面面，透过客户的言行举止、语言风格、交流语气、职位高低、行事风格、社交方式、办公环境、装修特点、仪表着装、日常喜好、书写笔迹、生活习惯等要素，从细微之处分析判断客户的性格，具体详见表3.1和表3.2。

表3.1　不同性格的核心特征归纳表

表征方面	不同性格的核心特征具体表现			
	力量型	活泼型	完善型	和平型
显著特征	产生故事的人	讲故事的人	分析故事的人	听故事的人
个性标志	支配者	交往为标志	一生追求完美	支持者
自我价值	地位、现实的东西	最在乎声望	爱与尊重	安全
心理需求	挑战与控制	被欣赏，受欢迎	品质和正确性	认可和信任
关注方式	“事”，是什么东西，必须讲清楚	“谁”，谁做的、谁发起、为谁做	“为什么”，做事情的原因和意义	“做”，执行者，只关注做本身
收集信息	直截了当	夸张形容	有序的	随机的
工作目的	工作和任务达成	人和人的感受	事情和方案本身的问题	人和关系
决策方式	不顾人情，就事论事	感性的	客观公正	充分考虑他人的情感
做事方式	事先决定	灵活应变	依照计划	顺其自然
行动纲领	在别人行动之前先行动	永远对别人行动，为自己赢得荣耀	别人怎么对待自己，就怎么对待别人	最好的行动，就是对谁都别行动
处理问题	采取行动，愈挫愈勇，遇事找别人原因，责怪别人	喜欢倾诉	遇事找自己原因，自责、认错，重新思考和研究问题	依照组织程序或系统帮助，重新开始部署

表3.2 不同性格的行为方式归纳表

表征方面	不同性格类型的行为方式			
	力量型	活泼型	完善型	和平型
常见职位	老板、董事长、董事长兼总经理，强势销售部经理等	中小企业老板，富二代接班人，销售部、市场部经理、销售人员等	财务总监、技术经理、车间主任、厂长、工程人员等	人事经理、办公室主任、仓库管理员、营业员等
办公环境	办公室、桌椅、沙发都大，黑色或深色皮质、红木、仿红木材质。装修简单，摆放规矩	装潢时尚，享受设施较多；办公室脏乱，电话线绕在一起，电脑桌面杂乱无章	干净整洁，东西都各就各位，甚至贴好标签，不会散落在桌子或地面，绝不允许脏乱差	素雅简单，家具较小或简单；共用办公室时，在光线、通风不好的角落
室内装修	画为江河湖海、崇山峻岭、狮子老虎、万马奔腾；字体大有气势，行草为主	墙上挂的东西多为时尚物品	字画或艺术品较多，字偏小字数较多，楷书为主。字画、装饰品都一尘不染	挂历或其他实用的东西
室内摆设	奖章、奖杯，狮、虎、牛、四方鼎等。不放家人照片	工作台、车上喜欢放置亲人合影	与工作有关的内容	很少有装饰物品
书柜书刊	帝王、历史人物传记、战争题材，《财经》类杂志，阅读着眼点是行动，书较新不常看	有助于了解人的书刊，阅读着眼点是了解人物性格，书只是装饰，看上去很新，读的少	专业书和杂志，书多但排列整齐，阅读着眼点是了解新奇的观点，经常看，贴有标签	书较少，修身、保健、养生类，和《读者文摘》类杂志，阅读着眼点是故事内容
仪表服饰	短发，走路抬头挺胸不苟言笑，眉间有竖纹；服装黑色、藏青色为主，样式简单经典，整洁，不经常换	经常变换发型，服装颜色跳跃，样式新潮，每次见面会穿不同服装，喜欢用香水吸引别人	关心仪表，发型经典，衣着考究，干净整洁，衣裤、鞋袜、手表合理搭配，仔细设计，与身份场合相符	喜欢和别人一样，没有什么特征，穿着最普通，看上去很平凡，易被人忽略

续表

表征方面	不同性格类型的行为方式			
	力量型	活泼型	完善型	和平型
常用配饰	戴表，表面较大，只有一块最简洁的指针式表，不喜欢电子表；手机大，黑色直板机，无挂饰；黑色方形公文包为主	戴表只是装饰，表面大、样式新，时装、电子表为主；手机个性时尚，经常换，挂饰多；喜欢古怪时尚的大包，东西多而杂乱	佩戴与服装搭配的手表；通常戴眼镜；手机性价比较高，不经常换，有皮套；公文包内大包套小包，物品整齐归类	公文包、手机等配饰追求简单朴素，体积相对较小
签名笔迹	笔锋刚劲有力，笔画方正，字距字体较大，签名很个性，或专门设计	字体大小不拘，笔锋圆滑无力，连笔多不好看，签名很写意或专门设计	字体隽秀，书写工整，字体不大，规规矩矩在格内；签名很工整不花哨	字体较小、松散、随意，不怎么好看
言行举止	表情变化少，眼神盯着对方，不慈祥；姿势比较正式，变换不大，喜欢挥舞手臂讲话	喜欢从上到下打量对方，表情、肢体语言丰富，喜欢拍胸脯打包票，经常无法兑现	表情变化少，注视对方眼神有思索意味；姿势僵硬变化少，不喜欢身体接触，握手轻	表情温和，有亲和力，喜欢眼神接触寻求接纳；姿势放松，变换自然，举止真诚不做作
沟通话题	讲求实干，话题主要在工作上面，不喜欢拐弯抹角浪费时间	注重趣味性，喜欢谈论重点新闻或热门流行话题	话题围绕工作，喜欢刨根问底，注重真凭实据	没事别找事，休息得好一点，话题关注人而不是事
谈话方式	急躁，语速快，声音单调有力，直截了当，追求结果；爱争论，支配他人，打断别人不同观点，讲自己认为对的道理；打电话嗓门高，经常迫不及待打断对方，很快挂电话	语速快，声音较大，声调变化多，人未到笑先闻；爱表现，夸夸其谈，常用口头语，不顾别人感受打断、抢话，幽默风趣，爱开玩笑；电话声音大，不是哈哈大笑就是长聊	语速慢，声音适中，强调时会变换音调；开口前会停顿，先思索再说话，知识专业，喜欢表格、数据、专业术语；打电话声音礼貌客气，不会粗鲁挂断电话	语速慢、声音温和，音调单调流畅，耐心、喜欢倾听，安静、不爱发言，顾全大局，意见总是随便，顺利进行就好；打电话时比较客气耐心

续表

表征方面	不同性格类型的行为方式			
	力量型	活泼型	完善型	和平型
业余爱好	喜欢对抗性运动，球类、健美、高尔夫等；不喜欢钓鱼、围棋、看电影、逛商店、看书等	多变难坚持，喜欢唱歌、跳舞、旅行、户外、探险等；不喜欢钓鱼、围棋、高尔夫、看书等	喜欢钓鱼、围棋、书法、绘画、品茶、高雅艺术聚会等；不喜欢唱歌跳舞、宠物和户外活动	注重健康养生，喜欢气功瑜伽，信仰佛教等；不喜欢对抗性运动、唱歌跳舞、炒股、做期货
生活习惯	用餐速度快；抽烟讲品位，不轻易换牌子	不守时，健忘，用餐速度快；抽烟没有品牌忠诚度，流行什么抽什么	用餐时烫餐具、擦桌椅纸或书报垫座位；不抽烟，讨厌烟灰和二手烟	用餐速度慢，点菜爱讲随便；多数不喜欢抽烟喝酒
喜欢的车	黑色凯迪拉克或奔驰，线条刚性，动力强劲；喜欢开车，被超车时易发火或反超车	红色敞篷车或者赛车，车型时尚，喜欢炫耀，追求速度和超越感，在车流中钻来钻去	讲求经济实惠的本田或丰田，开车认真负责，技术全面	安全、耐用的沃尔沃或面包车，不喜欢开车，开车速度慢，不喜欢超车

人际沟通的黄金法则是用别人喜欢被对待的方式来对待他们。不同性格之间的差异是客观存在的，销售人员应该认识和尊重这种差异，尝试改造客户是没有价值和意义的。销售人员要顺应客户的性格类型，用客户最喜欢的方式进行沟通，不断修正自己的行为适应客户的风格，找准迎合客户的沟通方式，更好地与客户沟通和相处，让客户在最短的时间内喜欢你，从而达成有效的沟通，而不是按照自己喜欢的方式对牛弹琴。

完善型认为活泼型说话不算话，活泼型认为完善型过于较真，力量型认为和平型做事不知急，和平型认为力量型过于暴躁。活泼型欣赏和平型做人很厚道，和平型欣赏活泼型天生浪漫，力量型欣赏完善型做事很认真，完善型欣赏力量型敢做敢当。力量型、完善型重在做事：力量型要做就做，完善型做就做好；活泼型、和平型重在做人；活泼型要做主角，和平型只做配角。

力量型性格乐观理性，以事为重心，属于外向型，其更关心结果，要多介绍产品的利益；活跃型性格乐观感性，以人为重心，属于外向型，更注重感觉，要着重介绍产品的优势；完善型性格悲观理性，以事为重心，属于内向型，关心细节和数字，需介绍产品的特性和特征；和平型性格悲观感性，以人为重心，属于内向型，不敢冒风险不敢作决定，应多介绍产品优势的证据。

力量型的人喜欢做，沟通时从"行动"入手，与力量型客户一起行动，讲究效率和积极务实；活泼型的人喜欢说，沟通时从营造良好"感觉"入手，与活泼型客户一起快乐，表现出对他们个人的兴趣；完善型的人喜欢想，需要证明或验证，沟通时从"相信"入手，与完善型客户一起统筹，做事要周到精细、准备充分；和平型的人喜欢看，相信权威的力量，沟通时从别人的"经验"入手，与和平型客户一起轻松，使自己成为一个热心真诚的人。

与力量型客户沟通是重点，身居高位特别是老总级别客户，大多是力量型性格。沟通时要高效、直入主题，不要过多寒暄和闲聊，少谈过程、数据和表格，多讲结果和利益，一针见血指出客户的问题，以刺激客户需求的话语，如高效、时间、领先、竞争优势、变革、权力、地位、威信、声望和掌握大局等。时刻注意不要浪费客户的时间，谈完正事马上结束电话或拜访。

力量型客户作决策会比较快，会急不可待地了解你的来意，以严肃、冷淡的质问语气显示权威，比较反感过于听话缺乏个性的人。沟通时最重要的是多倾听，要保全力量型客户面子，不要批评和反驳客户，控制好客户情绪，不要抵触或触怒客户，引导客户客观地就事论事，在坚持双向沟通的前提下，不卑不亢地与之进行交流，不要代替客户作决定，可以提供更多的选择给客户，让客户自己作决定选择。

销售人员要把自己塑造成一个有竞争力的、行业专家形象。讲话语速与客户差不多，以显示出你尊重他的时间，同时也表明你的时间也是宝贵的；做事风格像客户一样努力勤奋，让客户看到自己当年的影子，以吸引客户的注意力；应对客户询问甚至是质问时，销售人员如果不能很好地回答，对客户的吸引力就大大降低，确实遇到不懂的问题时，要多请教对方，满足力量型客户帮助他人、好为人师的欲望需求，千万不要不懂装懂，让客户觉得不专业，弄巧成拙。

销售人员可以使用“认同、引导、阐述”三步法技巧让客户在潜移默化中改变观点。第一步先认同客户观点，即使对方是批评或否定你，如“是的，您说得很有道理……”或“您说得很有道理，我能够理解……”第二步用平行引导词：“同时……”切记不可使用“但是、不过、可是”等转折词语，否则客户注意力全部被吸引到后面要说的话上了，然后等着再一次否定你。第三步再阐述正确观点。

与活泼型客户沟通时要多赞美客户，多多益善，可以稍微夸张一点；应准备一些小礼物，给客户制造意外的惊喜；也可先闲聊一会儿，多做一些身体上的接触，多用肢体语言沟通，将注意力完全放在客户身上，并让客户注意到这一点，以显示你很看重客户；还可以给客户介绍一些朋友，既满足了客户的交友意愿，又能得到朋友的感激，扩大相互的人际圈子，形成良性循环。

沟通时不要说太多细节、过程和数据，多准备一些有趣的故事，要多用问句，引发客户好奇心，要多做互动，多让客户参与；有时客户质疑、拼命追问，不是对问题本身感兴趣，而是表达出想说话的欲望，要注意满足客户表达欲；做事情比较盲动，说话和表达不会经过太多思考，为了讨好和取悦别人，经常承诺一些自己根本做不到的事情，对其讲话内容要适当过滤；注意力容易转移，甚至会忘记约会的时间，要给客户规定做事情的最后期限，同时与客户就资源、条件、人力以及财力等内容进行认真详细的评估，帮助客户三思而后行。

与完善型客户沟通时，要尊重客户的时间表，尽量不要打乱他们的计划，给客户留下一个事事有计划的印象；与客户商定的计划需要改变时，一定要事先让客户有所准备，不可以让客户感到意外；要全神贯注仔细倾听，不要让客户觉得销售人员在敷衍；不要显得太过热情，尽量少与客户做肢体接触，适度保持空间距离；不要受客户冷漠态度影响，应给予客观的赞美，鼓励他们说出内心感受，对他们赞美时不能应付，也不能过分地夸大，应突出其最令人值得赞美的那一点。

沟通时要直奔主题，不要谈论无关的东西，凡事要考虑仔细周详，尽量详细描述过程，提供更多的数据和表格，多拿成功案例、图片说明问题；对客户提出的问题要及时明确回复，坚定客户的信心。销售人员直接提问时，不太愿意告诉你真实的答案，沟通时不要直接提问，可以采用先给客户一个答案，再让客户纠错的方式获取真实信息。

沟通时一定要和客户确认，“除了这个问题外，还有其他问题吗？”“还有什么需要我提供的？”找出客户心中真正的问题；还可尝试反问客户问题的意义、价值，如“您为什么会这么想/考虑？”强迫客户自己重新思考，让客户自己得出结论，满足客户自己解决问题的需要，让客户心里感觉到很舒服。他们的决定是经过深思熟虑，他们的见解往往极具价值，产品和服务一旦得到他们认同，就很少会改变。

与和平型客户沟通时，销售人员要有礼貌，不要显得太过于热情，对他们的赞美要谨慎，以免引起对方怀疑；讲话要镇静、不可急躁，语速要慢，要控制自己的声音，音量不要太高，柔声细语地与客户沟通，尽可能地显示友好和平易近人，不要咄咄逼人、大嗓门或者发脾气；客户喜欢渐进式缓慢变化，建立关系需要一定的时间，沟通时要给予恰如其分的温暖和亲近，逐渐建立良好的人际关系。

和平型客户担心伤害和挫折，恐惧挑战和目标，要求和平型客户提供帮助时，应先从简单目标开始，并给予适当的奖赏和报酬，逐渐向复杂目标推进；对于踌躇不决的客户，可以采用从众法，鼓励客户跟随行业领军或大众作决定；不要给客户太多的选择，增加客户选择的难度，可以采用死缠烂打的方式，或者施加高压强迫客户作决定；客户想成为一个有用的、可以帮助别人的人，不要因为客户说随便就不征求他们的意见，这往往会使客户失去兴趣。

第四章

中国式关系：做事先做人

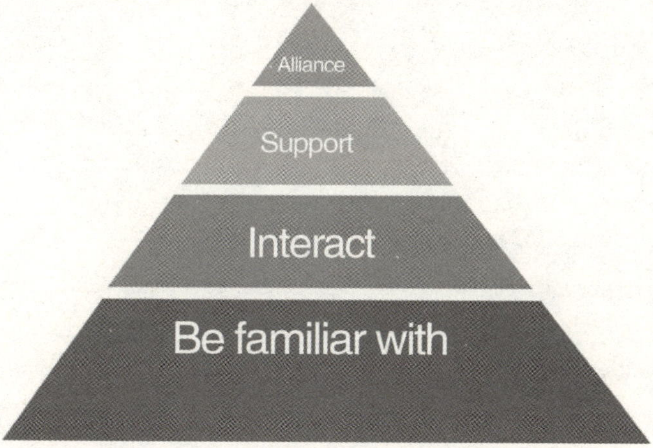

建立客户互信关系离不开信任和利益。利益是纽带，信任是基础。客户对所购买的产品需要一定的利益保证，而利益的实现又是以信任为基础。没有信任就没有利益，或者无法保证实现利益，信任是保证交易双方利益得以实现的基础。中国式关系营销实际上是以利益为纽带，把销售人员代表的供应商和客户联系起来，同时以双方的信任作为利益实现的保证。

客户的信任包括两个方面：对销售人员代表的组织信任和对销售人员的信任。目前中国的信誉制度、监督制度尚不完善，产品同质化严重，质量管理体系也还未能达到国外先进水平，很多时候，客户无法直接判断供应商是否值得信任，特别是在销售人员代表的组织品牌影响力不大的时候。这时候，客户对销售人员代表组织的信任大部分是通过对销售人员的信任实现的。

“有关系没关系，没有关系找关系。”中国式信任路径为：从陌生—熟悉—对个人的信任—对组织的信任，往往是个人信任大于组织信任。中国人习惯先喝酒后谈生意，中国式信任强调的更多是与血缘关系类似的“自己人”的圈子关系。即使是与陌生人发生交易，中国人也习惯于先想办法看能否通过人情、介绍、推荐等方式形成相互信任的关系，把对方纳入自己的熟人或者圈子范围，为今后的生意铺平道路，然后再决定是否进行交易。

大客户利益有其独有的模式，客户组织利益优先于个人利益，只有在满足客户组织利益的情况下，客户个人利益才会形成竞争力。单纯只是满足个人利益，而忽视客户的组织利益，即使与客户的关系再好，也很难实现真正的交易，只有在客户组织利益能得到满足时，大客户才有可能行动，销售才有可能实现。这是所有销售人员必须牢记的原则。

通过四步关系拓展手段，销售人员可与客户迅速建立熟人关系和互信，再通过熟人的信誉背书，从而保证交易双方的利益实现。不理解“熟人”是中国式关系的独特路径，是喜欢抱怨公司、抱怨产品、抱怨政策的销售人员失败的关键原因。销售人员必须先与客户建立信任，才能使客户相信你所销售的产品，相信你所承诺的利益可以实现，这是销售成功之本。

1. 同质化“熟人”营销

客户购买的理由有很多，而且非常个性化，如产品的独有功能和技术优势，产品与客户需求的高度匹配，专业化的解决方案和服务延伸，采购过程中的精神愉悦，等等，都会成为支持客户采购的理由。但客户购买时起决定因素的是成本和价值以及价值的可实现性。只有当客户认为产品及其附加价值远远大于采购成本时采购才有可能发生。所谓的销售等式：销售 = 可实现的价值 > 成本。

客户心目中的产品价值包含产品本身价值和产品附加价值，产品附加价值包括：使用名牌产品带来的荣耀和形象改善、可以预期的稳定性、良好的售后服务、稳定的配件供应体系、技术升级的可能性等，使用产品带来的公司产品品质改善、销售提升、利润增加、人员稳定等，销售人员在交易中带来的精神愉悦以及其他在采购中获得的个人利益。

客户的采购成本包括：直接产品购买成本，因采购行为发生而产生的时间、人力或行政成本，还包括客户可能需要产生的生产工艺调整、人员培训成本以及产品购买后的使用成本和配件储备成本等。如果客户确信，产品的价值远远大于采购成本，并且这些价值的实现可以得到证明或保证，客户就会实施采购。

由于大环境所限，多数企业热衷模仿不注重开发，研发投入严重不足，导致目前市场上的大多数产品都是高度同质化的。产品高度同质化的时代，各家产品都很难再找到独有的优点。任何一家竞争对手产品的改进很快就会被所有的同行模仿。没有独特的销售卖点，产品本身附带的优点和特性只能提供一定的购买支持理由，远不足以令大客户行动。

优秀的大客户销售人员会通过挖掘客户组织或者个人的个性化需求，

或通过提供专业的解决方案和服务延伸，或在销售过程中为客户提供精神方面的愉悦等手段，形成独特的差异化竞争策略，最终在激烈的同质化竞争中赢得订单。

产品与客户个性化需求的相匹配。客户的需求需要充分发掘，包括客户组织需求和个人需求，作为大项目的销售人员，一定要找到真正需要你的产品、适合你产品的客户。当所有的竞争产品都能满足客户基本要求时，销售人员要善于挖掘客户组织或者个人的个性化需求，通过满足客户个性化需求以形成差异化的竞争优势，这是销售人员必须掌握的重要销售技术。

提供专业的解决方案和服务延伸是项目销售的一项重要内容，特别是以方案或软件销售为主的行业非常重要。对机械设备类行业，由于多数机械设备都是标准化流程生产出来的，很难作出改动，因为随便一点改动，都可能需要研发人员在图纸上作出很多相关改动，甚至会影响到供应商，为客户提供专业化、定制化产品很难实现。但优秀的销售人员一定会调动公司资源，为客户提供更加个性化的服务；同时还会致力于构建多层次的人脉关系网，借用公司或个人的关系平台为客户提供专业化的支持，为客户提供融资租赁、按揭、分期付款等金融支持，甚至是帮助客户联系业务等，帮助客户成功。

在销售过程中为客户提供精神方面的愉悦。客户在购买过程中不但在购买产品，也购买产品的服务，还购买销售人员所提供的精神快感。通过提供精神愉悦与客户间建立良好的个人关系是销售人员工作中的重中之重。特别是在当今中国产品高度同质化的情况下，销售人员与客户的关系如何往往在很大程度上决定了销售的结果。

为客户提供精神上的愉悦虽然是销售人员所在公司的事情，但销售人员至少应该扛起其中70%的责任。因为不是每一个销售人员都能得到自己公司内部足够的支持；没有在一线面对客户的人是很难理解客户的各种需求，而且没有直接利益相关，即使非常职业化的人也很少有人能做到对客户的无私奉献。所以求人不如求己。

特别提醒销售人员，处理好自己公司内部的关系是销售人员非常重要的一项工作。从某种程度上讲，它甚至比处理好客户关系更重要。因为你放弃一个关系没处好的客户最多只需要一刻钟的时间，而自己公司内部的关系没处理好，你就只好再找一份工作了，从辞职到新工作上手至少需要6个月。不要去埋怨公司没有给销售人员必要的支持，没有争取到公司的支持是销售人员自己的错。公司不支持你，当然是公司的不对，可那又如何？拿不到订单、得不到奖金的是销售人员。

有时候我们会觉得，在中国做一个销售人员很无奈，因公司的产品为销售人员提供的帮助相当有限，大多数事情都只能靠销售人员自己；可有时候在中国做一个销售人员很幸运，因为我们仅仅靠自己就能在相当程度上决定销售项目的命运。可以说，在中国只要掌握了建立客户关系的技巧，生存就会变得十分容易。

销售等式里最关键的内容是利益的可实现性。无论销售人员说得多么天花乱坠，如果客户不相信销售人员，或者不相信其代表的供应商，不相信销售人员承诺的利益可以兑现，客户还是不会购买。所以说决定销售的成败关键在于客户是否信任销售人员。只有当客户完全信任销售人员，客户才会信任销售人员代表的供应商，相信销售人员承诺的利益是可以实现或能被证明可实现，客户才有可能会购买。

只有与客户建立了信任关系，才能帮助销售人员赢得订单。实际大客户销售过程中，销售人员建立客户关系的能力，拥有客户关系的多少，客户关系质量的好坏，决定了销售的成败，和销售人员的业绩好坏，并在很大程度上决定着销售人员生活质量的好坏和销售人员生活的丰富程度。遗憾的是，除了少量的优秀销售人员，很多销售人员不知道如何有意识、系统地建立和保持良好的客户互信关系。

建立客户互信关系有两大关键决定因素：信任和利益。利益是纽带，信任是基础。客户对所购买的产品需要一定的利益保证。中国式关系营销实际上是以利益为纽带，把销售人员代表的供应商和客户联系起来，同时以双方的信任作为利益实现的保证。可以说，没有信任就没有利益，或者无法保证实现利益，信任是保证交易双方利益得以实现的基础。

客户的信任包括两个方面：对销售人员代表的组织信任和对销售人员的信任。对销售人员代表的组织信任，能为销售人员搭建良好的销售平台，有助于提升销售人员的形象，与客户建立良好的合作关系，降低客户采购成本和风险。销售人员代表的组织可以通过品牌影响力、质量保证体系、运营制度、硬件设备、业绩、荣誉等方面赢得客户的信任。

目前，中国的信誉制度、监督制度尚不完善，产品同质化严重，质量管理体系也还未能达到国外先进水平，很多时候，客户无法直接判断供应商是否值得信任，特别是在销售人员代表的组织品牌影响力不大的时候。这时候，客户对销售人员代表组织的信任大部分是通过对销售人员的信任实现的。这也是有些公司一旦出现销售人员变动，会对公司经营业绩带来巨大影响的原因。

中国是一个人情社会，人与人之间关系十分特别，历史造就的血缘关系、圈子文化和处世哲学决定了中国人更愿意与自己熟悉的人打交道，因为彼此之间的可信度比较高。除了血缘关系、圈子文化和熟人关系外，中国人与人之间很难建立起信任关系，可是一旦建立起类似血缘和圈子的信任关系也不容易被破坏。

熟人引见是中国式关系销售的独特路径。即先通过熟人引见或熟人的信誉，或者其他与客户建立关系的方式，使销售人员与客户从陌生到熟悉，再通过日常交往中体现出来的为人处世风格，在客户心中先建立个人信任，再发展到对销售人员代表的组织信任，通过对客户组织利益和个人利益的双重满足，有时甚至是社会或公众利益的实现，最终促成交易的达成，随后建立和提高客户的忠诚度，实现客户多次和重复购买，使供应商利益最大化。

中国人先喝酒后谈生意，先建立个人信任再建立组织信任，再利用信任和人情关系与客户做生意，个人信任大于组织信任；外国人先谈生意后喝酒，在利益关系中建立信任与情感，先对组织信任再对个人信任，组织信任大于个人信任。所以，在中国做生意一定要明白中国的商业社会，人与人建立信任关系有一套自己独特的路径，与国外商业社会建立信任的路径是截然不同的。

国外信任文化强调的是企业的品牌力、荣誉、质量认证等，中国式信任强调更多的是与血缘关系类似的“自己人”的圈子关系。即使是与陌生人发生交易，中国人也习惯于先想办法看能否通过人情、介绍、推荐等方式形成相互信任的关系，把对方纳入自己的熟人或者圈子范围，为今后的生意铺平道路，然后再决定是否进行交易。正所谓“有关系就关系，没有关系找关系”。

国外构建人际关系时，很大程度表现在以组织名义进行公开联系。中国式关系主要通过人情和面子来实现。个人处理问题时考虑的最多是感情因素，维系人际关系更多的是人情，而人情和面子能转化成资源得到“回报”。这也是为什么有时交易双方会在交易中牺牲组织利益，因为他们相信己方付出的人情会在以后得到更多的回报。所以有些生意第一次不赚钱甚至亏本，但由于双方建立了互信，为今后更多的合作赢得了机会。

中国式信任路径为：从陌生—熟悉—对个人的信任—对组织的信任，往往是个人信任大于组织信任。不明白这一点，往往是很多国际大公司铩羽中国的重要原因，也是喜欢抱怨公司、抱怨产品、抱怨政策的销售人员失败的关键原因。销售人员必须先与客户建立信任，才能使客户相信你所销售的产品，相信你所承诺的利益可以实现，这是销售成功之本。

做事先做人。销售人员的人品和专业素养会对建立客户关系带来重要影响。客户经常会根据销售人员的言行举止、兴趣爱好、性格、资历、专业素养、行业知识等方面的共鸣来判断销售人员是否值得建立互信关系。大客户销售过程中，销售不是一锤子买卖，往往还涉及安装和售后服务，所以客户在极不信任销售人员的情况下是无法相信销售人员代表的组织能提供优质的产品和良好的服务。销售人员一定要注意提升自己的素养，在交往中给客户良好的人际体验。

2. 大客户利益与行为模式

没有永远的朋友，只有永远的利益。销售中的客户利益包括组织利益和个人利益。具体又可分为两个层次：第一是客户的组织利益，第二是客户个人利益。需要提醒销售人员注意的是，以客户需求为中心的客户兴趣点，或者解决燃眉之急和痛点，都是客户关注的重要利益点。有时候，客户在面临压力或者痛点时会比获得利益更容易作决定。

客户组织利益包括技术先进、性能可靠、快速供货、良好服务和配件供应、合理价格、节约费用、良好的交易条件、优惠、促销、赠品、改进生产条件、革新生产工艺、增加生产便利等。具体而言可以分为：品牌和供方信誉、先进的解决方案、高质量的产品、良好的服务、合理的价格和交易条件几个方面。

品牌是长久形成的一种内在价值体现，是对产品的高度认可，是产品本身的性能、实际质量、使用便利性、售后服务、技术指导等方面的保证书。优秀的品牌可以通过品牌影响力，为客户带来精神上的利益，可以让客户感觉使用放心，还有可能成为客户对外宣传的资本，能为客户品牌和客户个人提供有效的品质背书。

站在客户的角度，根据客户的需要和实际情况，针对客户的不同，提供个性化的专业服务建议，为客户量身定制一个基于产品的整体解决方案，不仅仅可以通过产品满足客户的不同需求，而且有利于客户更清楚了解产品的组合形式、应用方式以及产品的优势所在。客户不仅会为产品埋单还会为个性化服务支付费用。

高质量的产品可以让客户“买得放心用得舒心”。工业品行业销售的产品大多数属于原材料或大型设备，客户购买用于生产其他的商品或服务，高质量的产品能为客户生产带来保障。但产品质量问题并不是第一时间就可以暴露出来，有些质量问题甚至要较长时间才能发现，所以客户对产品质量更加看重，客户会从供应商的经营年限、技术能力、加工设备、质量体系、售后服务等多个方面综合考察产品的质量。

同质化的产品必须依靠服务来体现差异化。优质的服务会使客户对企业产生很强的依赖性，牢固的客户关系竞争对手难以取代。质量是第一次竞争，服务是第二次竞争，产品质量差肯定没有市场，产品没有完善的售后服务也同样没有市场。客户服务包括售前、售中、售后服务三个阶段，售前服务具体包括对客户现有系统的评估、提供技术解决方案、推荐合适的产品等，着重从技术角度帮助客户提供选择依据；售中服务包括设备安装、使用培训、技术支持、维护保养等；售后服务包括对客户投诉的及时处理、抢修服务、定期客户回访等。售后服务要流程化、标准化，给客户个性化的心理感受，通过关心和尊重客户及时为客户解决设备使用及其他问题等，避免产品质量问题给客户带来直接经济损失，从而影响客户个人职位稳定和个人收益安全等。

在产品品质和服务达到要求、交货有保障、生产能力符合要求等前提下，销售人员还要尽可能给予客户合理的价格和交易条件。虽然低价格无法维持客户的忠诚度，但在产品同质化的今天，如果销售人员的企业内部的成本控制有问题，销售人员的所有努力：服务、关系，甚至战略合作伙伴等，迟早都要被价格所击败。

销售人员一定要记住，没有任何产品和任何公司可以满足客户所有需求。最为关键的是，满足了客户组织的关键需求或大多数需求，绝不是所有需求。

销售人员要与客户保持长久关系，除了必须满足客户组织利益，还要考虑满足客户个人利益。客户个人利益很复杂，不能简单把它看成金钱和回扣，违法还害人害己。具体而言，客户个人利益包括以下几个方面。

影响职位或权力稳定的准确决策、个人职责，承担决策责任、后果、安全感的个人压力等，被上级肯定和赏识带来的升迁、个人权力，良好的内部人际沟通、交往关系和利益平衡，赢得尊重、成就、学习、考察、出国旅游机会，获得回扣、好处、请客等灰色利益，提高工作便利性等有时也会成为个人利益。其中物质和金钱是最容易衡量的利益。

在物质生活比较丰富，客户需求变化越来越多，高压反腐败态势下的今天，以金钱开道的营销方式已完全不适合当今市场。

根据马斯洛的“生理、安全、社交、尊重和自我实现”五个需求层次理论，金钱只是人类低层次的需要，要与客户发展或维持良好的关系，特别是面对中高层客户时，更应该关注客户高层次的精神需求。与客户交往过程中，销售人员可以给客户提供的利益包括五个方面。

生理需求

人类维持自身生存的最基本要求包括衣、食、住、行等方面的要求。如果这些需要得不到满足，人类的生存就成了问题。生理需求是推动客户个人行动的最强大动力。马斯洛认为只有这些最基本的需要满足到维持生存所必需的程度后，其他的需要才能成为新的激励因素，而到了此时，这些已相对满足的需要也就不再成为激励因素了。

安全需求

人类要求保障自身安全、摆脱事业和丧失财产威胁、避免职业病的侵袭等方面的需要。马斯洛认为整个有机体是一个追求安全的机制，人的感受器官、效应器官、智能和其他能量主要是寻求安全的工具，甚至可以把科学和人生观都看成是满足安全需要的一部分。当然，当这种需要一旦相对满足后，也就不再成为激励因素了。

例如在采购行为中，客户希望采购行为对其个人风险影响最小，个人承担责任最少，不会影响到其工作等。

交往需求

这一层次的需求包括两方面的内容：一是友爱的需要，即人人都需要伙伴之间、同事之间的关系融洽或保持友谊和忠诚；人人都希望得到爱情，希望爱别人，也渴望接受别人的爱。二是归属的需要，即人都有一种归属于一个群体的感情，希望成为群体中的一员，并相互关心和照顾。感情上的需要比生理上的需要来得细致，它和一个人的生理特性、经历、教育、宗教信仰都有关系。

例如客户会希望销售项目的合作伙伴之间、同事之间，能保持融洽的关系，能够平衡各方利益；在同等产品质量和价格条件下，客户愿意和关系好的销售人员做生意。

尊重需求

人人都希望自己有稳定的社会地位，要求个人的能力和成就得到社会的承认。尊重的需要又可分为内部尊重和外部尊重。内部尊重是指人的自尊，是指一个人希望在各种不同情境中有实力、能胜任、充满信心、能独立自主。外部尊重是指一个人希望有地位、有威信，受到别人的尊重、信赖和高度评价。马斯洛认为，尊重需要得到满足，能使人对自己充满信心，对社会满腔热情，体验到自己活着的用处和价值。

例如客户希望有地位、有威信、受尊重、信赖和高度评价。销售人员在交往过程中要注意维护客户的尊严，对半懂不懂的客户要给他面子，让他认为自己很懂行，对懂行的客户要实事求是，表现出足够的谦虚和尊重。

自我实现需要

这是最高层次的需要，它是指实现个人理想、抱负，将个人的能力发挥到最大限度，完成与自己的能力相称的一切事情的需要。也就是说，人必须干称职的工作，这样才会使他们感到最大的快乐。马斯洛提出，为满足自我实现需要所采取的途径是因人而异的。自我实现的需要是在努力实现自己的潜力，使自己越来越成为自己所期望的人物。

例如客户都希望实现个人理想、抱负，将个人能力发挥到极致，使自己成为自己所期望的人物。个人实现可以体现为业绩实现和权利实现两种需求。客户个人在企业中有好的业绩表现、完成公司目标、实现所需要的回报、得到领导赏识、职位提升、获得物质和荣誉奖励；客户实现对权力的获得或者满足客户权力象征意义的感觉，是客户个人利益的最高体现。在国有企业，客户对权力的需求尤其值得关注。

满足客户个人利益是与客户建立良好关系的重要因素。客户五种需求是按层次逐渐提升，但次序不是完全固定的，是可以变化的。

生理上的需要、安全上的需要和感情上的需要都属于低一级的需要，这些需要通过外部条件就可以满足；而尊重的需要和自我实现的需要是高级需要，它们是通过内部因素才能满足的，而且一个人对尊重和自我实现的需要是无止境的。同一时期，一个人可能有几种需要，但每一时期总有一种需要占支配地位，对行为起决定作用。任何一种需要都不会因为更高层次需要的发展而消失。各层次的需要相互依赖和重叠，高层次的需要发展后，低层次的需要如对金钱的需求仍然存在，只是对行为影响的程度大大减小。

低层次的需要基本得到满足以后，就不再是激励客户的主要力量，其优势地位将不再保持下去。某一层次的需求相对满足了，就会追求更高层次的需求，高层次的需求会取代低层次需求，成为推动行为的主要原因。当人们对更高层次需求追求无望的时候，就会放大对低层次的需求；客户职位越高就越看重个人实现的需要、业绩的需要和权力实现的需要。高层次的需要比低层次的需要具有更大的价值。热情是由高层次的需要激发的。人的最高需要即自我实现，就是以最有效和最完整的方式表现他自己的潜力，唯此才能使人得到高峰体验。

人的五种基本需要在一般人身上往往是无意识的。对于个体来说，无意识的动机比有意识的动机更重要。对于有丰富经验的销售人员，通过适当的技巧可以把无意识的需要转变为有意识的需要。

马斯洛还提出过两种需要：求知需要和审美需要。一般认为这两种需要的位置介于尊重需要和自我实现需要之间。

不是每个人都是按五种需求模式生活的，人是可以不顺着马斯洛所主张的需求层次前进的。具体到我们商场上，主要是两种：一种是在生理需求满足后直接追求尊重，另一种则是直接追求自我实现。之所以没有其他类型，原因不复杂，在商场上，特别是那些手握采购大权的客户，他们往往工资不菲，肯定不用为生存发愁。

满足了生理需要就直接追求尊重的人，一般都是因他们心中有比较强的价值观，受正统文化的影响很大，自我约束比较强，反映到行为举止上就是非常自律，非常的自我控制。但也有其他的表现形式，例如有些客户就喜欢刻意给自己创造一个与众不同的形象，尽管表象不同，但内里本质是一致的。在他们心中设置了一个能够得到别人尊重的理想形象，以此为标尺，把自己的行为向这个形象靠拢，尽力控制自己那些不符合这个形象的行为。

追求尊重者往往比较受别人的价值观支配，很在乎别人的看法，不易犯错，犯了错往往为了面子硬撑。要想让追求尊重者接受你与产品，既可以满足他个人的目标，也可以从他身边的人着手，只要他身边的人都认可了你和产品，再让他接受你就会容易很多。

追求自我实现在中国目前还比较少，所以放到任何一个地方都会显得与众不同，他们做事非常有热情，精力充沛，眼睛里总是好像有一种火在燃烧。多数人性格都比较强悍，与平常性格强悍的人不同，追求自我实现的人的强悍性格能够被身边的同事们接受，是一种自内而外的强悍。

当然，这种接受并不等于身边的人就一定喜欢他，比如身边有很多同事会说：他真傻，昨天又为公司做了什么事，整天出力干活，自己又得不到好处……这种讽刺中并不含有真正的攻击，与其说是讽刺，还不如说是嫉妒与不接受。而对平常性格强悍的人呢？则会这么说了：哼，装什么装，昨天又收了贿赂吧……这才是真正的攻击和抓小辫子。

追求自我实现是一种比较个人化的需求，这些人常受自己的价值观支配，不在乎别人的看法，经常犯错，犯了错往往会坦然承认。要想让自我实现者接受你与产品，唯一的方法就是找到他想实现的目标。当你提供的产品与他的目标一致，你才可能得到他的支持。当然这并不是说自我实现者一定会不理睬别人的看法，一个人要想成就一番事业，必须让别人接受你，但是为了实现自己的目标而让别人接受，与为了让别人尊重而让别人接受是有本质不同的。

在实际销售过程中，有些销售人员会无穷放大个人利益的作用，甚至完全忽视客户组织利益。究其实质，是没有明确并深刻领会利益的相互关系。客户的组织利益是基础，客户组织利益的作用要大于客户个人利益的作用，必须先满足客户的组织利益。销售人员切记不可本末倒置。只有在几个竞争的供应商产品同质化严重，相互优势都不明显的情况下，个人利益才会成为重要因素。

当所有竞争者的产品都满足客户的组织利益，无法体现其中的差异性利益时，个人利益的差别才能为你加分！你给了别人更多的好处，别人肯定更愿意为你说话。特别是客户没有健全的供应商评价系统时，采购相关决策人员关键时一句力挺的话，就有可能让你轻松赢得订单。

销售人员的专业化技能，销售过程中的完美细节处理，能让客户感受到愉悦，会使客户觉得利益实现有保证。当所有竞争者都能满足客户组织利益和个人利益时，细节和人情因素会使客户对你的保证更有信心。你嘴巴甜一点，客户会更喜欢你一点；你更关注客户一些，客户会更容易记得你；你跑客户更勤快些，客户不好意思拒绝你，生意也就做成了。中国是个讲人情的国度，你抓住了客户的心，就牢牢抓住了客户。

3. 关系拓展四步循环理论

销售人员与客户建立互信关系，要经历认识—互动—支持—同盟四个环节。第一步要认识客户并取得客户好感；第二步要学会激发客户的兴趣，与客户产生良性互动；第三步是要和客户建立信赖，形成私交关系，获得客户的支持；第四部是与客户建立同盟，获得客户的协助。

认识是建立客户关系的第一个阶段，销售人员与客户基本上没有联系，相互之间了解很少。此阶段的关键是找到客户的相关信息，深入了解客户，通过电话联系、专业拜访，馈赠客户喜欢的小礼品，利用专业的销售形象增进客户好感，试图建立与客户之间的联系。认识的标志是客户能够叫出销售人员的名字。

互动是建立客户关系的第二个阶段。双方从认识到熟悉阶段相互有了基本的了解，双方需要进行相互考察，客户需要进一步考察销售人员的为人处世、产品声誉等，确定是否与销售人员建立互信关系；销售人员会考察客户的需求、资金、信誉等，确定需求的真伪和紧急程度。此阶段销售手法，如邀请客户到第三方场所进行简单的商务活动，吃饭、喝茶、运动或者娱乐活动等；在特定客户现场举行的销售活动，包括展览、发布会、演示会、介绍会、技术交流和座谈等；邀请客户来公司或者到样板客户参观和考察；向客户提供测试环境进行产品测试，或者向客户提供样品试用。

支持是建立客户关系的第三个阶段，双方接触越来越多，慢慢建立了感情与信任。此阶段的标准是客户与销售人员愿意见面、聊天、吃饭，甚至一起进行比较私密性的活动，获得客户个人的明确和坚定的支持，客户发展成为销售人员的内线。此阶段的销售手法，与客户举行多种多样的商务联谊活动，如聚餐、宴会、运动、比赛、娱乐等；参与双方的私人和家庭活动，与客户的家人互有往来；邀请重要客户进行异地旅游、参观考察活动等。

同盟是建立客户关系的高级阶段。此阶段客户和销售人员建立利益同盟，愿意成为销售人员的内部教练，客户愿意采取行动帮助销售人员不断推动销售并促成购买。例如提供客户内部资料，向销售人员提供源源不断的情报；乐于帮助销售人员引荐同事和领导，牵线搭桥安排会晤等；在客户决策的时候能够站出来坚定支持销售人员方案。

客户关系是一层层推进，不可跳跃的。比如我们不可能还没有认识客户，就与客户签订采购合同，客户也不可能向一个不信任的销售人员采购，毕竟这是几十万上百万元的大项目，谁都不会轻率。客户关系的推进虽然不能跳跃发展，但却有可能随时终止。

比如当你考察客户后，发现客户根本没有能力付款，你显然是不会跟客户签订合同的；也有可能因为客户资金紧张或新项目暂停而中断，等到客户新项目上马、资金状况改善等因素而重新恢复。反之客户也一样，客户也会拒绝与不信任的销售人员继续交往。大部分销售人员与客户的关系保持在友好互动层面，客户除了会和销售人员谈工作，还可能会和销售人员聊聊业余生活或共同话题，然而仅仅做到被人喜欢的互动层次还是不够的。销售人员必须与客户建立互信，取得客户的全力支持，并形成利益同盟关系，这才是客户关系的最高境界。

建立客户同盟关系其实并不难，关键是要发自内心重视客户，并努力帮助客户成功。客户其实在脑门上刻着八个大字“让我感觉自己重要!”客户一直在对销售人员说，让我感觉自己重要，我就会喜欢你，我就会倾听你，我就可能买你的东西，甚至，我可以跟你走！可遗憾的是，大多数的销售人员可能是“敬业精神”太高了，眼里只有自己的公司、产品和客户口袋里的钱，热衷于推销而常常忘记了客户的存在。

让客户感到重要，发自内心地尊重客户，是建立良好的客户关系、形成销售利益同盟的关键。销售人员要学会经营客户，理解客户的终身价值，尽可能维护好所有的客户关系。客户组织、客户个人和销售人员的地位都在不断变换，客户价值在不同时期会有不同的体现，把握好客户关系会有不同的收获。

如果客户是你的潜在客户，你可以通过卓有成效的工作，使潜在客户成为你真正的购买用户；如果客户已经成为用户，你可以通过客情维护，达成重复购买或更多的采购，直至成为终身用户；还可以通过客户的推荐，发展更多的新客户，使老客户价值最大化。同时还要坚决避免客户流失，流失一个老客户可比发展一个新客户容易得多，损失也大得多。

如果客户暂时不是你的潜在客户，或暂时不能产生太大的价值，你要从客户的组织和个人以及自己的发展三方面思考：客户组织是否有扩产、扩建、新建、并购等计划，将来是否能发展成潜在客户？客户组织的内部相关人员是否可以为我们推荐潜在客户？客户组织的内部相关人员升职或调动后是否可以成为客户？如果我们将来更换了工作，是否可以成为客户？

中国人喜欢烧冷灶，当你精心经营的一位不为人所重视的底层客户经过多年努力，成长为高层决策领导，你们之间的同盟关系将会为你带来巨大的价值。但任何一个销售人员都不可能有足够的时间和资源与每一位潜在客户建立关系，所以销售人员要对客户进行分级管理，花时间用以维护重要关系。对当前销售成功起非常重要作用的关系保持经常性接触，优先投入时间和精力；对于其他的关系，销售人员要保持适度的关注和日常维系。

建立和维护客户关系的最佳互动手段就是保持经常性接触，或创造条件保持经常性接触。无论是对潜在客户、用户，还是暂时不能提供帮助的客户都应该如此。如果无事不登三宝殿，或者签合同前天天报到，合同签订后再也不露面，客户会明白你只是在利用他，这样做非但不能保持良好关系，还会损害你已经建立起来的客户关系。

与客户进行互动联系，必须有翔实的客户信息情报。销售人员要关注的客户情报包括客户公司业务和客户个人情报两种。从建立客户关系而言，客户个人的情报更有价值。

客户个人情报有四个方面值得重视：一是关于家庭的，父母、子女和兄弟姐妹的事情；二是关于学习和职业的，毕业学校和专业，如何选择专业，最想做什么，正在学习什么，最喜欢工作中的什么内容；三是关于消遣娱乐的，业余时间喜欢做什么，由此延伸到关于业余爱好、运动、读书、旅行和音乐等方面；四是关于动机的，生活中的激励因素是什么，可延伸到世界观、价值观、经济观和政治观等内容，关于政治，可多谈世界形势，尽量注意莫谈国事。

当你对客户信息了解后，你将会发现，与客户联系没有你想象的那么难！其实世界真的很小，通过熟人介绍，包括客户的客户、朋友、同行、同事、同学、校友、战友、师长、亲友以及社团关系，你总有一种办法可以联系到客户。难怪有人说，只要通过六层关系，我们就可以和奥巴马进行联系。

客户互动联系手段多种多样，除了拜访拜访再拜访，还可以通过常规的电话、短信、邮件方式，现在还多了许多如 QQ、微信、微博等网络社交工具。还是那句老话，只要销售人员真心关注客户，愿意帮助客户成功，你就会找到无穷多的与客户联系的理由和方法。

每一次与客户互动联系，销售人员都要为给客户创造价值，这样客户才不会觉得你是骚扰，愿意与你交流互动，愿意与你建立互信。人际沟通关系理论研究告诉我们，包括我们自己在内，人类有 13 个共同特性。人类的这 13 个共同点是我们创造客户价值的着眼点，是建立良好的客户关系的指南针。

1）一般而言，人们有让别人觉得自己重要的渴望。

2）人们希望被赏识。

3）他人对你、对你的利益和你的忧虑的关注，不如对他们自己的更强烈。

4）大多数人在生活中向往两件事：成功和幸福。

5）他们希望你全神贯注地倾听他们。

6）人们只有觉得你真的看重他们时，他们才愿意与你交往。

7）大多数人作决定带有感情色彩，并理性地自卫。

8）一般人的关注范围是有限的。

9）有共同利害关系的人自然更亲近。

10）人们希望被理解。

11）人们接近对他们真正感兴趣的人。

12）大多数人喜欢指教别人。

13）人们希望与那些能在他们生活的某些方面帮助他们的人结交。

优秀的销售人员除了必须是一个品质值得信赖的人，他还必须是一个客户觉得有价值愿意交往的人。客户愿意和销售人员互动，是因为销售人员激发了客户的兴趣点，和销售人员的互动具有价值，客户愿意与销售人员进行交往。相信客户是重要的，并发自内心关注客户，做一个充满渴望的倾听者，理解和欣赏客户的不同点和他们的观点都能激发客户的交流兴趣。

良好的产品和技术知识，解决问题的能力，某个专业的知识提供，新鲜的资讯，人际沟通的愉悦，对客户的无私帮助以及客户的其他利益创造，等等，带来的互动价值都会让你和其他销售人员区别开来。实际上许多时候，销售人员最好的拜访或互动是销售人员完全没有提到你的产品、服务和计划的那种。

无论哪一种联系客户的互动方法，都离不开销售人员最充分的准备工作。销售人员要经常性、有计划、周密地策划客户关系建立。每一次客户拜访或联络，要谈哪些问题，收集哪些资讯，达到的目的，下一步的行动计划，销售人员都要认真计划。计划的每一个步骤都要精心策划，要细化到每一个问题的设计，客户每一种可能反馈的应对。

推进客户关系的方法关键要看客户的兴趣点。在这个过程中，时间和费用越少越好。很多销售人员花费了大量的金钱和精力，请客户吃喝玩乐，客户关系总是原地踏步，就是因为没有找准客户的兴趣点和痛点。评价客户关系的进展是看客户是否支持向你透露资料、出谋划策、穿针引线、为你说话等，如果客户与你达成了同盟关系，客户会毫不犹豫地在内部替你推动项目销售。

无论销售人员想给客户提供何种利益，但利益的最佳着眼点始终是帮助客户成功。获得客户尊重和看重的销售人员都是那些值得信赖，更多为客户着想、时刻真诚关注客户，能为客户解决问题、带来利益并帮助客户成功的销售人员。切记，不可以做一个不学无术的销售人员，不要以为光凭所谓的销售技巧，甚至以为吃喝送礼就可以和客户建立良好关系，那是本末倒置。

第五章

建立互信的七种武器

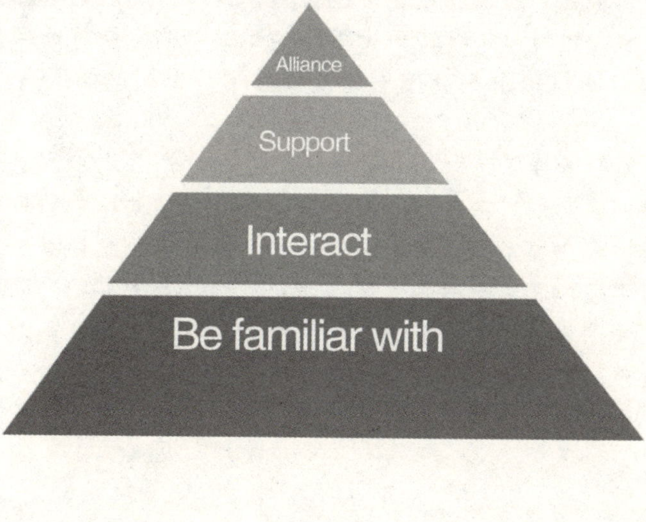

搞定大客户实践胜经

大客户销售周期较长，从获取客户信息到最终采购，短则数月长则一年半载，销售之路犹如漫漫长途，只有意志力和耐力超强的销售人员才坚持能走到终点。在这漫长的征途中，客户的决策情况犹如黑箱，身处客户组织之外的销售人员能否掌握客户决策黑箱内的情况，是赢得销售订单的关键。销售人员必须具有恒定性和长期维护客户关系的能力，即是与客户建立互信的能力，这决定着销售项目的进展和销售项目最终的成败。

长期保持客户互动联系，其目的有三个：一是加强和维护良好的客户互信关系，二是随时把握客户项目进展情况，三是不断推动销售向前发展。如果不随时联系客户，有可能出现各种很糟的情况。客户关系无法维持，失去赢单机会，甚至客户已经完成采购你都不知道；客户委托公开招标时，因自己未及时看到招标公告，未买到标书错过投标的机会；客户负责采购经办人员故意不通知你，然后向领导汇报说你不参加，直接将你屏蔽在外；等等。

实际销售过程中，销售人员与客户的每一次互动，每一次销售行动都存在着四种结果：一是赢得订单，这是最好的结果；二是取得进展，推动销售向有利自己的方向发展，或者说推动了客户的采购进程；三是中止，就是没有取得进展，但客户还没有结束采购行为，销售行动没有创造价值，既没有推动销售发展，也没有被客户直接拒绝，比输单的结果好一点，还在客户选择范围之内；四是输单，直接出局，丢掉了订单，前面所有的工作都白费了。

在项目没有尘埃落定之前，销售人员在与客户互动中，每一个销售行动都要精心策划，必须为销售行动设定进展目标，推动销售向有利于自己的方向发展。维护客户关系的常见手段除了经常进行专业销售拜访，还有其他七种常见销售手段：通过电话联系保持信息互通，商务宴请推动融洽关系，赠送小礼物加深印象，技术交流建立产品优势，参观考察证实能力，行业会议期间高效营销，各种互动形成朋友私交等。这七种方式是对专业销售拜访的有益补充，是建立互信的最好武器，销售人员一定要学会灵活运用。

1. 电话：关系就是联系

在所有与客户互动的销售行动中，电话是成本最低廉、最快捷高效、最方便，可以随时随地联系客户的工具。无论是邀约客户、预约拜访、事后联络，还是沟通资讯、回复问题、洽商方案，或者是看到与客户或个人有关联的资讯，或者客户关注的事情等都可以利用电话随时与客户进行沟通和分享。电话不仅仅指手机和电话，还包括 QQ、微信、电子邮件等即时通信工具。

寻找电话沟通的契机

销售人员要从客户角度思考，每一个电话都有价值，或能为客户提供有用的资讯，这样的电话才会受到客户欢迎，才能和客户沟通顺畅，不被客户认为是骚扰电话。只有客户接受了你的电话，你才有机会从客户口中了解到你需要的资讯。利用下面这些时机电话联系，你会给客户一种专业的感觉。

提供客户相关的资讯

销售人员要时刻做个有心人，平时在上网、看电视、阅读书报等，看到与客户公司相关资讯都要留心，必要时还可以做资料备份提供给客户参考。

国家的经济和行业政策及其变化，国内国际或行业重大事件，行业年度总生产量与重点客户产量的变动及其影响，行业新技术、新工艺的发展，行业重点客户的重要事件或动态，对行业产生的影响或潜在影响以及重点客户的经验教训，主要竞争对手的新举措、新动态等；行业的生产运行、市场销售、产品价格及变动情况，行业上游原材料和下游客户销售价格变动以及新技术发展或替代产品情况，对行业和客户的影响或潜在影响；行业最新资讯，最新技术发展动态，行业会议议题或热点问题，行业内领军人物或知名专家的成长历程、言论、逸事等。

客户单位的重大事件或新闻报道，如重要领导视察、获得相关政策扶持等，业绩攀升、销售增长、利润提升、重点市场或重点客户突破、产品外销、市场占有率和行业地位提升等，增资、扩股、上市、并购，引进高端经营、技术人才，获得各种技术奖项或政府荣誉，技术取得重大突破，新产品成功面世，新项目开工、奠基、竣工、投产等，令人瞩目的发展规划出台，发生重大事故或灾难等。

在上述情况下，都可以及时与客户电话联系，交流情况并对成绩表示祝贺，对客户发生的问题表示同情慰问，并力所能及地提供解决问题的办法或思路。如果相关资料比较难以收集或较少，还可以将自己收集到的相关资料拷贝一份发给客户，也可以利用这个机会约访。任何时候与客户电话沟通的目的都是了解项目的进展情况，切切不可忘记。

关注客户个人资讯需求

除了工作上的业务联系，销售人员还可根据收集到的客户资料，重点关注客户个人关心的资讯，获得电话沟通的机会。

有关客户个人的新闻报道，关注客户的博客、空间、文章，阅读客户的相关论文和著作；提供客户正在研究的课题资料，有关客户工作的前沿技术资讯、管理技巧等；客户获得升职、加薪、奖励，取得重大技术成果等；客户业余时间关注的方面，股市资讯、体育赛事、兴趣爱好、子女教育等；结识与客户有关联的同学、校友、师长、战友、老乡、朋友，经过客户所在地、就读学校等与客户有关联的地方等。

有关客户自己、家庭、亲朋好友等的重大喜事和纪念日；特别是客户的重要时刻或重要纪念日，包括他和家人的生日、结婚纪念日、毕业升学纪念日、升职加薪获奖、取得丰硕业绩或科研成果、子女升学就业结婚等重要时刻等以及传统节假日来临之际，都可以及时致电或者发送祝福短信，特别重要的事项还可以专门前往祝贺，或者以写信、邮件、寄送祝福礼品等方式进行祝贺。对客户重点关注的资讯，可以将相关文章拷贝，书面或邮件发送给客户，也可以利用这个机会约访。

自己公司的重要事件

销售人员自己公司发生的重大事件，如重点新闻单位的宣传报道，重要领导前往公司视察或表态，获得各种技术奖项或政府荣誉，获得相关政策和资金扶持等；重要客户来访或签订合同，重点市场或重点客户突破，特别是客户周边取得突破等；业绩攀升、销售增长、产品外销中的重要事件，市场占有率和行业地位提升等；增资、扩股、上市、并购，引进高端经营、技术人才，技术取得重大突破，新产品成功面世，新项目开工、奠基、竣工、投产等。

还有就是公司举办重大活动，如参加重要展会、技术交流会、客户答谢会、公司重要庆典等，此时都可以电话联系客户，通报相关情况，邀请客户参加相关活动，加强客户对公司的印象，增强客户的合作信心。

项目进展的关键时刻

联系客户是为了赢得订单，在项目进展的关键节点，如设备选型、报价、发布招标公告、购买标书等关键时刻更要随时与客户保持联系，了解客户内部动态或进展，以防错失销售机会。

除了以上这些时机外，还有一些致电客户的时机。销售拜访结束后或与客户进行活动后的第二天，离开客户的城市时，都可以利用电话对客户表示感谢，或者对下一步工作安排交换意见。

电话联系是最方便的销售手段，销售人员一定要好好利用。找准了联系客户的时机，就要充分发挥电话的作用。除了打电话还可以发短信，重要事件一定要电话联系，电话里头可以听到客户的声音，可以更好判断客户的讲话内容，及时掌握真实信息。

一般事情可以发发短信，没有事情的时候也可以短信联系，手机短信要礼貌文明、简明扼要，短信内容可以是精心编写的内容，也可以是网络上看到的幽默段子，切记不可以发送黄段子和群发类的短信。使用电话短信还要注意不要以短信的方式向客户介绍产品或者服务，除非是客户的要求，或者事先征得客户的同意。收到客户的短信一定要及时回复。

电话使用与沟通技巧

注意打电话的时间

拨打电话时要选对时间，对于新客户的预约电话，要根据客户行业、职位特点及其相对固定的工作规律，找准客户方便的时间打电话，以客户上班后半小时至下班前半小时的时间段拨打为宜，尽量不要占用客户私人时间。对于已经熟悉的客户，洽谈公事的时候可以在上班时间打电话；沟通私人方面的信息，或者客户业务之外的话题时可以选择在客户下班以后的时间。

重要客户一般不要选择星期一，因为新的一周开始，客户往往比较忙，很多时候领导级别的客户多数在开会；也尽量不要选择周五下午，因为周末了大家的心思不在工作上；11：30～14：30的午休时间、就餐时间、下班时间、晚上10点以后，打电话给客户都是不礼貌的，除非事先和客户约定这个时间，打国际电话还要注意时差；节假日期间客户多与家人相聚，特殊关系客户可以致电问候，一般客户以发信息问候为佳。

接打电话礼仪与技巧

无论接打电话，都要保持良好姿态，调整好心态再开口说话。讲话面带微笑、语气友好，最好站起来讲话。接打不太熟悉的客户电话，电话接通后要主动先报姓名，可说“问候语”＋“所在公司名称”＋“个人姓名”，开场白应是“早上好（9：00前）”“上午好（9：00～12：00）”“中午好（12：00～13：30）”“下午好（13：30～17：30）”或“您好”等，问候语后应主动报出公司或部门名称，如，“您好，这里是某某公司销售部，我是张虎……”接听电话时还应加上一句：“有什么需要我帮助的吗？”

打通客户电话时应先问客户是否方便，若对方正忙，则不应强人所难，非要抢着说完，可以再约时间，或过一会儿再打；若对方拒接时，不要立即再打，要耐心等待，此时客户可能不方便接听。通话过程中因信号等原因电话中断，按礼节应由打电话一方再拨一次，拨通电话后，一定要记得解释中断原因，避免误会。

每次通电话的时间最好不要超过3分钟，除非客户愿意在电话里沟通。电话接通后，应用最简单的语言说明去电的事由。销售人员每次通电话前，应先想好说什么、怎么说，主旨明确、条理清晰，并在沟通时灵活应变。最好把自己要在电话中说的话录下来，站在客户的角度分析内容的逻辑性和条理性，说话方式的优点与缺点，声音的大小是否合适，音色是否悦耳，并不断地改进。

通话结束后一定要让客户先挂电话。挂电话时应轻轻放下话筒，免得客户误会。如果沟通很友好，时间较长需要先挂电话时，可借口说“抱歉，我有个会议”“我正要出门”等。

接听客户电话时应在电话铃声响起第2声时立即接听，不可超过3声，响铃太长不礼貌，太短有时会惊扰来电者。特殊原因响铃太长后才接听，应先向客户致歉“抱歉，让您久等了”。如接起电话时正忙，可简单说明后告知客户“我正在忙（开会），等一会儿再打给您”。对于自己未能及时接到的电话应在24小时内回复客户。

如果是代接电话，要用手轻轻捂住话筒，再通知客户要找的同事，如时间较长可说“请您稍等一下”，然后再去找人，千万不可以在办公室内大声呼喊同事姓名，等待时间最好不要超过15秒。如果客户要找的人不在，不要直接挂电话，可告知客户“他刚好出去了”或“公务外出”，不要轻易透露他人行踪，问清客户是否有留言需要转达，对需转达的事情要确认清楚。

绝不允许出现“喂喂”“你找谁”“你是谁”“你是哪儿”“你有什么事”等查户口似的非商务用语。接到打错电话时也应礼貌告知：“您好像打错了。”接听电话时噪声较大，应直接告知对方“对不起，我这边听不清楚”“请您重新拨打一次”或“我给您回过去”。询问客户姓名等资料时应委婉“请问您贵姓”“贵公司是”“这个事情是您在负责吗”等，知道了客户姓名职务后应按姓名职务称呼。

对待客户投诉电话，接听时要声音柔和、亲切，耐心倾听客户不满并做好记录，客户述说完毕后要立即代表公司向顾客道歉，道歉后要向客户致谢“谢谢您将实情告诉我们！”“感谢您来电话给我们提意见！”以缓解客户心情，有利于事情解决。然后按照公司规定立即给予客户合理的答复，如“我们立即想办法给您解决！”“我们会尽快将解决方案回复给您！”最后再一次向客户致谢：“谢谢您的来电，今后也请您继续监督我们的工作！”

手机不要别在腰上、揣裤兜里、挂在胸前、绑在手腕，不用时不要拿在手上，应放在公文包内；会议、会客应调成振动或关机，不要放在客户或会议桌子上；不宜设置过于另类的铃音；禁止拨打电话场所不要打手机，公共场合不要大声接打电话；不要把重要信息保存在手机里，防止丢失；手机短信要礼貌文明、简明扼要，收到短信要及时回复。

有时候销售人员还会利用QQ、微信等即时通信工具和电邮、传真等书面方式与客户做进一步沟通。即时通信工具的沟通技巧与电话基本相同；电邮、传真等书面方式要按照一定规范进行。销售人员一定要避免发出一封不知道谁发的、该回复谁的，没有任何发件信息的传真或邮件。商务人士沟通一定要首先亮明身份，千万不要去玩“你猜猜”的游戏，不专业且导致客户反感。

发给客户的传真应在第一页附上发件信息，包括：日期、收件单位、部门、收件人、传真号、发送单位、部门、发件人、传真号、电话、页数（包括此页），主题、是否急件、是否需要回复等内容。文本要格式规范、主题明确、文字清晰，避免客户看不清楚内容。发传真前应与客户沟通，发传真后要与客户确认是否收到、是否清晰。收到传真后，应及时告知发件方，文件是否收到、是否清晰，收到文件需办理或转交他人的不可拖延时间，耽误双方重要的事情。不可用传真发送感谢信和邀请函，不庄重不正式，不能体现对客户的尊重和重视。

电子邮件甚至其他任何书面文件同样都需要注意格式规范，一定要注明主题，正文内容简洁、表达清晰、语言流畅，不宜使用网络符号。如果与客户不是很熟悉，开头称呼最好用敬语，如“某某总经理，您好!”不清楚时用“某某女士/先生，您好!”结尾落款时宜写上“顺颂商祺”或“即颂祺安”之类的祝语，千万不要忘记写上自己的公司名称、姓名、联系方式。收到邮件后要及时、认真、有礼有节地回复，回复时间一般2小时内为佳，最长不要超过24小时。要注意检查邮件内容是否有遗漏和错别字，不要将带有病毒的邮件或垃圾邮件发给客户。发送邮件附件不要太大，如果附件太大用其他方式发送，一定要告知客户并和客户确认是否收到。

销售人员能否花费时间精力，甚至金钱与客户保持长期互动，关键在于销售人员的态度。把客户当成终生的合作伙伴，不断经营这些客户关系，而不是单纯销售产品给客户。即使暂时不能合作，或者将来也没有太多的销售机会，销售人员还是可以通过建立关系，让客户在圈内推荐你的产品，或者请教专业和行业知识。一旦销售人员有了这样的想法和理念，就会马上行动起来，与客户建立长期关系以获得更稳定的销售业绩。

一般而言，项目采购时间在1个月内的，每天都要与客户保持联系，为了避免过多骚扰客户，可以分别打电话给不同的客户，对客户信息进行相互印证；项目采购时间在1~3个月内，每周必须都要和客户电话联系；项目采购时间在3~6个月内，至少每2周一次或更频繁的电话联系；项目采购时间在6~12个月内，应保持每月一次以上的联系频率。对于客户有明确采购项目的，销售人员还应尽早拜访客户，与所有项目关键决策人建立互信，并取得关键客户承诺。

与客户沟通重要事情时一定要注意电话的保密性。开始沟通前先与客户确认，客户目前所处的场所是否方便。不要贸然开讲重要事项，容易泄露商业秘密，甚至给客户带来不必要的麻烦。重要事情沟通建议在客户的私人场所沟通。

即使是销售人员自己也要注意选择保密的环境，防止被同事或其他人窃听，今天的同事也许就是明天的竞争对手，保护客户也是保护自己。如果客户在电话里听到嘈杂的背景，或者其他人说话的声音，客户肯定会觉得没有安全感。客户会觉得你这个人不会来事，对你的好感就会荡然无存，你花费大量金钱、时间和精力精心构建的客户关系，很可能因为电话里的噪声而毁坏。

现在通信工具比较发达，有品位的人乐意将工作、生活分开，一般都备有两张手机卡，上班一个号码，下班一个号码。销售人员要关注客户的业余号码，要不然有时很难联系到客户。同时也建议销售人员准备两个号码，一个常用随时畅通，一个只在关键时刻用。如在沟通特别事宜时，或者在关键时刻接收客户提供的重要信息等。

2. 宴请：突破客户交际防线

请客要找对人说对话

今日多少事，都在酒局中。请客吃饭，吃的是形式，交际的是内容，很多生意不是在商场上谈成功的，而是在酒局的觥筹交错中完成的。酒局上的谈笑风生、推杯换盏，其目的都是为了营造良好的沟通氛围，巩固增进与客户的感情，达成自己的商业目的。请客吃饭既是一种体面而又无风险的社交，又是所有销售人员最爱的公关手段。

宴请客户时要特别注意，千万不要把客户的政敌或相互关系不佳的人整合到一起。销售人员在宴请客户时，要事先考虑好请客目的，把有限的营销费用花在关键客户身上。要眼观六路耳听八方，时刻关注客户的面目表情，从客户的吃相、神态、动作、喝酒偏好等蛛丝马迹中探寻与客户的相处之道。千万不可以喝倒客户为目的，忘记了宴请客户的真正意图，浪费销售资源和耽误时间，还可能误判销售形势。

客户答应出来吃饭其实是对你信任的开始，同时客户也想利用酒场上的氛围对销售人员进行深入的考察，看看在放松环境下的销售人员其表现是否值得信赖和合作。如果客户未喝醉，销售人员自己先醉了，不但满嘴跑火车，甚至连埋单都不记得，就难免“赔了夫人又折兵”，花了不菲的请客费用却在客户心中落得个不可靠的印象，从而与订单失之交臂。

销售人员每次请客都有不同的目的和内容。宴请对象一般都与项目采购有关，采购决策者、参与者或影响者，围着他们转的销售人员众多。吃人家嘴短，拿人家手短。除了那些每请必到，甚至主动要求请客，喜欢乱拍胸脯承诺，决策权力有限，专门骗吃骗喝的客户外，越是有身份、有地位、掌握了决策权力的客户越不容易请动，因为求他们办事的人很多，宴请酒局也很多，所以要请动客户并不是一件容易的事情。

客户在接受邀请时会有几个顾虑：邀请者的身份、地位，与自己的关系如何，值不值得与他建立联系；邀请者会不会在酒酣耳热时提出要求；邀请的时间和自己的其他安排有没有冲突？销售人员请客时遭到拒绝，要理解客户，不要死缠烂打。要认真分析客户拒绝的原因，如我了解宴请对象吗？我体现出足够的诚意了吗？宴请的理由或说法充分吗？对方拒绝的理由能驳倒吗？

如果开门见山邀请客户，被客户拒绝，销售人员可根据事先掌握的情报，先找到客户喜欢的东西，如书画古玩、特色菜肴和餐馆、名酒品鉴等，用这个话题来吸引客户，从而达到宴请目的；拜访时引出客户的兴趣话题，延长谈话时间，到饭点顺水推舟邀请客户。如果以上办法都不奏效，还可以通过邀请与客户关系密切的人作陪，或请与客户关系密切的人代为邀请等方式。

要想做到有请必到，销售人员必须要有锲而不舍、百折不挠的诚意，还要有合适的理由和热情，让客户光明正大地来赴宴。这次未请到，下次坚持请，总有一天客户不会拒绝你诚心诚意的邀请。如果销售人员一直未能请到客户，而竞争对手却能请动客户，就说明客户倾向竞争对手，销售人员要想办法绕过这个客户，或利用客户上、下级施压等，寻找其他办法推动销售。

销售人员请客吃饭时要提前向客户发出邀请，千万不要等到过了上午11点半，或下午17点半才邀请客户，客户会觉得销售人员没有诚意。一般而言，正式的商务宴请应放在晚上。中午时间比较仓促，大多数客户下午还要工作，很多单位还规定了中午不允许喝酒，可能你的客户还没有尽兴，就不得不在宴会中途离开，难以达到与客户有效沟通的目的。晚上宴请，客户时间充裕，没有时间和工作压力，心态更易于放松，喝酒也没有顾忌，在酒精麻醉的状态下更有利于达成商务沟通效果。

酒局细节不可不知

选择宴请场地要注意和客户身份匹配，要符合客户的身份、地位和他能提供的价值。档次过高和过低都会让客户不舒服。宴请的档次过高，客户会认为你赚了他很多钱，引出讨价还价的麻烦，或者是产品有质量问题，想贿赂客户；宴请档次过低，客户会认为你没有把他放在眼里、瞧不起他；更不可过于随便，快餐和便餐都是不恰当的，客户会认为你不够有诚意。宴请对象不止一人时，尽量选择大家都喜欢的餐厅，在满足大多数赴宴者的客观要求的同时，侧重迎合其中少数特殊人物的心理要求。

针对高层客户的宴请，要选上档次或有特色的酒店，精致素雅的菜品，高档白酒或红酒，一定要体现销售人员的用心；针对中层客户的宴请，选择当地较好的中高档餐馆，当地热销的中档酒或比较出名的本土酒，一定要让客户感觉到档次和体面；针对操作层面的客户宴请，选择简朴亲切的小饭店，或者气氛热烈的大排档，菜品酒水重在口味和实惠，适当多点荤菜，分量一定要管够，啤酒或普通白酒都是很好的选择，基本每人数十元的标准即可，花多了反而不好，要体现销售人员的尊重和客气。

请贵客不一定要到贵地方，但氛围和环境一定要好，最起码干净、安静、交通便利、方便停车，而且有一定私密性，重要客户应安排在环境幽雅的包间，操作层面的客户可以选择特色大排档，便于和客户打成一片。请熟悉的人去不熟悉的饭店，请不熟悉的人去熟悉的饭店。对熟悉的人可以请去以前没有去过的饭店尝尝鲜、探探路，请不熟悉和重要的客户要对整个就餐环境、菜肴特色、服务质量充分了解，最好去熟悉的饭店。

销售人员拜访客户时，对当地的高、中、低档次餐饮企业以及菜品风味、消费水准等应适当了解，可能的话可以先试吃一次，以供宴请客户时参考。在客户当地请客，一般可选择离客户住处较近，或者当地人比较爱去的地方；洽谈重要事项时，可避开客户熟人经常出入的场所；对于重要级别的客户，也可请客户推荐场地。销售人员向客户推荐地点时千万不要跟客户说“这地方菜好吃，这地方菜做得好，这地方离得近，这地方咱熟悉”等话语，客户心里明白，地方只和请客预算有关。

客户来公司考察的第一次正式宴请要根据客户的职务级别、影响力等，遵从对等接待或略高一级的原则，选择规格、档次较高的酒店。高端大气上档次的酒店即使菜品口味一般，会让客户很有面子，有一种受尊重被重视的感觉；如果酒店档次一般，菜品再有特色，客户也会感觉不受重视。如果客户考察的时间较长，后续的餐饮安排可在征求客户意见之后，选择当地有特色的风味餐馆，既可加深客户印象，又可适当降低接待费用。给客户饯行时宜安排较高规格的宴请。

宴请场所的酒水不但价格普遍较高，而且未必是客户喜欢喝的。宴请重要客户或者客户来公司考察时，在允许自带酒水的餐饮场所，建议销售人员选择自带酒水，可确保酒水的品质，同等花费可以让客户喝到更高档次的酒水。自带酒水要根据接待的规格、公司陪同人员级别、宴请的主要菜品、时间季节等因素确定。如吃海鲜时配白葡萄酒，吃西餐时带红葡萄酒，冬季要选白酒等。

自带酒水时不能带太便宜的酒和假酒，即使你是无意买到了假酒，客户也会认为你没有诚意。要带就带上档次的好酒，好酒不单单指茅台和五粮液，饭店没有的酒、家乡的特产酒、珍藏多年的酒、不易购买的酒、有纪念意义的酒等特色酒，带去不仅不失面子，还能提升销售人员的形象。要提前了解客户的喜好，并根据赴宴的人数带足量，不要让客户喝得正高兴的时候没酒了，有些客户喜欢一种酒喝到底，中途换酒，是对客户的不尊重。除非是量很少、有特殊含义的酒，只能供大家尝一口。

在饭店点酒水时不能只顾着省钱，自己做主点便宜的，而是应该根据客户的爱好来点，可以让客户拿酒水单点自己喜欢喝的酒水，也可以自己拿着酒水单征求客户的意见。一般客户都会推辞点酒水，此时销售人员可根据饭局的规格点酒水。高档的饭局不点啤酒，除非客户特别要求；吃海鲜搭配干白，干红搭配中餐或油腻的菜品。白酒先问客户的喜好，没有特殊要求就尽量在著名品牌之间选择，也可以推荐饭店或本地特色酒水，或者点一些大家经常喝的酒，看似很随意，会让客户觉得你不把他们当外人。白酒的单瓶价格不要超过这顿饭预算的一半。

点菜的关键在于档次的定位，要与宴请客户的身份相符，吃什么倒不是最重要的，做到了这一点才能让客户满意，达到宴请的目的。点菜不应以主人的爱好为准，应主要考虑客户的喜欢与忌讳，营养和膳食平衡，菜肴的搭配以及餐馆特色等。外国客人首选中国特色，外地客户请吃本地特色，餐馆主打特色。客人的忌口包括民族禁忌、宗教禁忌、职业禁忌、个人禁忌、健康禁忌等，便宴可以现场直接问客户，重要宴请可提前向对方或者随员征询。

一定要礼貌地把点菜的优先权让给客户，并顾全所有人。如果客户谦让点菜权，销售人员不必过于勉强，应根据用餐人数、职级、消费预算自行安排。针对重要级别的领导，菜系以高端大气、口味佳、数量少而精致，忌讳过于荤腥油腻；对于特别重要的客户，还可以点“一人一位菜”。一桌饭菜要上档次，一定要点一道上档次的压场大菜，再配 1 ~ 3 道特色菜或者风味菜，再加上家常菜和汤以及冷盘、点心和水果，不需要每个菜都很贵。

宴请菜品主要由汤、凉菜、热菜三部分组成。一般先冷后热，以荤为主，以素为辅。先点凉菜，凉菜可以半荤半素，数量为用餐人数1/3 ~ 1/2即可，凉菜选现做的清爽素食为佳，较好的有生拌蔬菜、根茎类食品、水果沙拉，再配上一两个豆制品或少油的鱼肉类，少点预先做好的荤菜；后点热菜，主菜看数量为用餐人数的 1. 2 倍到 1. 5 倍，或比就餐人数多一个到两个，其中包括汤，热菜中的荤菜可占 60%；最后点一个时令果盘，用来缓解油腻。

点菜过程要快，重点菜和口味菜询问一下客户是否喜欢。不要同时点几道同类型或者相同主料的重菜，如果是不同的肉类，做法最好有区分。超过 4 道主菜可以考虑有鱼、有鸡或鸭、有肉类，最后一定要有一道口味清淡的菜。注意肉类不要太多，在重视健康饮食的今天，菜肴中应安排 1/3 以上的蔬菜和豆制品。不熟悉的餐馆要避开服务员竭力推荐、其实不新鲜的所谓“招牌菜”。

建议销售人员在宴请重要客户前先去餐馆根据预算定好菜单，这样比较合乎礼节，还可以节省点菜时间，同时也可以避开一些尴尬。

座次安排与就餐礼仪

宴请客户安排座次，尤其是吃中餐的时候，是非常重要的一个环节。如果把宴请的贵宾座次搞错，宴请效果就会大打折扣。除中国政务活动“以左为尊”外，其余社交活动座次安排一般应遵循“以面门为上、居中为上、以右为上、前排为上、以远为上”五大原则。

宴请时一般都为圆桌，座次以主人面向为准，主人右侧为尊，左侧次之，以离主人远近为位次尊卑，排位时按照右、左交错与主方陪同人员穿插安排，最好的方式是客户都坐在主方右侧，离主人越远职位越低。主人坐在面门居中的主位，主宾一般坐在主人的右手边，二号贵宾坐在主人左手边，其余客户按主、宾交错安排。主人对面座位为副陪座位，又称第二主人位置，有公司领导做主陪的宴会，销售人员可在副陪就座。针对重要客户或客户人数较多时，可以选择主副陪客式。

一般说来，销售人员应提前到达宴会地点，并在靠门位置等待，为到来的客户引座。如果是公司领导陪同，应将公司领导引至主座，然后请主宾坐到公司领导的右手边，并按顺序安排其余客户。如遇主宾身份高于主人，为表示对主宾的尊重，可请主宾坐在主人位置，主人坐在主宾位置，第二主人坐在主宾（主人位）的左侧。

入座后，销售人员坐姿要端正，不可双手托腮支在桌面或平放在餐桌上面，更不可东张西望，大声呼来唤去，应礼貌地和身边的客户交谈，并照顾好其他客户，默不作声或只顾自己吃喝都是不礼貌的。在宴会开始前，陪同的公司领导（销售人员）应有简短的欢迎或祝酒词，祝酒词结束后，应提议“干杯”并以先干杯的形式向客户致意。吃相要优雅，满嘴油污、满头大汗都是失礼的表现。

为了表示对客户的尊敬，销售人员应主动为客户倒酒，斟酒前要征得客户同意，如果客户极力拒绝，就不要太过勉强，以免场面尴尬。斟酒时要站在客户的右侧，手握酒瓶中间稍微靠下位置，酒瓶标签朝外，让客户可以看清酒的品牌，从坐在主位的主宾开始，按酒桌顺时针方向依次为客户斟酒；斟酒时酒瓶对准杯口，但不要搁在杯口上，给酒杯倒上八分满后（茶七酒八，不管红酒白酒都只要倒七八分满即可），将瓶口旋转半圈，同时向上倾斜，以免瓶口的酒滴至杯外。

除主人和服务员，其他宾客一般不要自行给别人斟酒，在高级餐厅应由服务人员斟酒。如果不需要酒，可以手挡在酒杯上说声“不用了，谢谢”就可以。在别人斟酒的时候，可以右手食指、中指指尖轻叩桌面，回敬“扣指礼”对斟酒者表示感谢；如果客户或者位高者给你斟酒，销售人员要起身双手端杯接住倒出的酒，并表示感谢。

上菜时可请服务员或由自己介绍菜名，并以顺时针转动餐台，先请主宾和其他客户品尝。如果想吃的菜离自己较远，不要站起来，等其他人夹完后再按顺时针方向转动餐台，等那道菜到你面前再夹。夹菜时一筷子不要夹太多，更不可夹起菜又放回菜盘，或者在菜盘里翻来翻去。如果菜是按人数定制数量的，一定不要夹双份。

使用筷子时不能手里拿着筷子挥动，不能把筷子插在碗里，不能把筷子放在桌上或公用碗碟上，不能用舌头舔筷子上的食物，不能敲筷子，不能用筷子代替牙签，更不能用自己的筷子给客户夹菜，但可以给客户让菜；使用勺子时，摆在自己面前的勺子是专供自己喝汤使用的，不能把自己的勺子当成公勺使用，更不能把勺子塞到嘴里反复舔食，喝汤时应用勺子将汤送入口中，不能对着碗喝。

骨碟（北方）可用来盛菜，一次不能夹太多菜堆放在上面，也可以放食物残渣，把食物残渣直接吐到台布和地上都十分失礼，应把食物残渣放在骨碟的一边，如果骨碟满了，请服务员重新更换。不可以用牙签当众剔牙，一定要用一只手或纸巾遮住嘴部进行，剔除的食物不要乱弹出去，切忌把牙签咬在嘴角，更不能用剔过牙齿的牙签再去叉食物。就餐前的毛巾（湿巾），可以用来擦手、擦嘴角，切记不可用来擦脸、擦脖子、擦汗。

宴请客户时要带足现金，有的地方不刷卡。销售人员如果预知自己要喝醉，一定要事先安排好埋单事宜，不要让客户因等待埋单而被滞留在餐厅。一般的宴会，宾主双方都可以提议结束用餐，当客户长时间默默无语或是反复看表，就是示意宴会应该结束，销售人员应及时吩咐服务员埋单。埋单时不宜大呼小叫，应在服务员走过身边机会或向远处服务员轻声示意。结账时应将钱放在结账的单子或夹子里，避免让客户看到账单。销售人员接受宴请时，不要去看账单、不要问金额，因为无论花多少钱，都是主人的心意，这是最基本的应酬潜规则。

宴会结束后，销售人员要根据客户情况，将客户送至包厢门外、餐厅门外、车上等。销售人员参加的其他宴会，不管中途离席还是宴会结束离席，都不可以悄无声息离开，散席时要向主人表达谢意并握手告别，并与其他客人告别。一定要注意离席顺序，让身份高者、年长者、女士先走，贵宾一般是第一位告辞的人，身份同等的可同时离座；离席时和入席方向一样，坚持“左进左出”，礼貌离座。

掌握正确的敬酒礼仪

宴请当然离不开喝酒，要把握住酒局氛围，销售人员一定要学会敬酒和劝酒。用餐开始前的第一杯酒，一般由请客的主人（公司现场最高领导或销售人员）起立，面带微笑朝向大家，举杯致祝酒词，并请大家一起干杯。按国际惯例客人不一定要喝干，但一定要给主人面子，端杯到眼睛高度示意，并根据自己的酒量干杯或表示一下。

祝酒词一般分为“引言、正文、结语”三部分，引言对客户的到来表示欢迎和感谢；正文根据特定情况，或介绍对方来访原因、事情的安排，或赞扬对方的才华、功绩，或强调宾主双方的关系，等等；结语是再度表示欢迎或祝愿类言辞。欢迎词、欢送词、祝酒词，都应当热情洋溢、语言明快、词句精练。如果宴请的菜肴有特色，中途还可以利用菜肴特点致祝酒词，增加敬酒和碰杯的氛围，以达到宾主尽欢的目的。

主人亲自敬酒干杯后就可以开始饭桌上最频繁的互敬与劝酒了。敬酒时不要越位，饭桌上有多位领导同桌，如果你想单独向某位领导敬酒，销售人员应等身份比自己高的人敬过之后才可以跟上。敬酒时要选择客户方便的时候，如果客户刚被敬过酒就不要马上敬酒，要等客户吃点东西缓一下再敬；敬酒时不要影响宾客用餐，如果客户嘴里有食物时不要敬酒；敬酒时不要打扰别人交谈，如果客户正在与别人聊天时不要敬酒。

敬酒要有顺序，不可没大没小、没前没后、没完没了，一般按年龄大小、职位高低、宾主身份为序。饭局中一般领导先敬酒，有时候饭局领导多，每个人敬几次，客户的量就够了，如果你再一杯一杯敬个没完，会让客户反感。这个时候敬酒就不必每位客户或领导都要顾及。多位领导同桌时，先敬大领导，然后按顺时针敬酒。敬完大领导后最好声明一下，自己接下来要按顺时针敬酒，让大家心里有数。

敬酒时不要谈及生意话题，能在一起吃饭，酒喝好了生意自然水到渠成。如果是销售人员请客，你有事相求的客户就是第一主宾，要把他列为敬酒第一位；如果在座有更高身份或年长的人，还是要先给位高者和年长者敬酒，要不然大家都会尴尬；如果没有特殊人物、贵宾或级别比较高的领导在场，敬酒时从自己身边按顺时针顺序，或者从左至右、从右至左依次进行，不要厚此薄彼。敬酒时别喝一点留一点和敬完一个休息一会儿，敬酒要一口喝掉，敬完一个马上接着敬下一位，不要让下面的领导等你。

敬酒时一定要站起来，右手握杯左手垫住杯底，双手举杯，切不可单手，自己的杯子永远低于客户，不要高高在上，满不在乎，除非你是现场最高领导；要恭敬地称呼客户的姓名职位，并说上几句简单得体的祝酒词，如"××领导给了我很多关心和帮助，我敬您一杯表示感谢!"或者"祝××领导工作顺利，万事如意!"如果不碰杯，喝多少视情况而定，但不可以比客户喝得少；如果碰杯，别忘了说一句："我喝完，您随意。"这样不但表达了你的诚意，也表达了你的善解人意，如果对方酒量不济，一定会心存感激。

宴会场合只有主人或主宾可以用一杯酒敬大家。销售人员不是宴会的主人或主宾，一定不可以一杯酒敬所有人，必须要一个一个敬酒，第一杯酒要回敬给主人，要对主人宴请表示感谢。当别人向销售人员敬酒时，一定要手举酒杯到双眼高度，在对方说了祝酒词或干杯之后再喝。喝完之后还要手拿酒杯和对方对视一下，这一过程才算结束。记住，主人和位高者的敬酒按规矩一定要回敬对方！

请客吃饭是手段，请人办事才是目的。销售人员无论是在宴请客户，还是在客户处赴宴，都要时刻保持清醒，注意观察客户的言行举止，倾听客户的言外之意。让客户喝好而不是喝醉，喝酒最佳状态就是微酣半醉，客户在酒精的作用下，脑子略微糊涂但心中清楚，容易听进销售人员的话，也容易酒后吐露真言。此时可以向客户了解项目预算、进展、参与部门、决策领导、重点关注事项等重要内容。如果销售人员酒量不如客户，就要在喝醉之前把要说的话说清楚，不要因为喝酒而耽误事情。

敬酒时一定要想好敬酒词，如果你敬酒的理由不是特别让客户认同，客户一般不会喝你的酒。强行劝酒是没有素养的体现，还会伤了彼此的和气，影响客户关系。对于酒量不好的客户要充分体谅，在对方请人代酒或用饮料代替时不要非让对方喝酒不可，也不应该打破砂锅问到底。客户没有主动说明原因就表示客户认为这是他的隐私。

符合酒桌氛围，融入自己的真情实感，真诚表达的敬酒理由不但会让客户喝酒，而且喝得舒服，并对你产生好感。比较经典的劝酒方法有：引经据典、讲缘分、谈意义、多谈第一、多说祝愿、以错罚酒、酒桌舆论引导、寻求客户闪光点、以好事成双的乘胜追击、“我干杯你随意”的以退为进等。千万不要划拳猜码等，影响他人并给客户带来极坏印象，即使是客户自己的醉后提议，因为客户清醒后会觉得不自在，最好的办法就是安排客户醒酒和休息。

要想让客户尽兴，不光需要酒量，更需要劝酒的口才。销售人员的口才不是自己的滔滔不绝，而是要善于引导酒桌上的话题，化解偶尔出现的尴尬场面，避免冷落了客户和出现冷场。当遇到尴尬场面时不要厚此薄彼，而是巧妙地利用敬酒、让菜，或者以幽默段子等转移话题，或就刚才别人提到的话题提问，引出新的话题，调节气氛，规避紧张局面。实在一时找不到合适的话题，就以敬酒掩饰一阵，再寻找合适的话题。

酒桌是个交际场所，酒量比较小的销售人员最好学会拒酒，除了经典的拒酒词外，还可以正在服药、需要驾车等理由婉拒，不要让劝酒者扫兴或伤了面子。不能用酒量让客户痛快，就用三寸不烂之舌让客户开心。酒场好话题有三个标准：能谈，至少有一方熟悉；爱谈，大家感兴趣；好谈，有展开讨论的余地。诸如社会热点、影视戏剧、军事体育、风土人情、健康生活、逸闻趣事等，还可以就地取材，现场的人、物、菜、酒、茶以及饭店装修、服务、氛围都可以成为双方的谈资，客户的成就、关注的问题，都可以展开交流。

要尽量避免情感话题，不谈性话题和黄段子；不说没有礼貌的恶心话，不谈疾病、宗教以及政治话题。如果是和客户单独相处，可以适当聊些私人话题，以增加和客户的亲密感。销售人员一定要记住，即使是没话找话，也千万不可说错话！千万不要酒后失言，什么话该说什么话不该说要心中有数，不要几杯酒下肚，客户还没有“交底”，自己的底牌就先亮了，除非是故意为之。

要多给领导和客户添酒，但是不能瞎给领导和客户代酒，除非领导或客户确实想找人代酒时，还要装作你是因为想喝酒，而不是为了给领导代酒而喝酒。如果万一桌面上酒不够了（最好不要出现），不要一个个倒酒，应把酒瓶放在桌子中间，让客户自己随意添加。

3. 送礼：有礼走遍天下

在有些销售人员眼里，客户关系吃喝玩乐送，上来就是烟酒甚至银弹，而且攻势迅猛，建立客户互信关系的公关活动在他们眼里变成了攻打难关的攻关。这显然是错误的，不但劳民伤财，有时还会适得其反。特别是在当今反腐败的高压形势下，处理不当，往往会致客户于危险的境地，害人害己。

中国是一个人情社会，自古以来信奉“礼尚往来”。相对于其他维护客户关系的手段，礼品馈赠具有明确的指向性和不错的回报率。很多大公司的公关部门对一些需要公关的主要人物的身份、地位以及爱好、生日都有记录，逢年过节及其他合适的日子，总有例行或专门的送礼行为，以巩固和发展自己的关系网，确立和提高自己的商业地位。

一项专门的调查显示，61%的人认为送礼最主要的原因是对他人表示赞赏，34%的人认为送礼代表良好的祝愿可发展业务关系。被调查者有一半选择在春节和中秋节送礼，有超过1/3的人在特殊的场合会送礼。越来越多的公司和销售人员认识到商务活动中的礼品馈赠不仅可以为企业做广告，也是相互交流的一个重要方面。

给客户送礼有很多种类型：一是维护和联络感情、方便和客户沟通，二是对客户为自己做的事表示感谢，三是表示对客户的尊重，四是让客户知道你记得他，五是表示祝贺和祝福，六是表示你对客户的关心……销售人员要记住的是，无论送礼有多少种类型，有多少种目的，但首要的是不能表现得太急功近利，或者至少不能让客户觉得你急功近利。

礼品重在对客户表达情感和尊重。在商务往来和客户公关过程中，一件为客户精心安排、恰到好处的礼品可以迅速缩短与客户的距离，为销售成功带来意想不到的收获。送礼既然是一门艺术，自有其约定俗成的规矩，送给谁、送什么、怎么送都很有奥妙，绝不能瞎送、胡送、滥送。销售人员在选择礼品时不仅要关注礼品的内容，而且也要关注赠送礼品的时机和赠送方式。

送礼要送到点子上。对客户来说，礼物贵贱不是最重要的，有时因为是重礼，人家反而不敢收。重要的是心意，能让客户感觉到送礼者仍在关心他，就会格外高兴。那些富有特色、能体现心思又不太贵的礼物才恰到好处。所以送礼之前要认真了解客户，包括他的家庭背景、家庭成员、职业履历、业余爱好，然后恰如其分地选择一份不是很贵、但是对方正需要的礼物。比如对方的宝宝刚满月，就送一张带音乐的漂亮的玩具毯，肯定会让对方喜欢。

送礼还要讲究策略，有时送客户本人喜欢的东西，还不如送其家人喜欢的东西，更能加强客户对你的好感。尤其重要的是，像这种针对家人的送礼方式，有时会使你和客户之间的交情发生质的变化，起到意想不到的效果，进而建立亲近度较高的私人情谊。

平时送礼一定要淡化礼物的贵重与特殊。其实销售人员不说，有品位的客户也能体会得出这份礼物的价值和你所花的心思。对所赠送的礼品进行介绍时，应该强调的是自己对客户所怀有的好感与情义，而不是强调礼物的实际价值，否则，就落入了重礼而轻义的地步，甚至会使对方有受贿赂的感觉。记住把礼物上的价格标签清除干净。

送礼时要注意态度、动作和语言表达，让客户觉得舒服是送礼的第一要务。平和友善、落落大方的动作并伴有礼节性的语言表达才是客户乐于接受的。一边送礼一边谈业务的做法是送礼的大忌，会让客户感觉销售人员根本不尊重他，只是想利用他而已，而这个世界上没有人喜欢这样被利用。

馈赠礼品的要点与禁忌

礼品是向客户推介你的企业、产品以及对客户表示尊重和友善的一种载体。首先是自我推介，然后是对客户表示尊重，二者最好合二为一。做不到的时候，强调其一也行。礼品根据其作用分为两种：非单独为个人准备的一般性公关礼品，和根据客户特别选择的专属礼品。现在很多大公司都会专门定制公关礼品。

一般性商务交往和公关活动中，首选带有公司标志性的公关礼品。要注意选择有宣传、纪念意义，比较独特、方便携带，带有公司标志性的礼品。如拳头产品、代表性产品、高新技术含量比较多的产品等的样品，样品不可以太大或太贵重，否则公司成本就承担不了，如果样品太多成本太高，可以精心制作成缩微模型；公司宣传画册或专门制作的明信片；精心挑选的具有地方特色、民族特色的礼品，可以选择公司所在地知名的地方特色礼品。

礼品最好要具备宣传属性。一定要明白，公关交往中赠送礼品不是拉拢腐蚀客户、搞定相关推介人，更不是行贿受贿拖客户下水，而是宣传和推介销售人员所在的企业形象，宣传和推介销售人员的产品、技术、服务，宣传和推介销售人员的形象。这一点很重要。

礼品还要注意其独特性。好的礼品，讲究的是人无我有、人有我优、人优我新的独特性，它不一定是贵重的东西，礼轻情意重，恰到好处就可以了。

礼品要有纪念意义，能以物见情，以情感人。礼品是承载销售人员感情的传递物，是传递友谊的媒介。让客户在接受礼品时，能感受到你的一片深情厚谊，可以让客户睹物思人，见到这个礼品，就会想起销售人员，想起销售人员的公司，想起一起会面的情景。

礼品一定要便携。除了客户来公司考察时的馈赠，更多的时候是销售人员在外地拜访客户时馈赠。携带体积过于夸张的礼品，在客户办公室招摇过市，影响会很恶劣，也会给客户带来难堪，致使礼物的效用递减甚至负面。同时便于携带的礼品也方便销售人员储备礼品数量。

给重点客户或关键决策人送礼，优先考虑赠送专属性礼品。要根据事先了解的客户资料，根据客户的兴趣爱好或者实际需要，在公司营销费用预算范围内赠送有助于客户的生活、学习、工作，或是有助于客户某种爱好的礼品。馈赠专属性礼品时一定要有精美包装，否则会给客户一种很随意的感觉；但切记不可以过度包装，如果礼品很小，包装很大，也是很失礼的。销售人员在馈赠专属性礼品时要注意以下几个方面的禁忌。

一是要注意不能送现金、有价证券、金银珠宝等过于贵重物品，有行贿嫌疑，还会让客户很为难。如果客户对你不感冒，还可能会利用竞争对手或自己亲自举报你，将你和公司列入采购黑名单。即便客户不举报你，客户也一定会担心你的产品质量或其他方面有问题。还有就是你送的礼品越贵重，客户认为你的利润越高，客户的胃口会被你喂养得很大，没有职业素养的客户，还会利用后续商务谈判压价伎俩，来为自己获得更多的利益，给销售完成带来很大的障碍，甚至致使谈判破裂。

二是不要送有碍客户民族习俗、宗教禁忌和个人禁忌的物品。做好销售工作的前提是了解客户、尊重客户。民族和宗教禁忌销售人员比较注意，容易犯错的是客户个人忌讳。如药品和营养品，销售人员就坚决不能送。有教养的人是不跟别人讨论健康问题的。虽然中国老百姓喜欢有病吃药，没病进补，讲究缺什么补什么，但是你怎么知道客户缺什么，有可能弄巧成拙！如果不是亲朋或者探望病人，一般不要送此类物品。客户主动寻求帮助时，可以提供建议或者资讯，在征得客户同意的情况下可以代为购买。还要注意不送单数的礼物，不送梨、伞、鞋、剪刀、钟之类具有不好谐音的礼物。

三是尽量不送不健康的东西。不送烟酒之类的东西，因为吸烟喝酒有碍健康；不送盗版书刊影像、涉及泄露国家机密、公司商业秘密、管制刀具、枪支、毒品等，有违社会公德的或违反法律规范的物品。

四是不送带有明显的广告标识或宣传用语的物品，会给人一种免费做广告的感觉。特别是和政府官员、高层次客户打交道，一定要避免使用明显的广告标识和宣传用语，最多在外包装盒印上公司名称或 LOGO。

不同客户送礼技巧

送礼是一门学问，也是销售人员惯常使用的一种销售手段，需要耗费大量的时间、精力和金钱。任何公司的销售费用都是有控制的，用于送礼的费用也是有预算的。如果一定要选择送礼，就一定要送对人、送对时间、送对礼物。不要把有限的时间、财力浪费在对项目销售没有太大关系的人和事上。这不是势利，销售是一个注重结果的职业，如何合理分配销售资源，是每个销售人员都必须掌握的功课。

赠送礼品要因人、因事、因时而送。礼品的选择除了要坚持上述宣传性、独特性、纪念性、便携性四大原则外，还要针对不同职位层的客户区别对待，选择礼物一定要分出“级差”，也就是要区别对待。最忌讳的是给每个客户都送同一种礼物，如果客户知道，会觉得你是在打发他们，没有诚意。如果给位置高的人和位置低的人送一样的礼物，位置高的人就会觉得自己没有受到重视。

初次见面或拜访不重要的人物，送的东西一定要轻。关系太浅时送贵重的东西，客户不敢接受，一点小东西无伤大雅又能拉近关系，还为下一次的大礼打下基础。

低层客户一般在项目销售前期会起到一定的作用。送给低层客户的礼物最好是实用或实惠的，礼物价值不可太高，但可以适当加大送礼频次。客户很重要的纪念日，客户提供了重要信息或重要帮助时刻，项目前期的产品选型时期以及产品销售成功后的安装实施等，都是比较适宜的送礼时机。

送给低层客户的礼物价格太高，一是会使销售成本增加，二是因为低层客户的物质生活条件相对比较差，突然赠送较高价值的礼品，客户会认为销售人员提成或者产品利润很高，有可能会提升客户的胃口，提出更多或更高的要求，反而会增加销售难度，甚至会增加后续商务谈判难度。送给他们的礼物要实用实惠，比如一件衬衣。

中低层客户处于事业起步阶段，经济条件一般，对礼物的要求没有高端客户那么高，礼品重在实惠实用，而不是一味追求昂贵和高档，关键是要体现送礼的情义。可以是平常比较渴望但是自己又不怎么舍得去购买的装饰类物品，如瑞士军刀和ZIPPO打火机；或者是一张金额不算太大的购物卡……

对中低层客户公关，俗称“烧冷灶”，因为目前地位较低，关注的销售人员并不多，你异于其他销售人员，会使他们心存感激，一旦将来有机会替你说话，他们会毫不犹豫，甚至可以成为技术交流或招投标会议上攻击竞争对手的超级炮手，其作用不可小觑。如果他们的职位提升了，就会给销售人员带来更多更大的支持，成为意外的收获。

当然，这类中低层客户一定是目前在销售过程中能起到作用的客户，其岗位职责、学历资历、敬业精神都有可圈可点之处，而不是那种烂泥扶不上墙的客户。特别要注意识别那种混吃混喝的劣质客户。

对于中高层客户来讲，经济条件较好，不容易被小恩小惠收买，送给他们的礼物一定要独具匠心，并达到一定的费用预算。礼物最好是时尚的，具有一点生活情趣的东西。如精致的小水晶摆件、有特色或具有收藏价值的工艺品、有地域特色的产品、年份红酒等高端礼品、制作精美的笔、包或服饰类礼品、演唱会或运动会的门票，等等，都是赠送高端客户的合适礼品。

对于高层级管理者或家庭富裕者，这种人财力雄厚，送给他们的礼物最好是具有收藏价值的，甚至有的时候，你还可以送给他们一些价值虽然不高，但不是很容易得到，同时又非常精美的小东西，比如一些民间的手工艺品等。

还可以根据客户年龄、兴趣、性格、品位、需求来选择礼品。一般来说，如果客户岁数在40岁以上，可以考虑送保健器具，主要针对腰椎、颈椎等的护理；如果客户是个前卫时尚的人，品牌笔、领带、钱包、香水、打火机、球拍等礼物最常用；如果客户是有车一族，可以送给他们一些车上用品，如空气净化器、车用吸尘器、冷热箱、车上饰品等，实用且很特别。

送礼的场合与时机

赠送礼品要注意场合，因公交往的礼品应当在办公地点送；因私交往的礼品宜在私人居所或私下场合送。不能在客户上班的时候，或者把个人礼物当着其他工作人员的面送给对方。只有在你和客户单独相处的时候，才能把礼物拿出来，如果客户身边有其他人，礼物一定不能送出。即使是给关系密切的客户送礼，也不宜在公开场合进行，以避免给其他人留下你们关系密切，完全是靠物质的东西支撑的感觉。

礼物一般应当面赠送，有些销售人员担心客户拒绝，习惯于悄悄地将礼品置于客户桌下或房屋某个角落，这种像做贼似的做法，是一种非常不好的习惯。不仅达不到馈赠的目的，甚至会适得其反。万一这样做了，一定要在离开客户住所后及时致电明示或暗示客户，否则客户不知道是谁送的礼物，不知道该怎么处理礼物，增加客户心理负担和对你的负面印象。

如果销售人员和客户很熟，就可以把客户约出来，一起吃个饭，喝个茶，然后在这个过程中把礼物给客户。如果客户很忙，就可以直接送到办公室去，但是礼物一定不能外露。如果送礼物时被办公室其他人看见，难免会给客户惹来闲话，这样不仅干扰了客户的工作，还会使客户有受贿和受愚弄之感，而且会使没有受礼的人有受冷落和被轻视之感。客户为了避免这种嫌疑，多半会拒绝你。

有时为了减少客户的尴尬，或者礼物体积较大时，可将礼物快递到办公室或对方家里，这时要记得，在快递公司粗陋的包装下一定要给礼物做个精美的包装，并随礼品附上销售人员的名片，也可手写一张心意卡，装在大小相当的信封中，信封上注明客户的姓名，贴在礼品包装皮的上方。参加婚礼以及其他不能亲自到场的活动，也可事先将礼品委托他人送去。

当然，逢年过节的一些常规性的礼物不在此列，因为这时送礼完全可以理解为礼节性表示，比如中秋送月饼，端午送粽子，春节送果篮。可以附带写一张很得体、很温馨的小卡片，表达对客户的祝福和感激，当然了，对礼物的内容要绝口不提。这些礼物可以让客户和同事一起分享，因此也提升了销售人员在客户办公室的人缘。

送礼还要把握好送礼时机。适合送礼的时机有：节庆和节令时节，人生历程中的升学、升职、加薪、结婚、生子的致喜和庆贺，公司开业、庆典、新产品上市、股票上市等祝贺，初次见面加深印象的小意思，生意成交后的回报式馈赠，在你受到客户特别对待或热情接待后，等等时机，都是向客户送礼表达感谢和尊重的好机会。名正言顺，让客户无法拒绝，销售人员的目的也容易达到。

重要节日是销售人员竞争对手必争之时，只要公司有政策支持，建议销售人员一定要选择送。但只有过年过节才送，平时一点不送，这也是不行的，因为过年过节送礼的人很多，你送的东西很可能就湮没在成堆的礼物里面，客户根本就注意不到你，也就谈不上对你有特殊印象了，送礼的作用就大打折扣。所以，过年过节要送，平时也要送。

送礼的时间间隔也很有讲究，过频过繁或间隔过长都不合适。即使是销售人员公司营销政策好，或者手头宽裕，或者求助心切，也不可时常大包小包地送上门去。有人以为这样大方，一定可以博得别人的好感，细想起来，其实不然。因为销售人员以这样的频率送礼目的性太强。另外，礼尚往来，人家还必须还情于你。选择中秋、春节等重要节日以及客户的喜庆、寿诞日送礼为宜，送礼的既不显得突兀虚套，受礼的客户收着也心安理得，两全其美。

拜访客户或做客时，礼品可在见面时赠送，见到客户时就可以立刻送出。如果此时不方便出手，可以在分手时赠送。与客户安排有重要会谈时，最好在会谈结束后送比较合适。赴宴、生日、道贺时，如果需要送礼，见面时送出是最好的时机。

接待来访客户时，一般送别时赠送。一般客人的礼品销售人员去送就可以，重要客户的礼品应由公司领导亲自出面送。公司董事长或总经理送客时亲自把礼品送给客户，这是一种规格。不在乎礼品的价值，这是对客户的重视。千万不可以在客户走的时候悄悄告诉客户，把东西给您放在车子后备箱，这不合适，客户又不是来这里索贿的。

送礼潜规则

这个世界上没有人嫌钱多，伸手不打送礼的人。但俗话又说，吃人家嘴短，拿人家手短。客户在收取礼物时或多或少都会有一点心理压力。给客户送礼不被拒绝是一种高明的技巧。销售人员要给客户准备一套无法拒绝的说辞，让客户没有心理负担，坦然愉快接受你的礼物。越是把礼物说得“随意”，接受的人心理压力就越小，越是把礼物说得正式，收礼的人心理压力就越大。不同的礼品、不同的对象，有不同的送礼手法。

借花献佛法。如果你送土特产品，可以说是老家来人捎来的，分一些给客户尝尝鲜，东西不多，自己又没花钱，不是特意买的，请他收下。一般来说，客户那种因害怕你目的性太强的拒礼心态可望得到缓和，会收下你的礼物。

暗度陈仓法。如果给客户送的是红酒等酒类，不妨假借说："我一个朋友出国给我带了两瓶，我就给你带了一瓶过来，让你这红酒高手来品品这酒怎么样。"也可以假借说是别人送你两瓶酒，来和对方对饮共酌，这样喝一瓶送一瓶，礼送了，关系也近了，还不露痕迹。

借路搭桥法。有时你想送礼给人，而对方却又与你八竿子打不着，你不妨选受礼者的生诞婚日，邀上几位受礼者的熟人同去送礼祝贺，受礼者便不好拒收了。当事后知道这个主意是你出的时，必然改变对你的看法，借助大家的力量达到送礼联谊的目的，实为上策。

移花接木法。比如约一位女性客户出来吃饭，就可以给她带条当季流行的丝巾，用很随意的语气说："我刚好碰到，就给你带了一条。"又或者给对方的孩子送一套衣服，就可以说："我刚好给自己的宝宝买衣服，就顺便也给你的宝宝带了一套。"

低价买卖法。你可以在送礼的时候对受礼者说是以出厂价、批发价、优惠价买下的，象征性地向受礼者收一些费用，收到的效果与送礼一般无二，受礼者因交了钱，收东西时心安理得，毫无顾虑。

转移目标法。到客户家中拜访和送礼，进屋之后，可先问候客户家中的老人和小孩。可与客户的父母聊聊身体健康养生话题，夸夸小孩子如何聪明伶俐前程远大；如果老人小孩不在家中，可以聊聊客户家的装修品位、小区环境、家具摆设等话题；也可以谈谈客户对自己的帮助，多说些感谢的话！千万不可以边送礼边谈业务。如果客户孩子还在上学，或者是20岁以内的话，应给孩子红包，给多少自己定，上学的话就是买书本钱，学习累了自己买点吃的用的，一般都能接受，但是记住，钱要走的时候给，给完赶紧走。

4. 技术：确立采购标准

技术交流是推动销售进展的关键方法，也是建立客户组织信任的最好互动。一次互动良好的技术交流可以使客户认可供应商公司的文化、实力、产品、技术和服务，认可供应商的核心竞争力，在客户心中形成技术标准，建立技术壁垒有效屏蔽竞争对手，甚至可以做到不经比价或招标直接采购。技术交流随时随地都在进行，拜访客户就是一对一的技术交流。

技术交流范围可大可小，客户参与的部门和人数越多，客户的层次越高、组织越正式，达到的效果也就越好。客户专门组织的技术交流，或者考察供应商时的技术交流比较正式规模也较大，客户需要投入较多的人力物力，客户会比较重视，能与客户多个层次关键客户建立信任。特别是考察供应商时，供应商生产、技术等领域的专家、技术人员随时可与客户充分交流，生产或产品使用现场的实例更容易加深客户的印象。

如果是在客户公司内部安排的技术交流，或规模层次较高的技术交流，需要客户精心策划和准备，投入更多的时间和资源，只要客户允许或者内线乐于安排，务必要使更多层次的客户决策人参加。引入更高和更多层次的客户参与，会增加客户在技术交流的投入成本。考虑时间和成本，客户不可能经常组织大规模的技术交流，客户高层决策者也很难做到每一次技术交流都参加，这样就会无形中大大增加销售人员的胜算。

销售人员不是技术专家，不可能做到透彻了解有关产品的全部知识，但至少能和客户进行一对一和简单的一对多的技术交流。销售人员应知道产品的主要构造、关键部件和技术特点，熟知产品的使用方法和应用知识，熟知产品的使用寿命和维护保养措施，熟知产品的优缺点和独有的卖点，对企业发展、产品研发、生产过程也要有一定了解。

更为重要的是，销售人员一定要知道，遇到产品知识不懂的地方应该向谁请教？公司内的研发人员、技术专家，行业内的知名专家，对产品使用有透彻了解的资深用户，这些专业人士就是销售人员学习产品知识的专家库。平时一定要和公司内外部的专家建立联系，确保在关键时刻客户的各种问题都能得到及时、专业回复。

遇到客户问及不懂的专业问题，销售人员不要含糊其词，而是要告诉客户，客户的问题很专业，超出了销售人员的知识范围，待销售人员请教专业人士之后再给予专业的回复。或者在征得客户同意的前提下，请公司专业人士给客户打电话回复。例如客户问到产品部件材质，销售人员如果说不知道，客户不会认为销售人员不知道，而是会怀疑产品的材质不行，所以销售人员不应故意回避。最佳的办法是就此话题向客户邀约一次技术交流或专门拜访。即使销售人员很专业，有时也可以使用故作不知的技巧，赢得进一步拜访沟通的机会。销售人员显得比客户聪明是最愚蠢的做法，一问三不知更会让客户鄙视。这个度一定要把握好，只适用于比较专业的问题。

销售拜访时一对一的简单技术交流比较容易把握，只要多关注客户的需求，客户想了解什么，客户想知道多少？客户专门组织的，规模、范围都较大的正式技术交流或者销售的产品过于复杂，或者销售人员对技术交流没有把握的情况下，销售人员应协调公司技术人员与客户交流，避免出现不必要的失误。

交流建立技术壁垒

无论是在客户公司和销售人员公司，较大规模的正式技术交流有以下几个方面的注意事项。

要事先确认技术交流的时间、地点、参与人数及范围。根据客户的层次和关注的重点，拟订技术交流方案，确定主讲技术人员，需要的技术资料（产品宣传册、视情况提供产品技术手册、客户案例资料、笔记本、笔、精心设计的交流反馈表）和礼品数量。如技术人员需从公司安排，应提前通知并确保能准时出席。

如果是在客户公司，技术交流场所要尽量选择封闭型、干扰较少的场所，最好要远离重要决策人客户的办公地点，防止客户内部人员时刻到现场请示、汇报问题。要提前与客户经办人确认交流场所的合理布置，检查投影仪、激光笔、笔记本电脑、插线板、写字用的白板和白板笔等技术交流需要的仪器。如果是在销售人员公司，除上述准备工作外，还应该安排好茶水、点心、水果等，重要客户还应该安排好座次和桌牌。

技术交流绝对不是公司或产品介绍会，将自己的公司和产品优势全面灌输，面面俱到没有侧重点。它是针对客户问题的解决方案陈述和答疑，是对竞争对手方案的精准打击。销售人员在技术交流开始前要尽可能收集竞争对手的资料和方案，并事先了解清楚出席的客户情况，重点关注主要决策客户的兴趣点，与关键客户明确技术交流的主题，根据其需求并针对竞争对手方案来具体设计技术交流的方案。

如客户现阶段存在的生产或技术难题以及这些难题对客户已造成的影响，近期或未来可能会带来的潜在影响，客户的同行竞争对手是否有改进的案例，取得的效果如何？还有一点很重要，就是要注意竞争对手的方案优缺点是什么，销售人员与之对比有什么优劣势，如何扬长避短，竞争对手的内线可能会提出什么攻击性问题，该如何应对？

对客户会重点关注的问题和竞争对手可能会攻击的方面，销售人员都应与公司技术专家进行研究，准备好应对方案和资料，使技术交流会成为精准打击对手的战场。这些相关资料和问题越详尽越好，虽然资料不一定都会用上，但有备无患，以应对技术交流现场客户可能的提问和诘难。

技术交流时应选派公司资深专家或技术人员参加，一是保证技术交流的效果，二是向客户表明对技术交流的重视。原则上技术交流人员的级别不能低于客户出席人员级别，就高不就低。高层次的专家和技术人员除了可以向客户表明重视和规格外，还因其身份方便在会场与客户高层进行互动，取得良好沟通效果，同时也可为后续的高层互动打下坚实的基础。

如果可能的话，销售人员还要事先策划好内线客户的发言或问题，将技术交流的方向和重点引向客户关键决策人的关注重点。如果遇到已被竞争对手搞定的客户的诘难问题，应及时给出明确答复，如做不到及时答复，只要不是其他客户关注点，可向提问客户表示会后单独沟通，也可以示意内线客户引出别的话题，避免现场出现问题失控。

技术交流应少用专业术语，尽可能做到图文并茂，语言通俗易懂，避免太多的专业术语，要使各个部门各个层次的参与客户都能较好地理解技术交流的内容。特别是要让参加技术交流的重量级客户，那些客户公司内部或者外部聘请，能对项目决策产生重要影响的人物，能听懂技术交流的内容。

技术交流会结束后应尽快拜访客户，及时和客户确认交流效果，对技术交流未明确的问题给予澄清，弥补技术交流过程中出现的失误。对于因故未参加技术交流的客户应在拜访时沟通本次技术交流的情况，取得客户的支持。向客户提交书面材料，如有可能，协助客户撰写技术交流总结报告。

技术交流注意事项

正式的技术交流，主讲报告人应该正式着装，站姿端正自然，声音洪亮并富于感染力，报告内容应结合客户实际，逻辑严密，针对性强，回答客户问题时，应自信、准确、合理。一定不能选择虽然技术好，但是表达能力不佳的技术人员作为技术交流的主讲人。在技术交流开始前，销售人员或工作人员应提前告知客户，本次技术交流的全部内容和安排步骤，最好有书面说明。

技术交流会一般由以下几个步骤组成：答谢客户或者表明意义的开场白，技术交流主讲人的介绍，技术交流安排步骤的说明，技术交流期间的注意事项（如提请客户关闭手机、不要大声喧哗等），技术交流主讲报告结束后的答疑互动，问卷填写和回收，问卷抽奖并发放奖品或礼品，技术交流结束时，销售人员或现场最高领导应代表公司对客户进行致谢。如有可能，视情况还可以安排宴会。

技术交流的报告内容应包括以下几个部分：第一部分，引言，关于行业前沿的资讯或者客户的难点问题，引出客户关注点，进入正题；第二部分，公司简介，讲特点和业绩，切记不可长篇大论；第三部分，介绍产品，主要构成、系统功能、主要性能指标、技术特点等，介绍时要针对客户的特点和现状及客户的思路，着重介绍产品如何应用，如何满足客户需求，可以带来什么效益，针对竞争对手，产品有什么特点等；第四部分，应用案例，国内外的典型应用案例，如果当地有成功案例，可以重点介绍，并在事后安排现场参观考察。

效果显著的产品介绍不是夸夸其谈的照本宣科，它包含以下三个特点。

内容全面，涵盖客户主要问题。这个内容全面不是指事无巨细地介绍产品的全部功能，而是指产品介绍应当涵盖客户面临的所有问题，或者是产品所能涵盖的大多数重点问题，要向客户展示产品或服务为什么能够和如何能够解决这些问题以及产品或服务的相关特点能给客户带来什么利益。记住，销售人员没有必要与客户谈论产品或服务的所有特点和利益，超出客户需求或者客户认为没有价值的多余配置介绍会给客户带来价格高的负面联想。事实上，也没有任何一种产品或方案可以满足客户所有的需求。

引导客户思维，发掘客户需求。有时候，客户并未清楚认识自己的困难，或者未意识到困难可能造成的巨大影响，对解决问题的办法过于短视，或对现有的解决方案过于乐观，等等。销售人员要引导客户关心重大问题，深入认识即将发生的重大问题或隐患，引导客户尽早提出解决方案，避免可能造成的巨大损失。

提炼独特卖点，设置竞争壁垒。找出客户有需求的、与竞争对手产品相比自己产品独有或者强项的卖点，向客户证明自己的产品是解决客户所面临问题的最佳选择，为竞争对手设置竞争壁垒。在竞争对手已经先期进入，甚至设置了竞争壁垒的项目上不要掉入客户有意无意设计的与竞争对手对比优势的问题陷阱里。

此时，销售人员应引导客户说出为什么关注这个问题，其背后的真正需求是什么？在没有了解客户的需求和没摸清客户问题背后的真实意图时，销售人员就开始进行两家产品的对比会陷入左右为难的两难境地。如果销售人员抨击竞争对手，无形中就站在了客户的对立面，给客户带来负面的印象；如果不介绍两家优缺点，客户会认为销售人员的产品不如竞争对手。

在摸清了客户问题的真实意图后，再有针对性地进行产品介绍。千万不要恶意贬低竞争对手，甚至不要提起任何竞争对手品牌，涉及对比时可泛指某品牌，避免引发客户的注意，关注重点集中在自己产品的竞争优势上面。

准备完美的技术交流，包括会议营销，都会安排一次问卷调查。通过问卷获取客户的手机、邮箱等联系方式，所在部门、职责，客户内部是否有项目实施，资金预算及来源，现有项目进展时间表，采购流程和相关决策部门，最关注产品的哪种性能，现场工况条件等，方便快捷获取客户项目资料。技术交流的问卷会比会议营销问卷简单些，着重在于产品技术指标和应用方面，因为很多信息已经收集完毕。

应尽可能回收问卷表。礼品发放应该是在问卷回收后。为提高回收率，可以策划凭问卷换取纪念品的环节，还可在现场设置一次凭手机号抽奖的活动，奖品不宜设置太多，最多不超过 3 份，奖品可以以数码产品为主。颁奖嘉宾可以请现场的客户或者销售人员公司最高领导。

一次技术交流的时间不宜过长，一般在 1～2 小时内为佳。时间过长客户精力难以集中，容易导致客户的厌烦情绪。如果是安排 1 小时左右的技术交流，开场部分 5～10 分钟，产品或方案介绍 15～30 分钟，答疑互动 10～15 分钟，问卷抽奖和礼品发放 10 分钟左右。如果时间安排在 2 小时左右，产品或方案介绍时间安排 30～60 分钟，答疑互动15～30 分钟，其余时间基本不变，销售人员可以灵活掌握。

另外，技术交流的流程并不是一成不变的固定流程，销售人员应根据客户和现场的情况灵活掌握。如果客户兴趣很大，提出更深入的了解要求，可以适当延长会议时间。但销售人员要准确把握现场气氛和节奏，竞争对手内线现场攻击性问题，一定要控制或规避，不可落入竞争对手精心设置的陷阱。

技术交流与 FABE 产品介绍

FABE 模式与使用原则

哈佛大学研究发现，客户心中存在 6 个问题，这些问题不一定会被清晰地说出来，因为这些问题可能只存在于顾客的潜意识中。虽然这样，这些问题都必须得到回答，才能赢得顾客的心，否则就可能失掉生意。优秀的销售人员应在演示中做好准备，以回答这些未被说明但十分关键的问题。

①“我为什么要听你讲？”

——销售人员一开始就要吸引住客户。

②“这是什么？”

——应该从产品优点方面进行解释。

③我们公司从事 ×× 行业已经 20 年了，“那又怎么样？”

——使用客户熟悉的用语，解释这些优点能给客户带来的利益。

④“对我有什么好处？”

——客户采购是为了满足自己的需求，不是销售人员的需求。

⑤和⑥“谁这样说的？还有谁买过？”

——除了销售人员，还应该有其他客户证实你的产品或服务，确实像你说的一样好，应利用权威性的购买者、书面证明等方面打消顾客心中的疑虑，完成对购买风险的评估。简单地说，就是强调好处而非特征。

关注客户六大问题，形成的 FABE 产品介绍模式，是一种典型的利益推销法。它通过特征（Feature）、优点（Advantage）、利益（Benefit）、实证（Evidence）四个关键环节，找出顾客最感兴趣的各种产品特征后，分析这一特征所产生的优点，极为巧妙地处理好了顾客关心的问题，并证实该产品确能给客户带来这些利益，从而顺利实现产品销售。

特征（Feature）是陈述产品或服务中事实、数据、信息或特点，如产品的款式、技术参数、配置等，是客观具有的属性。不是所有的特征都能形成优点，只有区别于竞争对手的地方，或者人无我有的情况才能成为优点。与竞争品或替代品相同的特征是“共同点”；本产品所独有的特征才是“优点”，也即我们平常所谓的“卖点”。

优点（Advantage）是说明产品的特征所具有的作用或功能，如何使用或如何帮助客户。“优点”能在对比中感受到。销售面临的竞争非常多，相似的产品也很多，你的产品不可能比所有的产品都好，在与竞争对手产品比较时，要列出己方的比较优势，或者列出这个产品独特的地方，只介绍那些独有的或者明显优于竞争对手的优点。

利益（Benefit）是指产品或服务如何满足客户表达出的明确需求。客户购买商品是为了“解决问题”或“满足需求”，销售人员必须要把产品的优点转化成一个或几个的购买动机，站在客户的立场，告诉客户产品如何满足需求、解决问题和实现利益。

实证（Evidence）就是向客户证明利益可以实现、可见、可信。通过技术报告、现场演示、相关证明文件、品牌效应、专业认证（ISO、GE等）、奖励和荣誉、报刊文章、照片、客户锦旗、客户来信、客户推荐书、使用案例等各种资料，来印证刚才的一系列介绍。所有材料应该具有足够的客观性、权威性、可靠性、可证实性。

使用FABE介绍产品时，特征最好不要超过三个，过多的特点很难让客户留下清晰的印象，介绍特征和优点一定要能够满足客户需求，否则再好的特征和优点也不会引起客户的兴趣；一定是竞争对手所没有的，或者是你比竞争对手做得更好的，或者是竞争对手没有意识到并主张的，是一种比较竞争优势，否则就不是优点，客户也不会产生兴趣和购买欲望。

客户关注的是产品利益，而不是产品优点。使用FABE模式的关键要站在客户的角度和立场，将优点转化为客户的利益。利益要聚焦客户需求，必须是客户所关心的，能够满足客户需求，让客户有眼前一亮的感觉；利益介绍要具体化，一定要避免可能、大概、差不多等模糊字眼，给客户介绍利益要具体化和数字化，让客户清晰了解产品的价值；利益介绍要情景化，要通过情景化的描述表现产品能够给客户带来的利益，让客户能够感受到产品的价值和利益。

使用 FABE 产品介绍模式时要避免几个方面的问题：事先没有详细分析产品和竞争对手的差异性，无法提炼产品的独有特征和优点；过分强调产品特征与优点，忽视产品带给客户的利益；将优点和利益混淆，不能有效将产品特征、优点、利益有机结合，不懂得将优点转化成利益或不同客户的利益；不关心客户需求，盲目推介产品的优点与利益，给客户带来高价或不实用的感觉；不善于寻找实证材料等。

比如桌子的特征是铝合金材质，其固有的优点是轻便和价格便宜，对不同的客户会产生不同的利益，对小餐厅的利益可能是价格，能够给小餐厅节约更多成本，同时更换成本低，对于他们来说桌子的重量没有差别；而对经常需要搬动桌子的高级餐厅，轻便才是客户最关注的，稍微价格贵点，但是能够让自己后续工作量减轻。最后用企业获得的荣誉和证书、销售和市场数据、专家和客户证言等事实材料证明产品的优越性，坚定客户的选择。

创建 FABE 产品介绍模式

强烈建议每个公司或者销售人员自己都要将产品介绍资料整理成一套经典的 FABE 方案。整理 FABE 方案的素材可从产品说明书、与竞争品牌比较优劣势、客户的使用情况等三个方面进行收集，结合产品本身的特性以及公司优势、交易条件甚至销售人员自身等方面，充分挖掘产品的优势，形成独特的 FABE 方案。

第一步，先列出商品特征。产品说明书一般用于介绍产品基本特征和功能，技术人员对产品的研发历程和特征了如指掌，售后人员对产品使用情况和存在问题很清楚，销售人员应充分运用自己所拥有的知识，根据所收集的竞争对手资料，对产品说明书仔细分析，并多请教公司技术、售后人员等，将产品特征尽可能详细地罗列出来，尤其要着重分析与竞争对手相比的比较优势。

客户是产品的实际使用者，在产品的实际使用过程中，客户能很好理解各种技术参数的意义、实用价值、优缺点，产品的许多巧妙或创新的运用，和发掘出来产品的新功能、新优势，甚至连产品研究人员都没有注意到，他们是真正了解产品的人，深入客户使用现场，虚心向用户求教，一定可以获得许多有用的素材。

销售人员还可以发挥自己的想象力和创造力，总结出未被发现或未被主张的产品特征。

第二步，描述产品的优点。也就是说，产品特征究竟发挥了什么功能，是如何使用和帮助客户的。

第三步，发掘产品优点给客户创造的利益，将产品优点与客户所需要的利益结合起来。

产品优点带来的利益价值有以下几个方面值得深入挖掘。

安全性：产品对顾客的安全性的贡献，一是该产品能够为客户提供安全方面的服务和保障，二是该产品不存在安全方面的隐患。一般来讲，客户购买产品，首先考虑到的就是产品是否安全，如果不安全，就算功能再全，性价比再高，客户也不会考虑。

效能性：产品能够给客户提供的优点。产品独有的优点，更是值得销售人员深入挖掘。

外观性：产品的造型美观、耐看，还包括实用等。如根据人手设计的鼠标，不仅外表美观，还可以防止长时间用电脑而造成手指变形等。

舒适性：产品带给人愉快舒服的感觉。操作使用的舒适性，会给客户带来良好的体验。如 iPad 的视网膜屏，不但看起来很舒服，而且可以保护眼睛。

方便性：产品易于使用，带给客户方便。不需要专业人员操作，大大节约操作培训时间和费用，操作人员变动时不至于影响生产，降低了维护保养难度和费用，节约了维护保养、操作人员的费用。

经济性：购买更便宜、使用更省钱、设备更赚钱等。客户可以花更少的钱买更好的产品，使用成本远远低于其他产品，维护保养的成本低于其他产品，创造的经济效益要高于其他产品等。

耐用性：可持续提供利益，时效长久。产品使用年限增长，相对应的折旧成本降低，相当于采购成本的降低，同时，不需要更换设备，可节约更换时的人力、物力和时间成本，不停止生产还可以创造额外的效益。

其他因素：企业的公众形象、是否有负面的影响、发展策略、服务宗旨、广告水平等因素，销售人员的自身素质、可靠性、专业知识等因素，甚至产品的包装、尺寸以及原材料等因素，商品价格、付款条件、促销、送货、服务等商务交易条件，都有可能会成为 FABE 的影响因素。

第四步，提交证明产品利益可以实现，或能满足客户需要的材料。所有材料应该具有足够的客观性、权威性、可靠性、可证实性。包括技术报告、现场演示、相关证明文件、品牌效应、专业认证（ISO、GE 等）、奖励和荣誉、报刊文章、照片、客户锦旗、客户来信、客户推荐书、使用案例等各种资料。

5. 考察：走马观花定乾坤

大客户销售过程中，由于客户采购的产品都是应用于连续生产线，所以客户对产品的稳定性特别强调。客户除了需要销售人员充分保证产品的可靠性和稳定性外，很多时候，客户还会选择到产品生产企业，详细了解产品的技术研发，生产制造体系的质量保证情况，或者前往产品使用现场，详细了解产品的实际使用情况，听取使用单位的反馈和评价，慎重的客户还可能对两者同时进行考察，以证实产品的可靠性和稳定性。

参观考察既是客户验证供应商和产品实力的需要，也是销售人员证实产品能力的机会，更是销售推进的最好手段之一。一些规模稍大的单位都设有专门的商务支持部门，专门负责接待前往公司考察的客户。

客户在进行参观考察时往往远离客户熟悉的工作环境，没有太多人打搅客户，创造了一个销售人员与客户单独相处的机会，有利于销售人员开展销售工作，同时客户也有机会认真了解销售人员的公司和产品，并进行更加深入的交流。如果是有实力的大企业，会给客户带来很强的信赖感；如果是新创办或发展中实力还不足以展示形象的企业可以通过公司领导人的人格魅力，或主要技术人员的技术实力展示，都能取得良好的沟通效果。

技术交流的客户范围要尽量广；参观考察的客户要有影响力，销售人员邀请考察的对象最好选择具有决策权的领导，或者在项目采购中有很大影响力的客户，这样才能事半功倍。建议邀请分管副总或者总工带队，或者是具有影响力的使用部门领导、设备管理部门领导等，如果随便选择参观考察对象，不但劳民伤财，而且还会造成销售取得进展的假象，影响公司对销售项目的判断。

客户对公司的考察比较重视公司研发技术力量、产品质量控制体系和生产现场的管理水平。一般而言，考察客户可能会要求与公司的研发人员进行技术交流，就客户的工况条件等充分沟通，证实产品的适用性和可靠性；对生产场地进行参观考察，了解生产现场的整洁性，加工设备的先进性，工人精神面貌与素养，质量管理体系的贯彻情况，配件库存及供应情况等，有些客户还会关注企业的社会责任，是否有使用童工、违反劳动法规的情况等。

越来越多的客户会对产品使用现场进行考察，亲自到现场观摩产品的实际使用效果，验证产品的可靠性和稳定性，甚至有些客户还会自行选择地方，前往产品使用现场实地考察，避免销售人员指定的用户现场做过刻意的人为安排，无法了解到真实的情况。客户考察产品使用现场比较关注的是产品的可靠性和稳定性，产品的使用和维护的方便性，能源消耗和配件消耗等使用成本。

客户现在越来越谨慎，一般会同时考察公司和使用现场。无论客户考察公司还是产品使用现场，整个参观考察行程销售人员都要缜密安排，不容一点疏忽。一是要提前与公司沟通，根据客户考察团队成员的规格，安排好出面接待的公司领导和研发技术人员以及客户考察期间的吃、住、行、游、礼品等，可以高出客户规格接待，但一定不可以低于客户规格安排；二是根据客户的时间安排，对客户拟考察的公司部门、生产现场，提前作出相应的妥善安排；对客户拟考察的产品使用现场，寻求用户的密切配合和支持，保证考察期间产品使用正常。

考察客户接待礼仪

考察邀请

邀请客户的方式多种多样，口头或电话邀请形式最为快捷方便，也是销售人员用得最多的形式，每一种都不能忽视细节，要体现对客户的尊重和诚意。邀请客户到公司考察、技术交流或参加公司组织的大型活动和学术会议，应发书面邀请函以显正式。有些客户为了避嫌，会对多家客户同时进行考察，这类客户一般会要求比较正式的书面邀请。

书面邀请函体现的是公司的形象。发邀请函前，一定要了解清楚邀请客户的姓名、职务、称呼方式和对方公司的地址，准确无误。语气要体现敬意、诚意、专业和热情，真诚地请对方准时参加。书面邀请函应用黑、蓝墨水书写，禁用红色和其他颜色，一般要提前两周发出，距离远的客户应略早，给客户留出安排的时间。不可过早或过晚，过早防止有变化，过晚客户难以安排。邀请函发出后一定要和客户确认，是否收到，是否可以安排到场，路线等相关内容是否知悉等。

接待规格

销售人员向客户发出的邀请得到客户响应之后，就要提前与客户确认，考察团队的成员、级别、人数以及考察行程的大体时间安排，至少提前一天及时与公司沟通，根据客户的身份职级、来访目的、性质、时间长短等因素确定接待规格和计划，作出相应的接待安排。记住，接待来公司的客户时，只可以高出客户身份的规格，不可以低于客户身份的规格，随时让客户体验到尊贵的感觉。管理比较规范的企业会有专业部门协助销售人员，销售人员只要提前与公司做好沟通即可。

客户到公司来考察，第一是确定谁去迎送，以销售人员全程陪同和引导为佳，或安排专门的接待人员，或者与来访者级别相当的人员代为迎送；第二是确定住宿规格，提前安排好住宿的酒店和用餐的饭店，可根据因公出差标准安排，不要过高，也不要过低，避免接待费用超标；第三是安排好车辆，安排什么车型，要根据客户的人数、行李以及客户身份确定；第四是要准备好接待的各种物品，包括接机（站）水牌、欢迎字幕、横幅，帮助客户熟悉当地环境的地图以及馈赠客户的礼品等；第五是根据客户的时间安排，对客户考察期间的行程作出妥善安排，并协助客户预订好返程机票或车票。

热情迎客

客户走下车、船、飞机时，销售人员或接待人员应走上前去欢迎、握手、问候。如双方从未见面，销售或接待人员应举起水牌迎接。如未准备水牌，应与客户电话沟通，说清楚你在什么地方恭候，还可以说一个比较容易识别的特征。对于特别重要的客户，可以联系车站或机场的要客部门，准备鲜花并引领客户到贵宾厅稍事休息。接到客户后，销售人员或接待人员要将前来迎接的公司领导介绍给来宾，再由公司领导向来宾一一介绍前来的其他迎接人员。

接到客户后，路上销售人员应与客户商定初步安排，一般应先安排客户到宾馆稍事休息，然后再前往公司参观考察，如果客户要求先到公司，那就尊重客户的安排直接前往公司。

会客准备

在客户到达公司前，应安排好欢迎客户来访的电子字幕、横幅或者欢迎牌；客户到达公司时，公司领导应该等候在公司办公大楼门口，迎接和欢迎客户的到来。公司办公室环境是企业管理体系的外在体现。从公司的前台到办公区域的每个角落都要干净整洁，如果没有办法做到，至少保证客户要去的地方干净、整洁、空气清新。

接待客户时，茶水应准备绿茶、红茶、咖啡或矿泉水供客户选择。茶杯最好用瓷杯，材质不烫手，显得正规。用一次性杯子时要准备杯托，防止烫手。倒茶时可先征求客户意见，冷、热、品种。倒茶时七分满即可，递茶水时应从客户身份最高的开始，不清楚身份时应从上座开始，或给不熟悉身份的客户先倒茶。

行进引导

客户在公司或生产现场考察时，销售人员要在客户前面带路。引导客户行进时，站在客户左侧前方 2 ~ 3 步（1 ~ 1.5 米）最为适当，身体侧向客人，面带微笑，微微欠身，左手打开往前示意。与客户并排行进时，要注意不要在路正中间行走，职位高的走在中央，其次是内侧，然后是外侧，应请客户走在中央或内侧。行进中与客户交谈时，头部和上身应转向客户。行走时以客户行进速度为标准，不要过快或过慢。经过拐角、楼梯、地面湿滑的地方要提醒客户留意。对于多次来访的熟悉客户，应把前行的选择权交给客户。

乘车位次

驾驶员为专职司机时，双排5人座轿车，车上最尊贵的位置是后排与司机座位呈对角线的座位，即后排右座；主次尊卑次序：后排右座、后排左座、后排中座、前排右座。后排左座最隐秘最安全，为VIP位置，一些高级将领、官员喜欢坐。三排7人座商务汽车，主次尊卑次序：后排右座、后排左座、后排中座、中排右座、中排左座、前排右座。吉普和越野车最尊贵的位置是副驾驶座。大巴、中巴、面包车驾驶位后靠门座位为上位。销售人员自己驾车时，双排/三排座轿车，轿车前排的副驾驶位置是上座。

陪同客户同乘一辆车，销售人员应先为客户打开轿车的右侧后门，并以手挡住车篷上沿，提醒客户不要碰头，请客户坐在最尊贵的位置，待客户坐好后方可关门；然后销售人员绕到车尾从左侧后门上车。抵达目的地后，销售人员要先下车，从车尾绕过去给客户打开车门，以手挡住车门上框，协助客户下车。记住主随客便！可以把客户往上座去让，客户不愿意坐你随意。尊重客户就是尊重客户的选择，客户坐哪儿可能有自己的考虑。客户坐在哪里，哪里就是上座。

楼梯位次

销售人员引领客户上楼梯时，要告诉客户在几楼，要让客户走在后面靠墙的内侧或右侧。楼梯转弯处，应稍停，等客人意会后重新引领；下楼梯时，应让客人走在后面，和行进时前后顺序一致，同样应不时回头关注客人。熟悉的客户，可由客户先走，与穿裙子的女性客户上下楼梯时应先走。公共场合的楼梯或自动扶梯应该靠右站立或行走。

出入开门式电梯时，无人值守的电梯，销售人员应先入后出，负责控制电梯门，方便客户后进先出；有人值守的电梯，应让客户先进先出，销售人员是后进后出，但乘坐电梯的人较多时，堵在门口的销售人员应先出。

进门位次

引导客户进门时应让客户先进先出。如果需要销售人员带路，方可在客户前面先进先出。到达接待室或领导办公室门口时，销售人员要告知客户说："这里就是。"如是领导办公室，要先敲门再进入。门是向外开的，销售人员要主动拉门，请客户先进；门是向里开的，则自己先进去，按住门，再请客户进入。

会见座次

比较正式的会见和交流，或客户人数较多时，可以在较大会议室进行接待，此时选择相对式的座次安排。桌子横放时，面门为上位，如果不能面门时，内侧位置高于外侧位置；桌子是竖放时，面对房门进门时的右侧为上，把面对房门的右侧安排给客户，即把方便走动的位置留给客户。要引导客户坐在上位或内侧，当中安排的是最重要的客户或主谈，主谈右边的是二把手，左边是三把手，其余按次序就座，中央高于两侧，右侧高于左侧。公司接待人员在客户一侧就座，销售人员应在靠门附近座位就座，方便进行各种服务。

客户人数较少时，可以安排在领导办公室接待。座次安排可以采用主随客便随便坐的自由式，也可以选择面对面拉开距离就座的相对式，或者并排就座的并列式；也可以选择众人围绕主要人物而坐的主席式。私人交往或者不好排座次时，选择自由式；商务谈判或公事公办时，选择相对式；平起平坐在一张沙发时表示亲密友善，或者非正式的会客，选择并列式；针对重量级的贵宾客户，众人围绕重要客户而坐，选择主席式。

礼貌送客

会谈结束时，应等客户先起身，避免赶客户走的嫌疑。销售人员应主动为客户开门，并把客户送到合适的地方道别，一般送到公司大门口即可，若在大楼或公寓，则送到楼梯口或电梯口，目送客户离去之后再返回室内。千万不可在客户未离开视线之前关上大门，也不可以跨在门槛上与客户告别，更不可以客户前脚刚走你就"啪"的一声关门，这是很失礼的。同时应检查一下客户是否有遗漏物品。对远道而来的考察客户应安排专车将客户送到机场或火车站，还可以考虑适当馈赠一些礼品。

客户考察期间的技术交流、商务宴请、休闲旅游以及送客时的礼品馈赠，这些内容请参看各专题论述。客户考察期间的每一个环节安排，都需要销售人员精心谋划，任何一个细节的疏漏都会影响客户考察的效果。特别是待客时的位次排序，销售人员更要特别注意，避免客户产生被看不起的感觉。一般应遵循“以面门为上、居中为上、以右为上、前排为上、以远为上”五大原则。这点在商务环节要时刻牢记。

精心策划考察行程

一般而言，客户对供应商的考察主要有三个方面内容：一是与客户的技术交流，二是对生产现场、质量控制和配件供应体系的考察，三是用户现场的产品使用情况考察。其中技术交流和生产车间考察时间大概是半天。如果公司规模较大车间管理完善，可以先安排客户参观生产车间，对客户形成先入为主的大企业高品质印象；如果公司规模较小，可以先通过技术交流，在客户的心中形成技术壁垒。

技术交流

根据来公司客户的级别，销售人员要协调公司相应级别的研发人员，如公司总工程师、技术部长或者项目负责人等参与技术交流或座谈。交流内容主要是技术研发历程、技术力量、产品技术特点以及客户的工况使用条件等，向客户证实产品的先进性、适用性和可靠性，形成竞争技术壁垒，坚定客户的选择信心。

生产车间考察

客户参观和考察生产场地时，要通过生产现场的5S管理，加工设备的保养维护和整洁性，工人精神面貌与素养等，向客户展示制造的精益管理以及质量管理体系的贯彻情况；通过配件库存及供应流程等情况介绍，向客户展示售后服务的及时性以及配件供应速度和完备性。对优秀的企业而言，这是平时企业管理的基本功。

产品使用现场考察

客户考察产品使用现场时一定要提前作出安排，并得到用户的精心配合和支持。通过产品操作人员在现场的演示，向客户展示产品与用户生产线的完美结合，使用过程中体现的可靠性和稳定性，简单易用的可操作性和舒适性，维修方便、配件通用性很好以及较低的能源和易损件的消耗，向客户证明产品的适用性和可靠性。相比技术交流和生产车间考察，客户更重视用户现场考察的实证作用，销售人员一定要认真筹谋。

无论是考察公司还是用户现场，做好客户考察安排的关键是客户的时间安排和考察行程的控制。销售人员要提前获知客户的考察时间安排，具体有几天，是否包含用户现场考察，考察期间是否还要考察竞争对手等。如果客户安排了用户现场考察，或者还有考察竞争对手任务，销售人员一定要想办法控制客户的时间，使客户在用户现场考察时间缩短，把客户考察竞争对手的时间缩短，甚至没有时间到竞争对手处考察。

控制客户时间最好的办法是根据公司或考察地的特点，安排客户在工作之外进行旅游。如果客户只是考察公司，可以在公司考察和技术交流后再安排客户的旅游；如果客户只是考察设备使用现场，建议将考察地点安排在风景名胜周边，客户可以选择考察完再旅游，也可以先旅游后考察，关键是要将时间计划好；如果客户同时考察公司和现场，可以在公司考察和技术交流后，先安排公司周边的旅游再考察现场，或者先考察现场再安排旅游。

客户平常工作比较忙，难得有时间出来看看，如果旅游景点有吸引力的话，客户是很容易动心的。这样就可以避免客户考察时间过长。客户考察时间长了，特别是在用户现场的考察，有时候难免出现一些意外问题。同时也缩短了客户考察竞争对手的时间，甚至是没有时间细致考察。

无论是否安排旅游，考察期间都是搞定客户的极好时机。考察期间客户心情愉快，没有闲人杂事干扰，良好环境下好做客户的思想工作，有利于加强客户关系，特别重要的承诺可以利用这个机会达成。精心安排的考察现场，保养良好、运转正常的设备，用户热情细致的讲解，操作人员熟练的演示，令人满意的运转数据，都会给客户带来完美的体验。这个时候，客户很容易接受销售人员的暗示，这个时候做工作也会事半功倍。

使用现场的完美营销

前往用户产品使用现场考察一定要选择产品使用状况良好，客户关系十分到位的客户，最好还要路途方便前往。考察前要做好三个方面的准备。

一是提前与用户的产品使用部门联系，确认产品的目前使用情况，如果客户暂时没有生产，则征求客户的意见，看是否可以产品进行演示；如果产品有故障，一定要在客户到达之前修复，如果故障暂时难以修复，需要另行安排地方；如果没有故障，建议请熟悉的操作人员做一次产品卫生或保养，提升产品的外部感观。

二是要与产品使用部门领导沟通，介绍考察客户成员、考察目的和到达时间，请求用户出面接待并介绍产品使用情况。多谈优点少谈或者不谈缺点，对产品生产效率介绍就高不就低，对产品能耗和易损件消耗等数据的介绍尽量就低不就高。

三是要与产品使用操作人员沟通，安排熟悉操作人员操作，确保设备演示顺利进行，产品相关的使用数据可以通过操作人员介绍，显得更加真实可靠。

客户的现场考察时间和流程安排是考察是否圆满的关键。一般安排客户在上午 10 点半或下午 4 点左右，到达用户产品使用现场为佳。到达时间过早，考察客户会在现场待太长时间，太晚了耽误用户的上下班，不利于用户作出安排。

客户到达用户现场后，按照事先的安排，先由用户使用部门领导与客户交流，交流时间控制在 15 分钟左右，主要请用户介绍产品优点和使用情况。交流结束后即前往设备使用现场，实地考察产品使用情况。

产品演示操作时间不能太久，一般演示 10～15 分钟即可，从产品开机到结束，时间最长不要超过半小时。产品演示操作时间过长，有可能会引发产品故障，或者其他原因引起的问题，导致考察客户印象不佳。如果有可能，请操作人员事先安排在工况较好的情形下施工，以保证产品演示达到最佳的使用效果。

从到达用户产品使用现场到考察完产品的演示操作，整个流程时间约 1 小时。这时基本上已经是下班时间了，销售人员可以品尝当地特色饮食的理由，邀请用户领导和产品操作人员与考察客户一起吃饭。如果用户领导不方便，至少要确保邀请到操作人员。就餐时，销售人员要引导操作人员进一步阐述产品的优点，细化各种客户关心的使用数据，增强考察客户的信心。

产品使用现场参观考察是大项目销售的常用手段。每家公司甚至每个销售人员都应该通过不断的沟通，良好的售后服务和其他增值服务，如定期的维护保养、免费检修、赠送配件等方式，建立几家可以用来参观考察的基地。

销售人员要特别注意和操作人员的沟通，他们在采购过程中很难获得利益，也没有多少销售人员在意他们的感受。如果销售人员能发自内心尊重他们，在平时略施小恩小惠，就能获得他们的好感。他们会精心维护你的设备，产品出问题时他们不会轻易汇报给领导，而是第一时间通知你的售后人员，在客户来现场考察的关键时刻，他会成为你的内线销售，现场操作人员的一句好话可以大大加快你的销售进程。

考察结束后，销售人员要协助客户撰写考察报告。考察报告要包含以下内容：考察时间、地点、人员，所考察的用户的产能、工况条件介绍，产品使用效率、年实际产能等情况说明，产品的能耗和消耗件等使用成本介绍，产品的售后服务和配件供应情况介绍等。最好可以形成一个初步的报告，供客户修改备用。一般而言，如果销售人员的报告内容翔实、数据充分，客户很可能就省事直接上交，这样报告内容肯定有利于销售人员。

6. 会议：科研院所信息多

许多销售人员习惯自由不喜欢开会，特别是公司的各种总结培训会议，更是能逃则逃。其实会议里面有很多资讯，就公司内部各种会议而言，培训可以学习产品知识和营销技能，可以在与技术人员的互动中发现全新的、有价值的卖点，甚至还可以从其他同事或其他市场的营销举措上得到启发，形成有价值的销售策略。当然，更值得销售人员重视的是公司外部的各种会议。

一类是由专业会展运营机构或者政府组织的，各种规模比较宏大的产品展销会或行业性展会，这类展会参与单位一般携带样品前往，需要调动公司各部门综合参与，公司需要投入大量的人力、物力、资金成本，属于公司层面的市场行为，更大目的在于宣传企业品牌形象。如每两年组织一次宝马国际工程机械展等，这类展会销售人员以见识为主，可以邀请意向客户参观公司展会，利用会议期间公司的良好展台形象，加深客户印象推动销售进展，同时也可以通过展会了解竞争对手。

另外一类是由各种行业协会、科研院所、政府主管机构等组织的，包括专题管理、学术交流、行业交流、业务培训等，这类会议具有很强的专业性和学术性，有些还会带有强制性和趣味性，成本也相对比较低廉，销售人员个人可以掌控，且具有特别销售价值的会议。这类会议销售人员要尽量争取参加，即使不能参加也要想办法收集会议资料和参加会议的客户名单，充分挖掘会议营销的价值，取到事半功倍的效果。

三种会议是销售富矿

政府主管机构组织的会议，年度工作或表彰总结会议，管理新政或新规学习和研讨会议，比如安监局每年会组织安全工作会议，或者组织安全生产知识培训班等。这类会议由于组织单位权威，往往带有强制参加的要求，所以参会单位一般都很全。销售人员参与比较困难，如果销售人员有机会参加，应力争认识一些行业主管领导。

此类会议的销售技巧：一是利用业内朋友提供相关会议名单，为后续销售推进收集资料；二是请教业内资深人士，了解新政的实施步骤及其对行业的影响；三是会议期间蹲守，寻找与事先有联系的客户的沟通机会，利用会议期间宽松的氛围加强关系，同时寻找机会与其他客户接触。此类会议安保较严格，最好要有内部人员陪同，避免产生不必要的麻烦。

行业协会组织的会议包括行业年度工作或表彰总结会议、行业新政或新规学习和研讨会议、行业先进技术交流会等，比如中国矿业协会每年都会举办矿业年会，也会组织类似于安全生产、新技术、新工艺培训班等。行业协会在中国实际上也具有较强的权威性，虽然会议没有强制参加要求，但由于协会领导都是业内知名人物，与业内重点企业关系密切，所以也具有很强的号召力，参加单位和人数都具有一定的规模。

科研院所等机构组织的会议，以各类行业学术会议居多，也会涉及一些前沿的技术或工艺培训，组织者多是知名学术机构，其领导多是行业领军人物，有的甚至桃李满天下，拥有丰富的人脉资源，号召力比较强，而且这类会议环境相对宽松，往往还会安排一些吸引客户的旅游活动，参加会议的人员也比较多。参加这类会议要选择影响力较大的科研机构，避免会议参会人数较少。会议营销已经成为一种产业，有些没有什么影响力的机构整天跟风组织相关会议，甚至还有挂羊头卖狗肉的行为，参加单位基本上都是老面孔，甚至是以赞助单位为主，起不到应有的销售作用，浪费时间和金钱。

会议营销是一种特殊的销售手段，销售人员应该重点关注行业协会和科研机构组织的会议。特别是与公司产品有关联的会议，销售人员一定要想办法参加，在会议期间开展有针对性的营销活动。一般来参加这些会议的客户都是在单位具有一定影响力或者发展潜力的客户，如果能利用会议期间抓住客户出门在外心情放松，不易受公司琐事影响的良机，就有机会赢得较长的沟通时间和良好的沟通，从而与客户建立起互信或进一步加强关系。

如果因为会议名额限制，或经费不足等种种原因，销售人员无法参加会议，也要争取和会议主办方或工作人员建立良好关系，及时获取会议资料和客户名单。甚至还可以通过在会议举办地点蹲守，休会期间直接上门陌拜。如果有心的话，还可以通过服务人员收集会议资料，很多时候客户嫌资料重，会把纸质的会议名单和资料直接丢弃在房间或会议室。实在不行的话，可以通过购买和其他途径收集会议资料和会议名单。

不要小瞧了会议资料，也是很有含金量的。会议主办单位的开题报告往往会提供很多行业数据和发展动向，还可能涉及重点客户资料以及一些新技术新工艺的发展动向，这些资料和数据对于你了解这个行业发展，形成与客户的话题谈资，打造自己的行业专家形象，都具有很大的价值。其他单位的报告也会涉及很多平时难以了解的数据资料。销售同行分发的宣传资料，很多都附有样板客户名单，是销售人员收集客户资料的重要来源。

此类会议的销售技巧：一是收集会议资料和参加会议的优质客户名单；二是利用会议布置的展台或技术交流报告，收集潜在客户信息，或加深意向客户的印象；三是利用会议期间，客户心态放松、没有太多琐事牵绊的机会与客户进行良好的沟通和建立互信。

获取会议资源的技巧

每个行业都有不少负责项目咨询、可行性研究、方案设计的科研院所，他们除了偶尔组织一些行业会议，扩大一下自身的影响，更多的时间和精力是承接国家或客户的科研任务和客户具体项目的方案设计。对很多科研院所而言，项目方案设计已经成为主要盈利手段，有些还涉足项目工程总包，即所谓的交钥匙工程，从项目的可行性研究开始，完成方案设计和工程施工，业主只需要到期验收即可。

大客户的项目，特别是新建或扩建项目，甚至有些旧项目改造，都是先科研再设计，最后再进行工程施工。项目各关键环节相互之间虽然具有独立性，但更多的是属于生产系统整体。所以，每个环节在方案设计时都要充分考虑其稳定性以及可能对其他环节的影响。正是因为其关联性，所以设计方案一般不容易轻易变动。

很多时候，科研设计人员在进行方案设计时会直接把与方案配套的产品进行技术参数配置选型，甚至直接指定产品型号、品牌。这既是充分考虑项目方案设计的需求，也是保证项目设计方案实际使用的需求。由于科研设计人员的身份特殊性，很多时候他们的设计方案里的产品选型意见实际上就已经决定了产品销售人员的命运。所以优秀的销售人员会从设计源头开始实施销售，通过项目方案设计的产品选型，形成技术壁垒直接将对手淘汰！

中国的科研院所有其独特的格局，一般每个行业都有自己的大学和专门的研究机构。虽然现在的科研院所分工已经没有计划经济时代明显，但稍稍请教一下行内人士，其分工脉络就很明晰了。熟悉科研院所情况要注意几个发展趋势：一是科研机构经过兼并重组，越来越综合化，分工不明晰；二是各科研院所跨界经营明显，以前专注于某行业，现在可能会涉及多个行业；三是大学从科研走向设计，越来越多的大学开始承接项目设计。

销售人员要结合自身产品情况，或通过请教销售前辈或行内资深人士，了解与自身产品有关的科研院所，平常要定期走访这些单位，沟通产品研发进展或新技术发展情况，取得科研设计人员的信任，及时了解他们的项目承揽情况，力争使自己的产品成为设计选型，为后续销售打下坚实的基础。产品进入重大项目的设计选型方案，除了单个项目的销售胜算增加，还会形成巨大的宣传效应，对其他销售项目带来正面的推动作用。

科研设计人员的专业是项目方案设计，他们都希望自己的设计方案能得到最适合的产品去实施，以达到最佳的设计效果，为自己赢得荣誉。因此他们也希望得到销售人员帮助，从消息灵通的销售人员身上获取产品的研发最新动态，产品的实际应用情况等有价值的信息，与销售人员实现双赢。当然产品设计选型现在已经成为科研设计人员获取利益的一种途径。

科研院所机构庞大，有实力的公司会与相关机构结成合作伙伴。对于销售人员而言，最重要的是和具体的项目方案设计人员，特别是业内资深设计人员建立联系。与科研设计人员建立了良好关系，让你的产品直接作为选型，设计到项目方案里面，至少会为你增加50%的赢单希望。

他们熟悉整个行业，熟悉行业重大项目的布局、建设信息和进展，他们的同学、校友和朋友，很多都是同行或者在客户圈子里面；他们手上有众多的项目和重要的信息来源；他们往往和业主关系密切，甚至是客户高层的朋友，他们的引荐或推荐会使销售人员轻易见到客户高层，为实现销售创造良好的条件。科研设计人员是销售人员的导师，必须想办法建立互信关系。

除了可以通过科研设计人员获悉相关会议通知，还可以定期访问科研院所或行业协会的官网，了解会议召开的布置与动态，尽早知悉会议召开的日期，提前对参会和会议营销作出安排。公司重点组织参加的会议还可以提前邀请潜在客户参会，利用会议良好氛围推进销售。

会议营销实战步骤

对于销售人员个人而言，参加会议不但可以获得丰富资料，而且可以利用会议期间的各种机会直接和客户建立联系。很多平时难以见到的客户，很多平时高高在上的客户离开了自己熟悉的环境，也就不好意思再板着脸孔对人了。在陌生的第三方环境下，身份改变使客户变得平易近人，此时更容易与客户实现沟通，沟通效果也更好。

会议营销一定要准备充分，不打无准备之战。参会前要做好充分的准备，包括：根据事先了解参会人员数量，准备足够的产品资料宣传册、名片和纪念礼品；宣传公司和产品的易拉宝，或其他视情况制作的现场张贴材料，精心制作的电脑视频播放资料，样板客户的使用效果宣传材料等；如果在会议上有专题报告，还要精心准备报告材料和PPT文件。资料这部分内容需要公司市场部门专题策划，销售人员要提前和公司相关部门沟通好。

具体而言，会议营销有以下几个要点。

一是提前与会务组沟通，获取报名参会客户名单，确定需要重点关注的客户群体。如果公司有展位或赞助费，比较容易获取名单。有些会议还会将客户名单贴在报到处，复制一份就可以了。如果都没有，就需要与组委会沟通、想办法，一般你以销售人员的身份请组委会销售人员帮忙，多数可以办到。平时也要多与这些会议组织策划者建立广泛的联系，以备不时之需。

二是要在会议代表正式报到前到达会议举办地点。提前布置好公司的展台，在参会代表报到时容易注意的地点安装好易拉宝；把本公司的产品宣传资料、自己的名片和特色小纪念礼品（如果有的话）提前装入会务组给参会代表提供的资料袋。如果公司提供的纪念品数量较少，可以在拜访客户的时候提供，加深客户印象。

三是要利用参会代表报到的时机，协助会务组完成参会代表的报到工作。比如引导参会代表办理各项手续、帮助参会代表搬提行李、帮助分发资料袋、引领客户上下电梯等，直接认识客户并给参会客户留下良好印象。

四是要充分利用会前、会中茶歇机会收集客户信息。一般休息时间客户会到展台看看，此时要注意收集客户的项目信息。与客户现场交流时一定要以获取客户的单位、姓名、电话以及项目需求等资料为目的，此时客户可能会比较多，不要漫无目标闲聊，错过接待更多客户的机会。为更好地收集潜在客户项目信息，可以事先精心设计一份问卷，问卷一定要简单易填，包括单位名称、生产规模、近期是否有新建或扩产计划、联系人资料等四个方面，为提高调查表的回收率，可以赠送精美小礼品或设计抽奖活动。奖品要有一定的吸引力，如最新上市的手机或其他电子产品等。

五是利用就餐和客户建立联系。如果会议时间有几天，坚持每天吃会议工作餐，在茶歇、吃饭时尽量多换不同的客户，除非遇到跟进项目的关键决策者，不要在会议期间总是围着几个客户转，会议营销的要点就是在会议期间尽量去认识更多的客户，尽量和更多的客户建立关系。

只要不是项目关键的公关，不建议销售人员在会议期间宴请客户。无论客户关系多好，都尽量不要在会议期间单独宴请客户。宴请客户耗时费力，在双方都不熟悉的地方宴请不容易找到合适的地点，费用增加是小事，关键是宴请不一定能达到良好效果。会议期间时间本来就很短，宴请客户占用时间较多，容易错过与更多客户结识的机会。客户其实也想和更多同行交流，利用会议机会吸收更多新鲜资讯，甚至是结识行业领军人物和技术专家，你的宴请会占用他太多时间，客户可能不高兴。

除非有较多的用户在场，组织一场答谢宴会，利用老客户对新客户施加影响力，这时才可以考虑组织宴请活动。会议期间遇到熟悉的客户，应请客户理解自己此时的工作，并表示歉意，说明会后再加强联络，并请求客户介绍朋友给自己认识。

六是要充分利用晚上时机进行客户拜访。会议期间晚上一般没有安排，这个时候可以利用收集到的客户住房号、手机，进行地毯式密集拜访。此种拜访，言谈可适当简单，重在建立印象，如果遇到客户有兴趣，可以适当多聊几句，然后再约另外的时间详谈，或在会议结束后前往公司专门拜访。拜访时最好准备一些纪念品，以加深客户印象。

七是要利用好会议组织的旅游和活动。会议组织的旅游活动，建议销售人员一定要参加。旅游活动期间，客户心情也比较放松，一般愿意和销售人员攀谈和交流，取得平时难以达到的沟通效果。销售人员还可以通过旅游过程观察，了解客户更多的情况。销售人员在旅游活动中，还可以找机会适当制造自己的话题，或者在大巴车上给客户表演节目、或者制造一些无伤大雅的幽默或失态，还可以通过有意迟到（时间要短）、大量购物等方式，来加深客户对销售人员的印象。当然旅游时不但饱览祖国大好河山美景，也是提升销售人员素质的重要手段。

八是要在会议结束的 1 ~2 天内和所有客户进行一次电话或短信联系，电话内容可以谈客户的报告、会议期间的交流、会议的组织、会议的意义、旅行的活动，甚至是菜品、特产、风土人情等，以加深客户印象，为下一步销售拜访预约或者其他销售做准备。

会议期间，除了认识更多的客户，结识行业或科研院所的知名人物、专家和设计人员，还要与同样参加会议的销售同行，甚至是竞争对手多交流，了解或沟通行业和市场信息，建立相互之间的联络渠道。这些销售上下游产品的同行，他的客户也就是销售人员的客户，相互之间交换客户信息，会使双方的信息都得到扩大，经常联系会获得很多有价值的采购信息和其他情报。

对于有些销售同行已经成交，而销售人员还没有做进去的客户，或者久攻不下的客户，如果能得到销售同行的帮助，可以了解到比较准确的客户情况，搞清客户的采购流程和决策模式，关系密切的销售同行甚至会直接告诉你客户那里谁负责预算、谁负责选型、谁会去考察、谁是关键决策人以及如何搞定客户关键决策人的方法，替你在客户那里摇唇鼓舌推荐产品，帮你牵线搭桥引见客户高层，指导销售人员赢得订单。

销售人员公司组织的会议，如技术交流会、新产品推广会、产品展销会、客户答谢会、公司各种庆典活动等，会议营销的要点与参加行业会议类似。

7. 活动：互动建立私交

建立客户互信是大客户销售最关键的内容。销售过程其实质就是不断推动客户关系进展的过程，不断发展更多客户关系的过程。

在建立与客户互动的关系上，许多销售人员都存在着一定的误区。经常性看到这样的场景：拜访结束或告辞客户时，销售人员满脸热情对客户说："领导，晚上有没有时间，一起活动活动！"或者是酒酣耳热双方醉醺醺时，销售人员口齿不清地对客户说："兄弟，走，一起活动活动去！"这是新入行或关系型销售人员最常见的销售手段。结果是"喝坏了身体喝坏了胃"，甚至是"得罪了老婆孩子，惹出一身的毛病"。

营销费用高昂不说，遇到对胃口的客户，或者项目并不复杂的销售，加上所谓的"三扣"公关手段，依靠"折扣、纽扣、回扣"拿下销售订单。但在当今，这三板斧的公关手段已经彻底 OUT 了。一是惩治腐败的手段越来越严厉，态势越来越高压，客户基本不敢去吃饭，更别说"活动"；二是客户追求身体健康，不愿意过多涉足不健康的吃喝玩乐；三是越来越多的客户形成了把工作和生活分开的理念，业余时间乐意陪家人一起，或是追求更有品质的生活。

所以这里的"活动"不是销售人员惯常理解的吃饭、桑拿、泡澡，甚至一些更低级趣味的低俗活动；而是指销售人员根据项目关键客户的业余兴趣爱好，有针对性组织策划的一些健康、积极向上的活动，如登山、游泳、球赛、户外、旅游等运动型活动，或者是文学、音乐、棋牌（不赌博）、摄影等文艺型活动，甚至是到客户家中炒菜、包饺子、品酒等饮食文化活动，一起参加各种兴趣培训班等，这些都是受到客户特别是客户家人欢迎的良好沟通手段。

如果销售人员精心策划的这些活动能让客户开心参与，甚至还能让客户家人乐意参与，或者双方家人一起参与互动，会更容易和客户建立互信，形成双方良好的私人关系。这类活动建立的良好私人关系比单纯依靠利益建立的关系更加紧密牢固，具有绝对的优势，尤其是在中国这个讲究人情的社会，你和客户之间的熟人关系，其他竞争对手是无法取代的，或者很难轻易取代，在竞争对手没有绝对优势的情况下，你的赢单胜算远远高于对手。

现代人讲究生活情调与品位，只要销售人员客户情报工作到位，肯定能发现每个客户都有自己兴趣爱好和丰富的业余生活。如果你能摸清客户的业余爱好，就可以有针对性地组织策划各种互动活动，通过活动与客户建立相互信任的关系。这里再次强调一下，销售人员平时一定要多积累知识、多培养自己的多方面才华。做销售不仅仅是公司、产品，很多时候功夫在产品之外。

互动活动策划技巧

在大客户销售过程中，客户情报收集工作非常重要。其中有一类资料特别有价值，即关于决策者个人的相关资料。具体包括：客户的家庭情况，父母、子女及其教育情况、爱人的情况；家乡、毕业的大学和专业、兴趣和爱好，喜欢的运动、餐厅和食物、喜欢的书和杂志等，主要经历、年龄、职位、工作中实际权力与名义权力，单位内部的朋友和对手、职位发展空间及需求等，性格特点与沟通方式、日常工作行程安排、业余度假计划等资料。

这些资料可以在拜访客户时通过与客户的言谈交流，和销售人员的观察收集，也可以通过客户的 QQ 空间、博客空间，发表过的文章或论文等资料分析，还可以通过客户的同事朋友了解，了解得越详细越好。记住，收集资料应该小心从事，不能把自己整成克格勃，让客户很反感甚至很害怕，以为销售人员别有用心。关系的建立是通过不断交往形成，正所谓路遥知马力，日久见人心。

与客户的活动分为两种：一种是单位群体活动，另一种是私下个别活动。单位活动参与人数较多，可与客户形成良性互动，在客户内部营造人气和发现内线，但很难与关键决策人建立互信和私交，而且可能产生的费用也会较高；私下个别活动属于比较私密活动，与客户进行的是一对一的互动，比较容易在共同爱好的活动中建立关系，费用也相对低廉，更具有可操作性。

单位活动可以是一场球类友谊赛，也可以是一次登山远足活动，还可以是相亲交友活动，也可以是精心组织的某种学习，等等。销售前期可以利用这类活动与客户的办公室、工会、行政部等部门建立联系，为将来获得客户关键决策人行程做铺垫；如果是销售结束后的客户维护，有利于和客户建立更紧密的关系，加强客户的忠诚度，创造二次销售机会和建立长期合作关系。

私人活动就更加种类繁多，关键是摸清楚客户的兴趣点。可以是针对客户个人的兴趣爱好，策划的健康、积极向上的活动，如登山、游泳、球赛、户外、旅游等运动型活动，或者是文学、音乐、棋牌（不赌博）、摄影等文艺型活动，这类共同的兴趣爱好，邀请客户时不容易受到客户拒绝，活动时双方一对一的单独行动，不受外部环境干扰，容易做到无话不谈，很容易加深双方的关系。记住，如双方进行对抗性的活动，不要把客户杀得片甲不留，可以适当留有一点余地，但不要让客户看出是你故意让他。

如果与客户建立了较好的关系，就可以到客户家中拜访。一般而言，关系不到一定程度，客户是不会接受不熟悉的人到家中拜访的。如果销售人员的厨艺不错，或者擅长某类菜式，可以到客户家中露一手，如果是北方人还可以到客户家里包饺子；还可以准备一些比较有特色的食品，如携带质量较好的红酒或茶叶到客户家中分享等。这类活动有客户家人参与，双方关系能更进一步。

如果你和客户生活在同一城市，还可以邀请客户参与到自己的家庭生活。通过双方家庭的互动，使关系更加紧密。子女教育是父母最关心的话题，为客户的子女推荐一个好的学校，一个好的辅导老师，甚至双方子女参加同样的兴趣班，与客户一起进行亲子教育，等等，都会为你获得加分。或者在力所能及的范围内为客户的子女教育、就业等问题分忧解难，客户会发自内心感激你。

销售人员还可与客户一起参加各种兴趣培训或者学习班，甚至策划或组建相应的小团体，进一步加强沟通和联系。这些相对高雅的活动都是受到客户特别是客户家人热烈欢迎的良好沟通手段。这类活动建立的友好关系甚至会使你和客户成为一辈子的朋友。而那些低俗的活动建立的关系是人人可以模仿的手段，也是很容易就被超越的关系。

如果销售人员本身就精通客户的爱好，那是最好的情形，与客户在沟通时可以轻易找到共同话题，业余时间可以利用这种爱好与客户迅速建立更多的联系，从而形成双方的良性互动，迅速建立互信关系。如果销售人员不会的话，也没有关系，利用公司的资源或者自己朋友圈的资源，找出与客户兴趣爱好相关联的人，再建立联系也不失为一个好办法。

少安排不健康活动

当然，请客送礼这类活动也是销售必需的手段，是人际关系的必要润滑，不能完全否定。因为即使是很熟悉的朋友之间也经常聚会聚餐或赠送小礼物。但销售人员绝对不可以把建立客户关系庸俗成吃喝玩乐和给回扣。如果因为搞活动时出事，被政法机关扫黄行动逮住，会给客户的职业生涯带来巨大的负面影响；或者染上性病等，给自己和客户的身体，甚至给客户家庭带来巨大伤害。

必要的请客吃饭或送礼，必要的正常娱乐活动可以加深客户感情，销售人员在费用允许的情况下可以适当安排。如在晚上的商务宴请后，销售人员要视客户情况，可以适当安排一些活动，以进一步加深双方的感情。娱乐活动建议选择正规的足浴、按摩，或者没有坐台小姐的唱歌，或者氛围比较舒适的酒吧，一起听音乐会、看球赛等，以健康活动和正规娱乐为主。

重要的情况需要沟通，活动选择地点还要考虑保密性，避免隔墙有耳，沟通时不要涉及具体的单位、姓名，双方当事人对洽谈的内容比较了解，可以适当打哑谜或含糊沟通。这些场所销售人员来往比较多，尤其是在较小的县市级消费场所，只有几个比较好的地方，善于做关系的销售人员，甚至还会和这里的工作人员建立朋友关系，言语之间泄露了商业秘密，有可能会传到竞争对手那里。

其实在大多数情况下，客户并不会提出这样那样的要求。客户的素质其实都不错，只是很多销售人员内心龌龊，把客户想象成贪财好色之徒。特别是作为一名具有一定权力的客户，一定很珍惜自己艰苦奋斗来之不易的地位，不会随便让自己倒在糖衣炮弹之下。因为即使有些销售人员敢给回扣，对客户而言也是风险极大的收入，为了一点点回扣，损失自己的大好前程，绝对是得不偿失的，客户内心自有一杆秤。

销售人员之所以会想利用不正当活动拉拢客户，一是因为很多销售人员营销手段有限，无法通过正常手段与客户建立关系；二是因为很多销售人员本身素质低下，自己热衷于此类活动，所以推己及人，把客户也当成没有素质的人。销售人员在人们眼中的恶劣形象就是被这类销售人员败坏的。与其花这个钱害人害己，还不如给客户买几张电影票，或者公园、游乐园的门票，让客户一家有一个愉快的周末。

即使个别素质不高的客户主动提出，销售人员也应该有勇气拒绝。如果你与客户的关系需要靠这类活动建立，说明你的销售能力还要提高。因为这类胆大的客户还处于低级需求阶段，一般手中掌握的权力有限，销售人员要善于识别这种骗吃骗喝的客户，千万不要被他的豪言壮语忽悠，把大量的时间和精力浪费在没有价值的工作上。真正具有决策权力的客户是不屑于这类活动的，因为他们的需求一定处于更高层次，更多的是考虑如何做好这件事。

通过各种私人活动与客户互动能很快与客户建立私交，将客户关系转化到私交层面。这种高难度的销售技巧与人人都会的请客吃饭、送礼等销售手段不同，它更具有人文关怀和个性，没有交易那种赤裸裸的感觉，更能打动并赢得客户的心。这样建立起来的关系更紧密也更持久，是从交易关系到朋友关系的升华。通过这种手段建立起来的关系，一旦成立，竞争对手就很难攻破。

越是高层级的客户，活动策划的内容越要有档次，带“总”字级别的客户，活动策划要少而精，可以安排一些高雅的音乐会、高尔夫等活动；中层级别的客户，活动策划可以适当多一些，内容也要多样化，雅俗共赏，他们是主要工作参与者，与他们进行的活动时间要多一些，要经常建立互动联系；低层客户的活动可以简单一点，少安排或者是不安排。

第六章

互联网时代的实战胜经

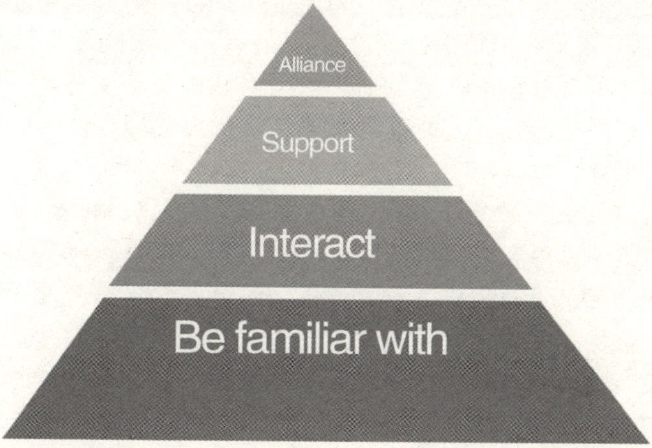

搞定大客户实践胜经

大客户销售中，客户采购金额大、决策周期长、决策过程复杂，有计划按步骤进行，会有多个部门参与，有一套严密的采购流程，是一种复杂销售。过去那种凭感觉做销售，把销售当成艺术的做法已经很难适应复杂销售的竞争。要想在激烈的竞争中胜出，必须建立一套以客户需求为中心，针对客户采购流程的战略销售模式，才能立于不败之地。

客户的采购流程，一般可分为六个步骤：发现需求—初步筛查—确立标准—方案评估—商务谈判—采购实施。

互联网时代，客户获取信息的途径很多，销售人员很难获得独家销售的机会，每个订单的获取都必须血拼抢单。互联网时代的销售胜经是以客户为中心的战略销售，是一种流程标准化、可重复操作的科学销售管理模式。每个销售步骤都与客户采购流程相对应，客户的采购流程分为六步，与此相对应的销售策略也分为六步：发现商机与竞争力分析，搞定项目关键决策人，三种差异化立体攻防，决胜不只在招投标现场，双赢合同谈判技巧，自动自发的样板营销。

客户采购流程每个步骤中发生的，影响采购流程向前发展的里程碑事件是客观评估销售机会，制定有效的销售策略，了解销售工作进度，推进客户关系进程，及早发现销售活动中所出现的异常现象，推动销售步骤向前发展，最终成功赢得订单的关键节点。只有确认销售行动突破了关键节点，得到了里程碑事件的印证，才能确认销售流程已经完成，才可以将销售流程推进到下一个步骤。

销售推进必须顺水行舟，顺应客户的采购流程。销售流程的每个步骤工作内容都应该是针对客户采购流程的有效行动，销售行动应该是标准化和可重复操作的。客户没有完成上一个流程绝不会进入下一个流程。如果没有完成上一销售流程的关键点，强行推进到下一销售流程，销售成功率也会大大降低。一般而言，销售人员进入销售流程越早，销售流程推进越完整，销售成功的概率越大。

销售人员要理解客户采购流程六个步骤是为了研究客户采购过程而人为划分的。真实的采购中这六个步骤之间并没有明显界线，很多时候两三个步骤会同时进行。客户采购有多重模式，不是每一个采购都具有完整的流程，有时候客户可能在选型阶段就直接采购了。有些采购项目客户还会因为种种原因终止采购。

1. 发现商机与竞争力分析

客户需求的四种情况

客户的采购需求由内、外部的刺激引起，是采购决策过程的起点。内部发起的需求包括原有设备老化后的以旧换新以及项目扩产、扩建、新建引发的全新采购等。外部催生的需求，市场出现了原使用产品的升级换代产品，或因技术工艺改进需要使用升级产品，外部环境压力带来的产品升级需求等。

具体而言，引发客户需求的有以下几种情况。

以旧换新

相当一部分客户采购的原因是因为原有的产品已经老化，性能日渐下降，故障率不断升高，客户决定采购新设备来取代旧设备。由于客户已经使用过同类产品，对产品的性能和特性相当熟悉，采购比较关注价格、可靠性、使用寿命和保养成本。采购的发起者一般都是一线的使用者，技术影响者是保养维修技术人员，其决策者往往都是生产部门的领导。

扩产增容

一般源于客户的业务增长，如生产扩大或项目扩建等。客户关注点主要是设备工作能力、运营成本等。采购的发起者一般是生产部门的领导，技术影响者一般是生产技术人员，而决策者往往在最高层。

全新采购

客户没有使用过这种产品，发起者往往是技术人员或最高层，决策者一般是最高领导，技术影响者由生产技术人员和设计人员共同担当，但设计人员有更大的发言权。在这一类采购中，客户一般比较关注性能与工作能力，但对于供应商的兑现能力也非常关注。

升级换代

客户原来就有这种设备，使用正常，已能满足使用要求，但由于业务的改变或因工艺技术改造，或者市场上出现了高效低耗的更好设备，也有可能来自外部环境压力，如政府要求淘汰某种落后工艺，环保部门提出了更严格的环保要求等，都可能导致客户对设备产生新的要求，从而引发了设备升级换代的采购需求，以提高公司的竞争力和满足监管部门的要求。

客户关注点一般在性能，特别是性能先进性。其发起者一般是生产技术人员，少部分是设计技术人员，技术影响者由生产技术人员和设计人员共同担当，但往往生产技术人员有更大的发言权，决策者往往是技术或生产方面的高层。

询价是采购发生的起点

客户产生的采购需求源自于客户存在的问题，没有问题就没有需求。客户存在的问题有隐性问题和显性问题。只有引起客户足够重视的显性问题才能触发客户的采购需求，如项目新建或扩产，设备需求的问题很明确，就能顺利进入客户采购流程。而隐性问题有些只是相关部门的不满，或者问题的严重性没有达到必须马上解决的紧迫程度，未能引起客户足够的重视，就无法形成有效的需求，如设备的以旧换新和升级换代就可能停留在隐性问题阶段，无法进入客户采购流程。

显性问题需求比较容易发现，大多数竞争对手的销售人员都能在第一时间获取采购信息。隐性问题需求比较难以确认，隐藏在客户的现状或未来发展中，需要对客户现状或将来可能遇到的问题进行认真分析和深入挖掘，将隐性问题逐层剥开，不断放大问题所能造成的影响以及解决问题的紧迫性，将隐性问题转化成急迫需要解决的显性问题，这种模式发掘出来的客户采购需求竞争对手很难在第一时间获知和介入。

销售人员收集信息或拜访客户时应详细了解客户的现状和未来业务发展的目标，针对客户生产现场进行深入走访，详细了解客户现有设备使用状况和存在问题，了解设备使用部门和操作人员的意见以及工艺技术部门等对存在问题的看法就有机会挖掘到客户以旧换新和升级换代的需求。新项目需求比较容易确定，老旧设备更新采购客户有时对自己的需求并不明确，需要引导客户发现问题明确需求，在项目采购前期帮助客户发现需求，会给销售带来先机。

一般而言，客户存在的显性问题引起客户决策层的重视后，客户会对以下问题进行确认：公司目前所面临问题的影响范围和严重程度？存在的问题是否必须马上解决？问题解决以后，对公司的好处在哪里？目前是否有合适的供应商来解决这个问题？

客户可能会召开专门会议，就存在的问题进行研究，以确定是否要立即进行解决；或者客户会对相关利益群体，或者外部人员宣布，将妥善处理某一个存在的问题。

国有企业采购计划性很强，会先提出设备采购计划（有些是在年底统一上报下年设备计划），经使用、技术部门评估后确定技术方案，再由计划部门（有些是技术、设备部门）上报采购计划和预算，经公司财务确认预算可行，上报公司决策层批准采购项目实施。

客户在制订初步预算时可能会有多个部门会进行初步的询价。接到客户询价时不要轻易报价。客户处于采购流程的前期，不了解自身问题的严重性、迫切性，解决问题能带来的巨大利益，客户需求尚未明确就不可能理解产品的价值。此时销售人员贸然报价，高价会使客户觉得太贵，低价客户会觉得质量不行。最好先搞清楚客户的组织架构，在不清楚客户询价人员的部门职位，必须在电话中先探寻客户的身份，确定后再形成报价策略。

应对使用、技术部门的询价尽量不要随便报价，因为他们只负责设备的使用，对价格并不敏感，如果客户坚持一定要报价，可按照公司的对外销售报价，或者适当比销售报价高一点，报出一个大概的弹性销售报价数字，适当含糊或宽泛，尽量不要提供书面的报价。同时应向客户说明具体的报价要根据客户的工况要求、具体配置等情况才能确定，顺便向客户提出约访要求，验证客户需求的准确性，并得到一次销售拜访机会。

应对负责采购计划的计划部门以及采购执行的供应部、设备科或者招标部门的询价，则应该比较慎重，这些部门有时还会要求书面报价。因为对他们的报价基本上意味着是销售的最高价格了，除非使用特别的策略，否则最终销售价格一定会低于报价。可以直接给客户对外销售报价，如果公司没有制定对外报价，建议按照公司平均销售价格，或在较好的销售价格上浮15%左右报价。如果客户质疑，可以用一个公司实际发生过的最高销售价格向客户证明报出的价格很合理。

报价时建议先对客户进行试探。先提供客户对外销售报价，并保证或证明报价即实际销售价格；同时对客户进行报价测试，告知客户很多单位在询价时，一般会要求我们适当高报3% ~5%，你看我们怎么报价合适；如果客户沉默或者犹豫，可以向客户强调，其他很多客户都是要求报高一点，因为很多客户会对预算调整，适当报高一点就会更合理；如果客户直接要求报高一点，或者经过犹豫挣扎之后同意报高，就明确告知客户，事成之后一定会感谢，同时力争将该客户发展成为自己的内线。

客户采购需求与确认的关键标志是客户的采购计划和资金预算得到批准，或者成立了项目采购小组，其中客户询价是个关键起点，说明客户的需求已经非常明确了，此时销售人员务必开始介入，否则将失去竞争先机。

客户评估与竞争力分析

客户采购流程的第一步是发现需求，销售人员针对此步骤的销售目标有两个：一是收集客户信息，及时掌握客户可能的采购信息；二是评估销售机会，要尽量收集和明确客户的需求、采购进度表、资金预算、竞争情况、成交概率等关键评估元素，确定项目是否值得跟进；判断客户级别，根据客户预计成交时间和成交可能性大小将客户进行分级管理，确定下步销售推进方案。

客户的基本资料和项目资料是客户采购信息分析的基础，此步骤需要收集的信息包括客户和项目的基本情况以及竞争的相关信息。

客户的基本情况包括客户的规模、行业地位等；客户的盈利能力，客户的销售利润率和资产回报率，目前处于盈利还是亏损状态，未来新项目的盈利情况；客户的资金状况；客户的投资状况，包括相关历史投资情况，本年度的投资预算等；客户的信誉情况，按时支付供应商货款的比例等。

项目的基本情况包括客户对项目的重视程度，项目发起人在客户组织中的地位，目前对项目采购发起讨论的级别；客户内部的决策流程，相关人员和关键人员；项目规模和采购金额的大小，明确的采购资金预算；预计采购时间和采购进度安排表；采购项目的基本要求和需求框架等。

项目的竞争情况包括哪些竞争对手与客户进行过接触；竞争对手是否已经提前介入并取得优势；竞争对手销售人员姓名、销售特点；竞争对手的客情关系，与己方对比是否具有的优劣势；竞争对手在项目中的报价和商务条件；竞争对手产品技术和方案特点以及售后服务方案特点，这几点应在平时和项目竞争中多方收集资料深入了解，避免临时抱佛脚。

不是所有的采购信息都是销售机会，有些客户有资金风险，有些客户很小不值得跟进或投资，有些客户投入产出比很低，有些客户跟进成交率很低，也有客户的技术要求公司产品无法达到，有些客户预算达不到公司客户定位要求……

销售人员第一要分析客户的信誉、资金、需求、技术要求，是否符合公司客户定位要求；第二要分析客户采购项目的规模、基本要求、采购项目的进度安排等，评估自己的资源能力是否能够完成采购项目；第三要分析与竞争对手在产品和服务、客户关系方面的实力差距，估计在竞争中获胜的可能性；第四要分析完成采购项目必须付出多大的销售成本，对比客户的预算，判断项目是否有利可图，是不是值得赢单。

销售人员要在订单金额、成功概率和销售成本之间作权衡。按照事先设定的评估标准，通过评估的订单进入下一个销售步骤；没有通过评估的订单考虑放弃或降低接触级别。但一定要记住经营客户的概念，今天不符合条件的客户将来很可能变成优质客户。

有些订单金额虽大，但成交概率太低，销售成本太高，销售人员要学会毫不犹豫地放弃，销售的上乘境界是输得起和敢于放弃。放弃对价值偏低甚至没有价值的订单不仅是勇气，还是大智慧。

有些采购项目，特别是具有区域或行业影响力的领军企业，或大集团客户的采购项目，即使当期项目成交的概率比较低，或者订单价值偏低或负价值，也有必要倾尽全力去努力争取赢单。除了考虑项目影响力巨大，会给所在区域或行业带来重大影响的因素外，一旦做成功有巨大的宣传和号召力；还因为这些企业发展比较快，定期会有重复的采购项目，通过跟单混个脸熟争取后续订单；另外大集团客户考虑安全因素，往往会发展几家供应商相互制衡，这个时候很可能就有机会赢得部分订单。

根据销售机会和成交时间的紧迫性，销售人员要学会对客户进行分级，在项目较多的时候，还要充分考虑订单的价值和影响力。A 级客户，销售机会大，成交时间短；B 级客户，销售机会小，成交时间短；C 级客户，销售机会大，成交时间长；D 级客户，销售机会小，成交时间长。销售人员要分清主次，合理分配销售资源，将资源和时间优先投入到 A 级客户身上，同时优先次序跟进 BCD 级客户。

销售流程中的客户评估是销售成败的关键一步。销售人员一定要对潜在客户的商机进行竞争力分析评估和客户分级，确定订单是否有胜算的可能性，是否有赢单价值，值得销售人员跟进。

2. 搞定项目关键决策人

客户筛选供应商的方法

大客户选择项目的供应商，建立双方的合作关系，需要充分考虑采购后的安装、售后服务、技术升级、配件供应等多种因素，会设定最低的短期标准和长期标准，只有充分考虑了短期标准和长期标准，建立起两者相结合的动态供应商评价体系才能利用标准对供应商进行有效评价，最终寻找到理想的供应商，控制采购带来的潜在系统风险。

客户对供应商的调查选择与考核评估，短期标准主要有：产品质量合适、价格水平低、交货及时和整体服务水平好；长期标准是供应商能稳定长期发展，能在产品使用周期内提供售后服务、配件供应、技术升级等支持，标准主要有：供应商内部组织是否完善、供应商质量管理体系是否健全、供应商内部机器设备的先进性及保养情况、供应商的财务状况是否稳定。

短期标准

产品质量合适。质量符合客户的要求是进行商品采购时首先要考虑的条件。对于质量差、价格偏低的产品，虽然采购成本低，但使用质量不合格的产品进行生产时会影响生产的连续性和制成品的质量，最终导致客户的总成本增加。质量过高的产品，并不意味着适合客户所用，如果质量过高，远远超过生产要求的质量，其采购成本分摊到制成品中也会偏高，对于企业而言也是一种浪费。采购产品的质量要求是符合客户生产所需，要求过高或过低都不合适。

较低的总成本。成本不仅仅包括采购价格，还包括产品使用过程中的材料消耗、零部件、维修等所发生的一切支出。采购价格低是选择供应商的一个重要条件，但是价格最低的供应商不一定就是最合适的。如果在产品质量、交货时间上达不到要求，或者由于地理位置过远而使运输费用、售后服务周期过长，或者因质量不稳定导致消耗、配件、维修成本加大，都会使总成本增加。总成本最低是选择供应商时考虑的重要因素。

及时交货。交货时间是选择供应商时要考虑的因素之一。供应商能否按约定的交货期限和交货条件组织供货，直接影响客户企业生产的连续性。客户在考虑交货时间时会关注两个方面的问题：一是采购产品的交货期，二是后续使用配件的交货期。客户需要降低生产所用的消耗材料或零部件的库存数量，从而降低库存占压资金以及与库存相关的仓储、损耗等各项费用；二是要降低断料停工的风险，保证生产的连续性。结合这两个方面内容，满足客户对交货及时性的要求，应该是保证产品按客户需要及时交付，完善消耗材料和零部件供应体系，保证客户任何时候需要，都能做到准时送货，确保客户库存最低。

整体服务水平好。供应商的整体服务水平是指供应商内部各作业环节能够配合采购客户的能力与态度。评价供应商整体服务水平的主要指标包括培训、安装、维修、质量保证期限、技术支持等方面。

培训服务：供应商有责任向采购客户培训所销售产品的使用知识。供应商对产品售前和售后的培训工作情况会大大影响客户对供应商的选择。

安装服务：通过供应商提供的安装服务，客户可以缩短设备的投产时间，或投入运行所需要的时间。

维修服务：免费维修是对客户利益的保护，也对供应商提出了更高的质量要求，供应商会想方设法提高产品质量，避免或减少免费维修情况出现，以降低销售费用和提升客户满意度。

质量保证期限：供应商提供的产品质量保证期限较长，可以免除客户对产品质量的担忧。

技术支持服务：售前供应商向客户提供相应的技术支持，可以替客户解决设备选型的难题，为销售自己的产品占尽先机；售后供应商向客户提供相应的技术支持，可以使客户更好地使用设备，配合客户对设备进行适合工况的改造；提供免费或有偿的产品升级服务等技术支持，对客户会有很大的吸引力，也是供应商竞争力的体现。

长期标准

客户选择供应商的长期标准主要在于评估供应商是否能保证长期而稳定的供应，其生产能力是否能配合公司的成长而相对扩展，其产品未来的发展方向能否符合公司的需求以及是否具有长期合作的意愿等。选择供应商的长期标准主要考虑下列四个方面。

供应商内部组织是否完善。供应商内部组织与管理关系到日后供应商供货效率和服务质量。如果供应商组织机构设置混乱，采购的效率与质量就会因此下降，甚至会由于供应商部门之间的互相扯皮而导致供应活动不能及时地、高质量地完成。

供应商质量管理体系是否健全。客户在评价供应商是否符合要求时，其中重要的一个环节是看供应商是否采用相应的质量体系，是否通过ISO9000质量体系认证，内部的工作人员是否按照该质量体系，不折不扣地完成各项工作，其质量水平是否达到国际公认的ISO9000所规定的要求。

供应商内部机器设备的先进性及保养情况。从供应商机器设备的新旧程度和保养情况就可以看出供应商对生产机器、产品质量的重视程度以及内部管理的好坏。如果车间机器设备陈旧，机器上面灰尘油污很多，很难想象该企业能生产出合格的产品。

供应商的财务状况是否稳定。供应商的财务出现问题，周转不灵，就会影响其自身的采购与供货，影响供应商的生产安排调度，甚至出现停工的严重危机，直接影响到其对客户的交货和履约。供应商无法交货进而引发连锁反应，影响供应商客户的生产安排，甚至出现停工的严重危机。

供应商初步筛查的关键点

客户初步筛查供应商的采购流程中，客户明确了采购组织架构和关键人物，就会进入供应商初步筛查流程。

客户在初步筛选供应商时一般会从以下几个方面考虑：行业综合实力靠前的供应商，包括注册资金较大，企业经营历史较久，技术工艺先进，生产经营管理体系健全，产品生产经营许可资质、质量认证证书齐全、产品质量得到市场验证、具有相对或显著优势，产品具有价格或性价比优势，具有方便快速供货的明显区位优势，具有完善的支持和服务优势，产品在市场上有众多的用户并得到用户良好评价，有时还会考虑与之接触的供应商销售人员素质等。

供应商初步筛查步骤，客户首先会进行资料筛查，要求供应商提供营业执照、产品质量认证等合法的企业相关资质证书，以确认供应商是否符合基本要求；其次会要求供应商提供连续三年的同类产品销售业绩表，以确认供应商是否已经有丰富的产品生产销售经验；最后很多客户还会要求供应商提供可以联系考察的用户，以验证供应商的产品是否运行可靠，售后服务和技术支持是否完善。

资料筛查一般由采购部门进行，使用部门、技术部门会向采购部门推荐。在此步骤，客户的筛查有四个手段：一是看过去是否已经成为合格的供应商，二是电话调查供应商材料真实性，三是通过技术交流确认供应商产品是否符合要求，四是实地考察验证供应商实力。

除了已经是合格的供应商，客户可能会对其他供应商进行电话调查，确认供应商提供材料的真实性。客户还可能会与供应商进行多个层次的技术交流，确认供应商产品技术性能是否符合采购要求。对产品符合采购要求的供应商，客户还可能会组建考察班子，考察班子一般由技术、使用等部门人员构成，重要考察可能还会委派副总或总工级别的领导带队，对供应商进行实地考察，考察供应商产品生产现场和用户处的产品使用现场，对供应商的实力做进一步验证。

一般而言，经过上述四个环节的筛查后，客户会确定入围供应商名单。供应商初步筛查阶段的销售要点是进入客户确定的入围供应商名单。其中使用的技术交流和参观考察等销售手段会对采购流程第三步骤的确立标准产生重要的影响，并形成差异化。

不同客户采购权力地位

大客户销售过程中，根据客户在采购决策中的角色和决策影响力，把与采购相关的客户内部人员分为：决策者、影响者、把关者、使用者、购买者五类客户，他们构成了客户的采购决策组织架构。不同类别的客户有可能同时兼具几种身份，如决策者往往也是影响者，有的决策者的身份可能是总工程师，也就同时兼具了技术把关者的角色。销售人员要根据客户的特点加以分析并灵活运用。

决策者

分为名义决策者与实际决策者。名义决策者是指在客户中拥有最高直接权力的人，比如企业的老板或总经理，拥有采购权力的分管副总，政府机关中使用部门的第一把手。理论上，由于他们拥有最高权力，他们就拥有了最高的采购决策权，他们才是真正的决策者。如果客户单位规模比较小，就没有了名义决策者与实际决策者之分，两个身份往往会合二为一，他们是同一个人。

在实际的销售过程中，如果客户规模比较大，采购金额与项目又没大到影响整个企业运营的程度时，这时最高决策者会把采购权力交由自己比较信任的下属行使。实际决策者的权力是因为最高决策者的信任而非职务，销售人员一定要学会识别与寻找。能否正确判断实际决策者取决于销售人员掌握的信息丰富程度和销售人员对人情世故的把握能力。

被授权的实际决策者一般是客户内部分管设备或采购的副总、总工程师，也可能是采购部长或招标中心经理，甚至还有可能是最高决策者信任的小人物。这个行使决策权的下属就成了实际决策者。人情练达是销售做到上乘境界的重要标志。每当客户的各重要人物一起与销售人员沟通的时候，销售人员要注意客户第一个发言和最后一个发言的人，实际决策者往往是这两个人中的一个，在与客户的交流中，发言最多、问问题最积极的人也往往是实际决策者。销售人员要注意，虽然名义决策者把决策权交由实际决策者行使，这不等于名义决策者就放弃了这个权力，一旦他想收回随时可以收回来，有时候销售人员已经做通了实际决策者的工作，可竞争对手通过上层做通了名义决策者的工作，名义决策者把采购决策权力一收，销售人员之前的努力都白费了。做名义决策者的工作回报虽高但难度极大，一般需有特别的关系才行，否则吃力不讨好。因为好的领导都懂得适度放权，没有特殊原因，他们是不会去干涉下属的工作的。

影响者

客户的决策者很难被销售人员说服，客户的采购决策在很大程度上是受客户身边人物的影响的，这类客户内、外部对采购行为产生重要影响的人称之为影响者。影响者可分为：经济影响者、政治影响者、情感影响者三类。

政治影响者来自客户采购内部或者外部的政治力量，其利益分享和关系平衡模式会对采购决策产生重要影响力。

内部政治。很多客户都默许内部存在利益群体，决策者需要利益群体相互约束和制衡。采购过程中的关系和利益平衡有两种模式：一是每个群体都赋予一定的发言权，二是分批次满足不同利益群体，如这次采购给一个利益群体，下次采购就给另外利益群体，由此达到利益均沾，利益共享，避免矛盾激化。有时候，客户内部与采购决策并不直接相关的实权人物会利用他们在客户内部的实权施加影响力，也会对采购产生重要的影响。

外部政治。商场是人情与权力的世界，很多看似不相关的人物有时也会从根本上改变销售结果。如上级主管部门意志、环保部门的环评标准、安全部门的安全标准、国家行业准入标准等。特别是上级领导，有时一个含含糊糊的电话就可能会使销售彻底翻盘，因为决策者的位置掌握在领导手中。

经济影响者是指能决定采购预算的财务人员。在中国的企业中，财务大权牢牢抓在老板手中，往往签字一支笔，决策者一个人说了算，财务影响者的作用不大。在制订产品采购预算方案时，财务影响者会根据公司资金状况、投资回报率，对采购预算资金作出建议，此阶段具有一定的影响力。销售人员在此阶段要结合客户的财务状况，确定合适的预算范围，屏蔽高价格的竞争者，同时防止作为高价格被屏蔽，同时在可能的情况下，提供更适合客户的融资租赁、分期付款等优惠商务条件，协助客户进行资金筹措，如进行易货贸易或第三方支付等。在采购结束后经济影响者转变为资金支付者，适当地与他们建立关系有利于货款回收。

情感影响者在职务与权限上与设备采购无直接关系，但他们与决策者感情密切，相互间有比较强的信任，一样可以对采购产生很大的影响。在销售实战中，通过决策者的亲朋好友或与决策者有特殊感情的人，作为切入口开展销售工作，往往能事半功倍。有关系就关系，没关系就找关系。

把关者

把关者一般为技术人员，对产品的技术性能与规格有极大的发言权，客户决策者在技术上对他们非常信赖，对他们的信任远远高于销售方技术人员，在采购决策中拥有重大的技术影响力，还得到了一种特殊的权力——否决权，所以又称技术把关者，包括外部设计人员、内部技术人员。

一般情况下，客户高层都不会把决策权交给技术人员，因为大多数技术人员都不太懂人情世故，他们过分关注产品质量、技术先进性，而忽视对采购成本的考虑。但技术人员经常会自认为是决策者，并把这种错误信息传递给销售人员，销售人员要懂得分辨这类信息，不被技术人员者误导。技术把关者没有决策权，只有否决权！如果技术把关者坚决反对某个供应商，该供应商基本上就已经被判出局了。通过与他们的沟通，可以为你的竞争对手设置一些障碍，大大有利于你获得订单。

外部设计人员指负责项目设计的设计人员或工程技术人员，对全新设计的新项目很重要。如果是一个全新设计的新项目，他们在设计选型时把你的产品设计在内，或按照你的参数设计，将会为你带来极大的竞争优势；如果在设计阶段，他们就把你排除在外，或者设计的参数恰好是你的劣势，这个项目基本上你就出局了。销售过程中，要重视与设计人员沟通，要有足够的时间提前量，在设计开始阶段就介入，建立先入为主的优势。有时候设计人员对所需使用的产品最新技术也不一定很了解，先入为主就有了优势。

内部技术人员包括产品使用和维护的技术人员。产品实际使用工艺技术人员，主要负责生产线上的工艺技术，与设计人员注重设备的主要性能特性以及参数相比，使用技术人员关注的点要细得多，他们更关注产品的可靠性和是否会改变或影响现有工艺流程。产品维护技术人员是指负责设备管理、维护的部门技术人员，他们关注设备的故障率、维修方便性、配件供应速度等。在设备以旧换新或者升级改造采购中，他们对更换供应商有一定的发言权。

很多国有企业的设备科（供应部、设备部）才是真正负责设备采购的单位。这种情况下他们对设备采购有重要的决策影响力，他们拥有技术把关者和采购者的双重身份，甚至拥有决策权力。

除了技术把关者，一切有权阻止销售人员或与客户接触的人都是广义上的把关者，如门卫、电话接线员、秘书等都可以阻止销售人员与客户接触。

使用者

使用与操作产品的一线人员和其部门的领导。一线产品操作人员的反馈或多或少能对采购的决策产生影响，特别是以旧换新、升级换代或重复购买时。最重要的是产品最终使用部门领导，他们参与采购的全过程，是采购的重要影响者之一。很多时候，使用者都是采购的最先发起者，或者产品方案设计小组和评估小组的成员，对采购有着全方位的发言权，很多时候他们会成为决策者。产品最终由他们使用，他们很大程度上决定着客户的满意度。

购买者

有权选择供应商并负责采购条件的人，负责筛选供应商、标书制作、招标事务、商务谈判、合同签订等具体商务工作。采购者可以帮助制定产品规格，但主要任务是选择卖主和交易谈判，产品价格、供货周期、服务条款、质保与索赔等细节主要由采购人员来决定。在较复杂的购买过程中，采购者中或许也包括高层管理人员，如决策者和财务、纪检监察人员等，他们会一起参加交易谈判。

建立互信：搞定关键决策人

销售人员在这一步骤的主要工作：一是要对前期获得的客户信息作进一步的确认和分析；二是要深入了解客户的组织架构，了解客户内部采购的组织结构图，明确参与采购的各个部门和相关人员，明确参与人员的角色与职能分工以及其他可能对采购产生影响的机构和人员，确定影响客户采购的关键人，与关键人建立良好的互信关系，同时也要和其他参与采购或影响采购的人保持良好的关系。

最了解客户的人一定是客户内部的人；客户最信任的人也一定是客户内部的人。在此销售步骤中，销售人员有两个重要的工作，在客户内部寻找线人和发展教练。寻找客户内部的线人可以更深入了解客户和项目情况；发展采购小组人员成为教练，利用教练在客户内部进行销售，能及时掌握客户和竞争情况，推动销售向有利自己的方向发展。

销售人员此步骤主要工作，尽量和更多的客户采购影响者建立联系。销售人员在与客户互动联系的过程中，要认真分析客户采购影响者的价值，客户价值是由其决策影响力来决定的。对于那些影响力很小，但胃口很大的客户要毫不犹豫地放弃。同样的时间与金钱花在更有价值的客户身上，获得订单的机会可能增加好几倍。

有些新销售人员到了客户那儿见了谁都拜，一些根本没什么影响力的人要吃要喝，他们也有求必应。钱花得不少，事却办不成，白耽误工夫。在大客户销售中，凡是有影响力的客户都是犯愁分身乏术，难以应付众多的饭局。那些需要在销售人员这里找饭局，索求小恩小惠的人基本上都没什么影响力，要尽可能地避开。如果不小心上了贼船才发现此人无影响力，先冷处理，再避开，不可以直接翻脸，小心他们说坏话做坏事。

对于销售人员而言，客户采购组织的人员分为支持者、中立者、反对者三种。销售的过程就是通过建立互信，把客户采购组织里的人员不断地从反对者变成中立者，从中立者变成支持者，增强支持者力量，削弱反对者的反对力量，最终通过大多数的支持赢得订单。整个销售的全过程都离不开线人的信息和教练的指点。有了线人提供的信息和内部教练的指点和支持，销售人员可以很容易根据客户采购组织的组织架构图尽早与采购关键影响者和关键决策人建立互信。

线人是指为销售人员提供客户内部信息的人，所有与客户直接、间接相关、了解客户内部信息的人都是潜在的线人。发展线人可以尽量多，一方面可以更全面了解客户内部信息，另一方面可通过多个线人相互印证，确认线人提供信息的准确度，以防被错误的信息误导。

对于完全陌生的客户，可发展对销售人员很友善、有共同语言的客户基层员工，如门卫、操作工人等作为线人。发展这类线人成本比较低，而且线人一般都与客户核心层没有重要利益关系。没有重大利益关系线人提供的信息才更准确，便于销售人员摸清客户内部基本结构和项目及需求的基本情况。这类线人职位太低，只能通过他们了解比较基础的信息，对企业一些隐藏很深的内部关系、帮派利益，往往不是很清楚。几支烟几杯茶的成本，线人也不可能对你说太多。

要进一步了解客户和项目信息可在客户采购小组周围发展线人，优先考虑领导秘书、司机、办公室主任、文员、政府里面的干事等。这类线人的特点是职位不高，但又和领导靠得特别近。职位不高的优势在于胃口小易打动，和领导靠得近才知道更多的内情。对于这类线人，可通过小礼物馈赠和商务宴请建立关系。对于那些长久合作、多次购买的客户，最后连客户决策者都有可能会变成线人。线人的作用只是了解信息，与线人的关系发展到考察期即可，此后保持电话和短信联系，见面敬支烟即可，不要专门再投入销售成本，毕竟做销售要考虑成本产出比。经过线人的指点，与客户采购决策影响者建立联系后，应该立即寻找客户中的支持者，在支持者中发展教练。推动客户关系的发展主要依靠客户内部教练。

教练是客户内部对采购决策有重大影响力的人，其作用是帮助销售人员获取信息、出谋划策，帮助销售人员联系并确认其他采购影响者，时刻指导销售人员定位，帮助销售人员找对人、说对话，帮助销售人员获取订单。

教练是客户内部支持你的核心人物，不仅随时指导你的销售行动，还在客户内部推动销售进程，是你的利益捆绑者或坚定同盟者。教练既是你的支持者又是线人，必须在客户采购组织中具有相当大的决策影响力，否则教练的支持毫无意义。理论上采购组织的任何角色都可以培养成教练，一般销售中，可以将客户中层管理人员、技术人员发展为教练，重大销售中，最好的教练是企业的高层人员，在项目决策中有一定的话语权，而且话语权的分量比较重。

教练和项目之间最好有直接的利益关系，销售的成功和教练的成功紧密相连；教练必须是客户企业中特别渴望成功的项目影响者；教练至少是项目组成员或时刻可以接触到项目组成员的人；采购组织中的其他角色对教练要信任，愿意与教练共享信息；教练和销售人员之间必须相互信赖，可以是信任销售人员的能力、人品或者从前有过业务往来。

教练采纳销售人员的解决方案，更多的是从自身利益出发。教练的个人利益包括影响职位或权力稳定的准确决策、个人职责；承担决策责任、后果、安全感的个人压力等；被上级肯定和赏识带来的升迁、个人权力；良好的内部人际沟通、交往关系和利益平衡；赢得尊重、成就、学习、考察、出国旅游机会；获得回扣、好处、请客等灰色利益；打压竞争对手，提高工作便利性等有时也会成为个人利益。其中物质和金钱是最容易衡量的利益。

在客户内部发展教练时，销售人员要特别注意识别教练的真伪。教练是否主动提供项目信息，是否第一时间告知项目进展、变动情况，是否主动引荐其他采购决策影响者，是否主动引荐给客户或采购决策者，是否及时提供竞争对手信息，是否主动和销售人员协商对策……还可以通过制造一些假的销售动作查看竞争对手是否根据假动作作出相应对策等。

一定要避免教练成为内鬼，销售人员在没有完全确认教练的真伪时，不要将自己的底牌完全暴露，你的教练也可能是竞争对手的教练。如果有可能，要想办法搞定竞争对手的线人和教练，散布一些似是而非的假消息误导竞争对手。对于教练不要盲目承诺，一旦承诺，项目成功后务必兑现承诺。

找对了全力以赴帮助你的教练，对销售有极大的帮助。教练是对销售有重大影响力的重要人物，一旦发展之后就不能轻易放弃，放弃这个教练近乎于放弃这个订单，也不能重复发展多个教练。

中国人最讲面子，教练一旦被销售人员放弃，他会觉得伤了面子，从而变成坚定的反对者。作为客户内部的重要人员，虽然他想帮你做成订单很难，但要想破坏你的订单可太容易了。如果到了万不得已，非放弃不可，最好是先用一段时间去冷淡，让这段关系无疾而终，切不可生硬地放弃。大客户销售，只有一个人可以说 Yes，一群人可以说 No，而教练往往是可以说 No 的人。

客户中线人可以有多个，发展之后可以放弃，因为很多线人对销售根本没有决策影响力。但如果发展了两个很有影响力的教练，教练之间可能会发生利益冲突，教练和你之间也会产生利益冲突，你就很难协调这种利益冲突。这种利益冲突的结果往往会导致教练变成最顽固的反对者，破坏力巨大。

销售人员要不被别人所误导，就需要多开拓一些信息来源，通过这些信息进行相互印证，印证教练的为人和所提供资讯的真伪。有时教练出于私利，对销售人员进行误导；有时教练不是有意欺骗，是因为教练未掌握真实情况，或是教练被其他人误导；也有可能教练是双面或多面，提供的信息真真假假，销售人员一定要避免落入双面教练的陷阱。

销售人员的失败 80% 都与选错教练有关。教练有自己的工作、利益，他们的利益与销售人员的利益冲突时，教练会毫不犹豫选择保护自己利益，损害销售人员的利益。销售人员选错了教练，教练并不损失什么，但销售人员付出的大量时间、金钱、精力与机会换来的可能就是失望和丢单。

采购决策架构与营销导图

采购决策架构与营销导图是站在客户采购决策的角度思考，根据了解的客户内部采购决策流程，参与采购决策的部门和决策人以及决策部门和决策人之间的关系和决策权力分配，制定出针对性的销售策略，搞定所有参与决策的部门和决策人，或搞定大多数决策人形成最大支持合力，或搞定关键决策人形成最大主导影响力。

采购决策架构与营销导图，有四个层次三个维度。四个层次包括关键决策层（老总或副总或总工程师）、负责设备选型把关的管理层（使用部门、技术部门、采购部门负责人或其授权人）、负责设备使用的操作层（使用操作人员、现场技术人员等）以及其他内外部的影响者。三个维度包括客户对采购决策的影响力大小：高、中、低；客户对你的支持态度：支持、中立、反对；客户与你和竞争对手的接触程度：高、中、低。

明确客户关系的权重后，就可清晰绘制出采购决策价格与营销导图。此时销售人员可以根据项目的实际情况以及竞争对手的销售推进情况，制订差异化的客户关系发展计划，依靠自身努力，或者公司相关销售资源，对不同层级的客户实行各个击破。

在客户关系发展遇到瓶颈时，销售人员要善于借用公司资源，有时候销售人员很难见到的客户决策层，公司领导可能会有很多途径与其接触，有时候销售人员很难沟通的客户，公司内部相关人员却能轻松建立互信。在大客户销售项目中，销售人员的定位应该是前线指挥官，公司所有资源都可以任由销售人员调动。

建立互信是销售工作中的关键，销售中的所有工作都是为了与客户建立互信。此销售步骤至少要做通负责入围把关的采购部门关系。如果直接与采购部门无法建立互信，可以通过技术部门、使用部门，甚至决策者的影响力，通过供应商初步筛查。这一步骤销售工作没有到位，就连陪太子读书的机会都没有。

建立互信既要考虑客户的组织需求，更要充分挖掘客户的个人差异化需求，追随客户的个人差异化需求路径建立互信。此销售步骤中，销售人员要通过各种销售手段，展示公司的实力和自己的专业形象、顾问能力，向客户证实能力，获取客户的好感与信任，并将客户信任转化成客户支持。在充分挖掘客户支持者的个人差异化需求后，利用销售手段将支持者发展成内部教练。

销售人员此步骤常用的销售手段有：提供公司资质证明材料、提交项目建议书、各种层次的技术交流、邀请客户前往公司和用户进行实地考察、样品测试等。技术交流容易得到客户组织信任，参观考察有利于建立客户个人互信。通过内部教练的指导和支持，销售人员可以与客户采购决策人建立互信，取得他们的支持，从而入围客户供应商名单。推荐销售人员在项目前期通过与客户进行小额交易，如以优惠价格供应通用配件、提供加工件的定制销售等，提前入围供应商名单。

销售流程步骤中的建立互信就是要搞定项目关键决策人，这是最终赢得订单的关键点。通过寻找线人发展客户内部的支持者，培养支持者避免反对者，将支持者发展为客户内部教练，并力争和客户决策者建立互信，最终入围客户供应商名单是这个销售步骤的主要工作。

3. 三种差异化立体攻防

采购标准内容与权重

此采购步骤中的客户采购决策组织会广泛地征求参与采购各部门意见，确定采购项目需要关注的重点，并制定详细的采购标准。如客户会对使用部门的需求进行深入调研，也会听取来自技术部门的专家意见，确认客户采购技术和使用需求；与财务部门交流，确认采购资金的初步预算；与采购部门交流，确认采购商务基本条件等。还可能会与入围的供应商进一步交流，探讨解决问题的可能性与实际困难，寻找解决问题的思路，满足需求的最佳方案等。

一般而言，客户在采购中比较关注的问题如下。

采购产品的技术标准是什么，技术满足要求即可，还是追求技术先进性和未来可升级的性能；产品功能是满足基本使用需求即可，还是要适合多种工况功能多样化；产品是否需要应对未来工艺技术升级带来的要求；设备技术参数满足目前生产即可，还是要考虑未来扩容的富余量；追求产品稳定性还是维修便利性；对操作舒适性有何要求；是否需要考虑国家、行业技术标准或执行最新的安全或环保标准；等等。

对供应商选择的标准是什么，企业性质、企业规模、行业地位、区域优势、经营业绩、市场份额、企业经营的持续稳定性、技术优势和技术升级的可能性、价格和商务条件、产品质量、售后服务、配件供应等诸多因素，当前企业最需要考虑哪些因素？

市场上有哪些潜在的可供选择的产品？是否有替代产品？潜在的产品和服务供应商有哪些？供应商对项目的管理、服务和技术支持能力如何，是否得到了同行业或其他行业用户的验证？供应商是否有潜在的技术泄密和危害企业或国家安全的影响？

销售人员一定要清醒意识到，客户的采购标准不仅仅是产品技术性能、质量、价格、商务、交货期限、配件供应、售后服务、技术支持等基本内容，它还包括企业愿景、使命等内涵构成的客户企业基本利益。采购标准是任何供应商都无法逾越的一道屏障，销售成功的首要条件是供应商必须符合企业的基本利益。

如外国进口的高端产品，性能可能处于顶尖水平，但涉及各个国家安全的产品，客户都只会选择国产品牌，即使外国设备再好也不可能选择。即便是国内的企业和产品，如果供应商不符合客户的基本利益，不能满足客户的采购标准，即使其产品再好，销售人员和采购关键决策人关系再好，都仍然会被客户拒之门外。

确定采购标准的采购步骤，客户的主要工作有两方面：一是与相关部门和供应商接触，二是项目采购标准的制定。客户与潜在供应商进行沟通和调研，最终形成符合客户特点、能完全实施的采购标准。此阶段，销售人员应当积极争取参与进去，向客户呈现你的优势，使采购标准有利于你。

客户的采购标准分为技术标准和商务标准，一般而言技术标准比商务标准更重要，在产品同质化严重的情况下，商务标准也可能成为决胜标准。很多时候在投标过程中，客户会要求供应商提供技术和商务两份单独标书。当技术标书获得客户通过后，供应商才有资格进入商务标书评审阶段。

技术标准

技术标准要能体现产品的独特卖点，突出人无我有、人有我精的优势。一般而言，客户在采购过程中，会对产品主要参数、技术性能、使用性能、维修性能、配件供应、售后服务等方面形成满足客户主要需求的技术标准。

主要参数。产品参数决定产品的工作能力，参数过低产品会超负荷运转，参数过高可能导致动力和消耗偏高。确立产品参数标准时要根据自己产品的特点，如果你的产品参数较高，则以客户将来可能扩产需要升级为理由，设定比较高的参数指标；如果你的产品参数较低，则从降低客户产品使用成本的角度，设定合适的参数，当然这个较低参数必须至少满足客户现阶段的使用。

技术性能。产品的技术性能决定着产品的功能，每个技术特点不同其性能也不一样。功能多样化，能适应客户的多种工况，同时也意味着故障可能会多，价格会较高；功能单一，则意味着故障偏低，产品运行稳定，价格实惠。确立技术性能标准时，选择高于竞争对手的产品性能作为采购标准，以多功能和适应多种工况取胜；如果产品性能低于竞争对手，功能单一，则认真分析客户的工况情况，确认产品富余的性能是否存在实际使用价值，如果多余性能可有可无，则以稳定性作为考核标准，或者干脆放弃此标准。当然，其前提也必须满足客户最低需求。

产品兼容性。产品对客户原有生产工艺的兼容性高，不需要花费时间、金钱进行改进或接驳，自身运行稳定，不对其他设备带来冲击和影响，不影响原来的连续生产等，这也是客户重点考虑的技术标准。

技术升级。客户采购产品用于连续生产，可能会考虑未来的产品技术升级。如果可以提供技术升级支持，也可以成为具有优势的技术标准。

产品标准。国家标准高于行业标准，行业标准高于企业标准，企业标准高于没有标准。有时候还要考虑安全性、环保性，如煤安证、矿安证、生产许可证、专营证等国家强制性标准。

使用性能。产品的使用性能不仅仅使用部门重点关注，客户高层因为担心职工健康、防止职业病，或考虑企业社会责任感等因素，也会特别关注。如操作便利性、舒适性，比如有空调比没空调舒适，液压控制比机械控制操作便利，密闭性好意味着防尘性好，要充分挖掘产品使用性能方面的优势。

维修便利。产品维修便利，不需要专门的技术人员，一般操作人员或设备维修人员经过简单培训即可维修，也会成为产品的一种技术优势。

配件供应。配件通用性强，方便采购；供应商配件供货完备性，供货速度也是一种技术优势。如果没有此方面优势，可以考虑在客户处设立寄售仓库解决。

售后服务。客户采购产品一般是用于生产，如果产品在使用过程中不稳定会影响客户生产的连续性和制成品的质量。没有不出问题的产品，重要的是产品出了问题时能及时处理，所以客户除了关注产品运行的稳定性，还十分关注产品售后服务的及时性、有效性。接到客户故障报修，供应商能不能第一时间到达现场并解决问题。如果你具有与客户地域接近的区位优势，或者在客户驻地设有服务机构，你可以将服务响应时间设得尽量短，如果实在没有此方面的优势，可以考虑在客户驻地设立办事处、派驻人员、设立配件仓库、提升服务人员等级等条件，建立优势。

项目管理能力。产品后续的安装、调试也是客户重点关注的地方，专业安装资质和队伍，成熟的工艺，丰硕的行业业绩，都可以成为技术标准。

商务标准

主要指能影响产品买卖合同履行的商务方面内容，包括持续经营实力、资金实力、技术实力、加工能力、交易条件、业绩证明六个方面，具体有企业性质、属于制造商还是贸易商、注册资本、技术人员质量和数量、生产厂房、加工设备、质保期限、资金预算和价格、付款方式、交货时间、销售业绩等。

企业性质是国企、外企、民企，或者是世界500强、中国500强等，加工企业还是贸易企业。国企、民企待遇相同，标准太明显，少用，一般用于排除外企。可以设定必须是制造加工企业标准，排除贸易商。

注册资金。设定相应的注册资金门槛，把一些注册资金较小，企业实力较弱，喜欢采用低价的竞争对手排除。注册资金对客户而言意味着企业实力、科研力量、供货能力、备件保障、售后能力以及持续经营能力，长远技术支持能力。

持续经营能力对客户很重要，因为产品使用的年限较长，如果客户采购没有持续经营能力的小公司产品，可能面临采购后不久，供应商因资金、技术、市场等实力不足而倒闭，就会导致后续配件供应、售后服务、技术升级无法进行，客户将不得不重新采购满足需求，可能会导致企业停产、必须改变工艺、需要增加投资、影响自身产品市场供应、客户流失等重大问题，带来巨大经济损失。

技术实力。提出公司研发人员、专家数量要求，或者获得某种技术奖项（其他奖励）要求，承担国家863（或重点项目）数量要求，或者某种专利要求等，确立技术方面的优势。

加工实力。对是否拥有自己的厂房设备、生产厂房面积、制造加工设备等提出具体要求，排除小型企业。

质量标准。是否通过了质量控制体系等相关质量标准，质保期限时间的长短，可在这两个方面设定标准。要关注小企业的持续经营能力和长期售后支持能力。

资金预算和价格。制订合理预算范围，首先将高价格的产品排除在预算之外。大多数情况下，高价格都意味着高性能，对你威胁最大，在可能的情况下，客户都愿意使用性能更好的设备，特别是使用部门和技术部门。与进口产品性能相比，多数国内产品都只能以性价比取胜。所以必须通过资金预算来排除强劲对手。

商务付款条件。根据自己企业实力情况，为客户设定一个适合自己的付款方式，让竞争对手难以接受。如果自己企业经济实力较强，可以让客户先试用后付款，或者低首付供货，或者无首付供货，使实力较差的对手无法满足。

交货时间。设定较短的交货时间标准，让实力较低的供应商或没有交货能力的供应商出局。如果事先对项目推动情况很了解，可以选择客户快要使用的时候开始招标采购，迫使客户不得不选用交付时间较短的你，或者事先准备好现货以满足客户需求。

业绩标准。对供应商业绩提出要求，或者设定进入客户行业的时间要求，比如常见的提供三年业绩，或者三年客户行业销售业绩，甚至可以设定业绩数量要求，或者是考察同行客户的要求，让客户见证行业优势，打消客户顾虑。

权重标准

由于竞争对手总是各有优缺点，没有具有绝对优势的产品。所以在制定标准的时候，要将自己的优势设置较重的权重，将自己没有的或者竞争对手特有的优势设置较低的权重，确保加权评分时技术、商务两者总分能具有领先优势。

常见的手段有两种：一种是针对自己的优势，直接设定较高的权重分，针对自己的劣势，设定较低的权重分；另一种方式比较隐蔽，尤其在自己不具有明显优势的情况下，可以设定台阶权重分数，让自己的分数差距不是太大。比如自己的注册资金属于中等，可以按不同等级注册资金分别设定台阶，最高是5分，第二4分，以此类推；如果自己的注册资金最高，可以设定，注册资金最高加5分，其余0分。

影响标准，确立优势

此步骤销售人员主攻对象是技术人员，包括技术负责人和一线工程师，采购标准技术部分的实际撰写人员是该环节最值得销售人员重视的人。如果搞定了采购标准撰写人，可以直接要求按你的产品特点撰写采购标准。如果尚未与标准制定者建立互信，就要想办法通过技术交流、参观考察、项目建议书，或者利用内部教练施加影响等办法影响客户的采购标准。

知己知彼，方能百战百胜！销售人员要在平时对竞争对手产品的技术、性能特点作充分地了解，对竞争对手的销售人员、销售手段充分了解，对以往竞争情况、报价、商务条件进行总结和分析，摸清竞争对手的销售规律。只有充分了解竞争对手，才能确认自己的比较优势，确立优势才不会盲目和自以为是。

实际销售中，如果你的产品可以满足客户需求，竞争对手的产品不能，你的标准写入了采购标准，就占据了先机，赢单希望极大；如果竞争各方都可以满足客户需求，但技术参数各有优劣，就要尽量将你有的优势写入采购标准，屏蔽竞争对手的优势；如果你的产品技术上没有优势，就尽量从商务的角度改变采购标准，相比较技术标准的优势，商务标准比较容易被客户忽视和被竞争对手跟随或超越，所以应将主攻方向放在技术方面。

对于介入较晚的项目，可能难以做到采购标准有利于你。这时就要根据历史资料，判断竞争对手可能拿的方案，或通过教练了解其报价和商务条件等内容，尽量争取采购标准不倾向于竞争对手。

在客户建立采购标准步骤，销售人员要想确立自己的优势，就必须时刻向客户施加影响，利用自己产品与竞争对手产品的对比优势，也即是我们平常讲的产品卖点，对客户而言即是买点，选择购买的理由，对客户进行潜移默化的影响。销售人员平常不可能时刻和客户在一起，如果能充分培训支持者和教练，利用客户内部支持者和教练的特殊身份，在客户内部替你推动销售就能大大增强销售的效果。

所谓的采购标准，其实质就是你的卖点，客户的买点。客户购买你的产品，是因为你产品的卖点刚好是他们的买点；客户认可教练对你的支持，是因为教练提供的卖点刚好是客户公司的买点，教练能够帮助你得到客户内部其他影响者支持，是因为教练对其他影响者提供的卖点刚好是其他影响者的买点。销售的过程就是卖点与买点不断匹配的过程。

买点和卖点

所谓买点，就是客户个人的内在需求，是导致客户作出采购行为的原因，是客户追逐个人利益而产生的影响采购决策的理由，买点只与客户个人意愿有关。所谓卖点，是客户用来说服和影响其他人认同自己采购决定的理由，卖点必须建立在客户组织利益基础上，是为了保护其个人利益，为“自己的买点”寻找的、可以公开说出来，或者能令其他采购人赞赏的理由。

买点和卖点的实质是个人利益与组织或他人利益的双赢。不同的客户买点不一样，同一客户内部不同的人关注的买点往往也不相同。要想得到客户的支持，首先要开发与满足客户的买点，因为客户只有在得到他的买点之后才会关心你提供的卖点。销售的核心就是发现、创造、满足与传播买点与卖点。销售人员要善于在沟通中发现客户的买点，然后再利用自身产品的比较优势为客户打造卖点，为客户在采购组织内部说服其他人提供强有力的武器。

技术人员可能关注性能，使用者可能关注质量与可靠性，采购者更关注供货时间与付款条件，老板可能更关注价格与使用成本。关心技术的人可能希望通过与你的接触了解到更多的产品知识，关心企业所有员工成长的人可能希望让所有相关的员工得到厂家的培训……

卖点是一个相对的概念，卖点一定是买点，买点不一定是卖点。客户的买点和卖点既可相同也可以不同，特别是客户的隐性买点就不一定可以作为卖点说服他人，如果客户的买点无法作为卖点，销售人员就要另外提供合乎逻辑的卖点给客户，帮助客户形成可以堂而皇之说明的卖点。

买点有四种形式：隐性否决性买点，显性否决性买点，隐性支持性买点和显性支持性买点。

否决性买点是指客户买点中你必须满足的必要条件，拥有一票否决权。支持性买点是客户决定选择或支持供应商的因素。有些买点既是否决性买点又是支持性买点，在不同条件下否决性买点可以转化成支持性买点。

显性买点是指那些容易识别，客户主动说出来的买点。隐性买点是指那些隐藏于深处，不易被识别，甚至连客户自己也没有意识到的买点。隐性买点可以被识别、开发为显性买点，学会识别、开发客户的隐性买点是销售人员建立客户互信，取得客户支持的重要销售手段，也是高级销售的必由之路。隐性买点的开发路径是客户的个人利益。

买点和卖点还有个人、部门与企业之分。如果客户企业规模很大，在部门买点中还可细分大部门买点、小团体买点甚至小帮派买点。

要特别注意识别客户的隐性买点，无论是否决理由还是支持理由，我们都必须探究明白。很多时候客户否决你，但并不会说明真实原因，必须找出客户拒绝的真实原因才能找到应对的办法；也有时候客户支持你，但其真实的原因并未表露，要探寻到客户背后的真实动机，如果客户没有表露或者不愿意表露，销售人员不要去点破客户动机，而是要根据客户的动机提供强化支持方案，同时为客户打造可以正面宣传的卖点，为客户在内部销售提供有力支持武器。

精选买点，打动客户心

心理学研究表明，一个人最多只能记住新事物的前七项内容。无论你能够提供多少买点，客户真正感兴趣、成为你的支持者之前，最多只能向客户介绍七项内容。实际销售中，销售人员必须找出客户最在乎的一两个买点，进行重点介绍。

对于支持者与中立者，应先提供买点赢得他们支持，再提供卖点让他们扩散他们的影响力。对于一般的支持者和中立者，介绍三项左右他个人的买点，其他是客户部门与企业买点，而对于反对者，你大部分都是在介绍客户企业买点。

对于否决性买点，除非客户非常在乎，销售人员尽可能地不要主动介绍，而应该等客户主动问你。对于初识的供应商，客户一次一般只能记住你的七样东西，这七项买点对你来说是非常宝贵的资源，可不能轻易浪费。

对于支持性买点的使用，要因人而异。对于想重点发展的教练，要尽可能多地介绍符合他的个人买点，而不介绍他的部门买点和企业买点。这样做的目的在于让教练感觉到他的重要性。销售人员没有只把他当成客户，更把他当成一个朋友，更关注他个人的需求。不要担心教练没有卖点，说服不了客户内部其他人。当客户被你发展成为教练之后，他就与你发生了联系，对你有了兴趣，他会对你进一步了解。当然，如果此人非常正直，他的个人买点与公司买点就比较一致。

大客户销售赢单原理

大客户销售的成败实际上是由客户内部的总支持力决定。销售过程就是把采购影响者中的几个发展成为支持者，通过自己或支持者，不断把其他的中立影响者发展成为支持者，同时不断弱化反对者的反对力量，从而使自己获得的总支持力最大。一般情况下，获得总支持力最大的供应商赢得订单，哪怕这个第一名只得到了10分，只要其他人都不到9分，一样可以赢得订单。很多企业和销售员在没有好产品也没有好的销售技能的情况下一样可以得到订单，因为对手太弱。

客户内部每个人员对你的支持力等于该客户在采购中的影响力与本人的支持力度的乘积，你的总支持力就是这些乘积的总和。由于有多个对手在竞争同一订单，所以销售人员很难得到所有的支持。其中关键决策者影响力最大，销售人员一定要争取搞定，如果万一不能搞定，就要以人数取胜，搞定尽量多的决策影响者，形成强大的群众意见或舆论，反过来制衡关键决策者。

增加你在客户内部的总支持力，就是要提供更强更多的卖点与买点，加强客户的支持意愿，增加客户的支持者人数，增强每个支持者的支持力。具体而言，有以下四种方式。

第一种方式是搞定关键决策人。关键决策者的影响力最大，其支持力也最大。中国人长官意志情结严重，一般情况下，只要关键决策者发表了倾向性意见，底下的人就会看长官的眼色，不会轻易发表反对意见。有时候你具有绝对优势地位，但关键决策人一句话就会扭转乾坤，使你的优势荡然无存。

第二种方式是增加客户内部的支持人的数量，把中立者发展成支持者，反对者变成支持者，增加赢单的机会。这是没有办法的办法，多数情况下还是应该把精力放在采购决策中心。当上层路线或者关键的影响者或决策者之路走不通时，走群众路线也是一种选择。他们每个人的影响力都不大，但人多力量大。这种方式比较危险，中国人一般不会轻易反对决策者，除非你的产品确实具有绝对优势，或者买点足够强大。最好的结果是赢得订单或瓜分部分订单。

第三种方式是增强客户的影响力。这里的影响力，不仅是指客户本人在采购中的影响力，还指把其他中立者变成支持者的能力，销售实战中后一种能力比前一种更重要。这种影响力由三个因素决定：一是他有这个权力，二是他愿意为了你的订单使用这种权力，三是其他人认可他使用权力的这种行为，能够受他影响。这三者是个相乘的关系，这三项中的任何一项为零，最终的结果就是零。

第四种方式是弱化竞争对手的总支持力。客户成为反对者是因为客户存在否决性买点，或者是你提供的买点和卖点太弱，或者竞争对手向他们提供了足够多的买点与卖点。弱化反对者的影响力可以通过增强原来的买点和卖点，增加新的买点卖点，提供更强的买点与卖点，打击反对者的买点和卖点等手段，将反对者拉过来，变成支持者或至少保持中立。

当反对者敌对意愿太强，实在无法改变时，应考虑放弃这个人或部门，去寻求其他人或部门支持，或者通过内部教练的力量将他调离采购中心，或者在招标时临时安排出差等来增加你的赢单机会。

一般情况下，不要轻易打击反对者的买点，买点属于客户个人利益，往往都隐藏得很深，很难发现，就算发现了，实战中也往往不可攻击。一旦对这一点进行攻击，就违反了游戏规则，就会把该反对者的一分敌对力量转化成百分的巨大敌对力量。销售人员与客户内部的影响者彻底翻脸，任何其他影响者都不敢支持你，除非他的权力大到可以无视那个影响者的程度。客户内部虽然也会有斗争，但随着职位的升高，这种斗争会变得越来越隐晦，至少不会为了销售人员去和另一个高层去明争。销售人员只不过是一个局外人，与客户相处最多也就三五年，每年见面充其量不过十几天，而客户们却要相处数年甚至一辈子，他不会为了销售人员这么一个局外人去和一个同事变成敌人。做销售永远不要指望客户百分之百支持，只要在不出意外的情形下支持就够了。

影响客户标准制定步骤的销售要点：证明产品优势，或者以自身的专业水平影响或参与客户制定采购标准。说服客户将自己产品的技术优势写入采购标准，如果技术优势不明显要建立商务优势，并通过权重设置使自己的优势最大化，劣势最小化，有效阻截竞争对手，为后续投标工作打下坚实的基础，增加赢单胜算。

4. 决胜不只在招投标现场

关注进展，获取投标资格

一般而言，客户对供应商进行了初步筛选，并确立了采购标准后，即会着手准备对外招标，会以招标的方式实施采购。邀请符合条件的供应商提交解决方案，通过专门组织的评标委员会或小组对供应商解决方案的技术、商务方案进行综合评估打分，评选综合最优方案，最终确定中标供应商。

招标采购是时势所趋，是公平、公正、公开的阳光采购要求。采购领域是腐败滋生的高发地带，社会民众对各领域的腐败都十分痛恨，政府监管部门、资金拨付单位、客户单位、采购人员等利益群体都对此十分重视。公开招标采购既是监管和规范采购行为的需要，还是保护采购人员的需要，有时还是客户平衡公司内外部政治、各方利益关系的手段。

公开招标使采购决策流程化、公开化，避免拍脑袋式的一言堂，可以使采购决策更加科学，避免权力不受监督的腐败，是防治职务腐败、保护干部的需要。

很多项目的资金来源除了客户自筹之外，还会涉及政府拨款、银行贷款等，这些资金来源部门对资金使用的监管十分严格，一般情况下，都要求按照招标方式进行采购。

客户出于规范管理，降低采购产品成本，提高采购产品质量，防止暗箱操作等要求，对于超过一定金额的采购项目也会要求采用公平、公正、公开的招标方式，通过比价的方式提高产品质量，降低采购成本，避免损公肥私的灰色交易。

采购岗位十分敏感，采购经办人员出于自我保护，也会自觉寻求安全的交易方式保护自己。招标采购通过各供应商公开比价，既可为单位买到价廉物美的高性价比产品，又可以避免闲言碎语，即使有些灰色交易也会因为程序正确而不易被人抓住把柄。

公司内部政治原因。大项目采购大家都想分一杯羹，来自于上级部门压力，内部各种政治势力的较量，肯定都会很激烈。当各种关系难以摆平时，采购单位往往会选择招标采购，便于处理和平衡各种关系，不得罪打招呼找关系的人。

方案评估是采购流程的关键决战步骤。一次完整的招标流程主要包含：制定招标文件，确定评标小组成员、发布招标公告或邀请供应商参加招标，发售标书并解答投标疑问，公开投标评标或不公开评标，投标技术澄清、答疑或再次报价，评标小组综合评估方案，宣布评标结果或确定供应商。

有时评标小组确定的中标供应商还需要上报客户决策者最终审批。有些客户还会选出评分前两名供应商，或者挑选技术评分最高的两名供应商，一起进入商务谈判流程，利用两家供应商的相互竞争局面，获得最优的价格和商务条件，最终选择条件最优惠的供应商签订合同。

制作招标文件是此步骤的关键。招标文件一般分为两大部分，商务标书和技术标书。商务标书主要是针对供应商资格、持续经营能力、产品质量保证、交货能力、价格及商务条件、业绩证明等，影响产品买卖合同履行的商务方面内容。技术标书主要针对产品主要参数、技术性能、使用性能、维修性能、配件供应、售后服务等内容。

任何产品都不可能满足客户全部需求，任何客户也不会奢望买到完美的产品。所以客户在制定招标文件时，会根据自身的采购预算、技术要求等在招标文件里明确采购的关键需求。对于客户重点关注的指标，客户会给予很高的评分值和权重，对于次要的指标，客户会适当降低评分值和权重。这是一个非常重要的内容。

招标文件还会就购买标书时间、开标时间、投标人资格、投标纪律、废标标准等作出说明，有的标书还会列出详细的评分标准和权重。

国内企业原创研发能力不足，所以喜欢跟风上项目，基本上任何产品领域都是一片红海，各家产品同质化严重，所以能够满足客户的供应商很多，即使销售人员产品通过了客户的入围供应商筛选，客户也不一定选择销售人员参加招标。因为客户为了降低招标组织工作的强度，有时只会选择数家供应商参与招标。按照招标投标法规定，公开招标最低只需要三家供应商参加即可。

销售人员要通过平时的学习和积累，深入了解和熟悉客户的行业，了解客户项目建设各关键环节的时间节点，知道产品该何时进场，何时客户应该上报采购方案、确定预算、参观考察、准备招标文件、开展招投标工作、何时完成合同签订、何时需交付设备、何时必须完成设备调试等。

熟悉客户行业项目建设情况，就能根据客户项目的进展情况事先确定可能招标的时间，在关键节点提醒客户及时进行招标组织工作，参与并协助客户完成招标文件撰写，拟定购买标书和发布招标公告的时间等事宜。

在此步骤，销售人员要时刻与客户保持联系，特别是和招标组织者（招标中心、设备部、企管部等）的经办人保持密切联系，确保能在截止时间之前买到标书，取得参与招标的资格。

招标流程关键细节控制

销售人员在协助客户制作招标文件时，一定要把握三个关键环节，根据与竞争对手的比较优势和客户关注的要点，合理设置技术、商务竞争壁垒；针对己方优势和劣势科学设计招标评分标准和权重，确保招标总评分绝对第一；控制招标流程时间节点，尽量少给竞争对手翻盘时间。如果没有把握好这三个方面，就浪费了参与客户制作招标文件的机会，其价值就没有发挥到最大。

一般而言，设置技术壁垒比商务壁垒更重要，技术标准比较容易为客户所接受，也比较不容易被供应商诟病，商务标准很多时候被质疑量身定制，容易引起监管部门和其他供应商的不满。但在产品同质化严重的情况下，商务壁垒也可能成为决胜标准。所谓的壁垒一定要能体现自己的独特卖点，突出人无我有、人有我精的优势。

所有的商务和技术壁垒都要落实到具体的招标评分标准上。参与招标的竞争对手总是各有优缺点，没有具有绝对优势的产品。销售人员在制定标准的时候要科学设计评分值和权重，优势项目加大评分值和权重，将自己没有的劣势或者竞争对手特有的优势设置较低的权重，调整评分值和权重来降低分值损失，确保加权评分时技术、商务两者总分能具有领先优势。

常见的手段有两种：一种是针对自己的优势，直接设定较高的权重分，针对自己的劣势，设定较低的权重分；另一种方式比较隐蔽，特别是在不具明显优势的情况下，可以设定台阶权重分数，让自己的分数差距不是太大。

假定某次招标价格总分为30分，你在所有其他项目评标总分领先第二名10分，你的报价为180万元，另外两家报价分别为160万元和140万元。如果按照最低价30分、最高价10分设计，你就会比竞争对手低20分，这个标基本上就输了。如果评分标准改为：最低价30分，其余报价与最低报价每偏差5万元减1分，你的分值就是22分，即$30-(180-140)\div5=22$，你的总分就会比竞争对手领先2分，从而赢得订单。

控制招标流程时间节点也是一种策略。发布招标公告的时间不宜过早，时间太长了，竞争对手有机会做工作，遇到高手甚至会轻易翻盘，特别是有时竞争对手通过上级主管部门领导打招呼，导致项目不确定性大大增加，使你的精心策划功亏一篑。因为距离开标时间较短，竞争对手难以开展大量工作，甚至难以制作出满足客户要求的精美标书，不容易在投标中胜出。

一般建议发出招标公告的时间，距离开标时间最好不要超过一周以上，如果是邀标，以提前3～5天为宜，以竞争对手能赶出标书参加投标为宜。确定时间安排时要注意避免竞争对手因为时间过紧不参加，导致招标工作延迟，带来更大的变数。

方案评估步骤关键点：协助客户制作标书，确立技术商务优势，科学设计评分值和权重，确保万无一失。招标会前，领取标书和准备标准招投标文件；招标现场：产品、商务发言陈述，评委提问答疑或澄清。

招标形式与竞标要点

客户采购共有六种方式：委托专业招标单位组织的公开招标采购、客户自己组织的公开招标采购、客户自己组织的邀请招标采购、单一来源采购，竞争性谈判采购、客户直接比价采购。

单一来源采购是无法找到同类产品供应商的情况下，客户直接面对独家供应商的采购模式。竞争性谈判采购是选择符合技术要求的两家同类产品供应商，进行商务谈判确定供应商。客户直接比价采购一般是客户采购部门对产品比较熟悉，或者是对产品的供应商不熟悉，这两种情况下，客户会直接要求供应商书面报价，确认最合适的供应商，也可能直接和某家供应商谈判，其他供应商的报价只是作为对比或应付检查。

单一来源采购、竞争性谈判采购、客户直接比价采购这三种采购方式是客户直接采购。一般而言，销售人员的产品有独特优势，或者市场同类产品供应商极少，或者销售人员工作特别到位，才有可能进入这三种采购模式。这三种采购模式下，销售人员只要做好谈判准备基本上就能赢得订单。

采用招标采购的方式有：委托专业招标单位组织的公开招标、客户自己组织的公开招标、客户自己组织的邀请招标等三种形式。

委托专业单位组织的公开招标

招标方式和形式都较正规，一般会提前发布公告，预留较长时间通知各供货单位（包含国外供货商）购买标书，制作标书。

标书内容要求较多，往往会涉及公司生产、技术、财务、税务、业绩、售后等很多方面，对标书制作内容和方式提出很高要求，甚至连装帧方式都会作出规定，有时做标书不仔细甚至会造成废标。

评委来源较广，一般是从专门的评委专家库内随机抽取，难以进行专门的公关。虽然同样可以暗箱操作，但是难度大大加大。

这种招标往往提示“不承诺最低价格中标”。

要做好这类招标工作，除了要认真制作投标文件，还需要提前运筹争取业主的支持，所有的委托招标，即使评委再专业也要充分考虑委托业主的意志。还要通过历史招标记录搜寻评委资料，力争在前期能够打通关系，得到大多数评委的支持。

客户自己组织的公开招标

正规程度不如上述招标方式，一般也会提前发布公告，但预留给各供货单位购买标书、制作标书的时间不会太长。如果竞争对手搞定了的客户，往往会在招标前3天左右发出招标公告，让大多数有实力的竞争者没有时间去做工作，同时时间短也会对做标书带来麻烦，无法做出质量高的标书。

遇到这样的招标单位，在判断准确的情况下，可以采用不响应招标的方式，使参加投标的单位不足三家，让客户不得不延迟开标，争取时间来开展工作。使用这种方式应该特别注意，有些客户可能会因为响应投标单位不足三家就直接和内定供应商的议价直接采购，或者采用竞争性谈判方式采购让你彻底失去机会。

标书内容要求会简单些，但大单位也会很严格，涉及公司生产、技术、财务、税务、业绩、售后等很多方面，对标书制作内容和方式提出很高要求，个别项目有时会因为对手内线作梗，挑标书麻烦造成废标。

评委来源一般是从采购单位的技术（设备管理部门）、使用、采购（招标中心）、财务、纪监等各部门抽调人员和分管领导组成，个别重大项目（或者下面各部门无法平衡关系时）还会有采购单位一把手参与。

这类招标评委都是项目前期的重要参与人员，提前进行有效的公关，做通关键决策人和主要采购影响者工作，力争在前期能够打通关系，争取大多数评委的支持。拉拢和稳定中立力量评委，孤立竞争对手评委，确保多数评委站在己方。

客户自己组织的内部招议标

正规程度低，一般只接受邀标单位参与，与内定单位确定好具体运作后才会向其他供货单位发出邀标，留给其他单位购买标书、制作标书的时间不会太长。

标书要求会简单些，技术标准、商务标准也很简单，甚至不会有太明确的标准，制作也不会有要求规范。有些单位甚至开标时间也不确定，只要求供应商按时递交标书即可，很多时候不进行公开开标，或者公开开标不公开唱标，或者开标后不宣布结果。

这种方式是招标的最好方式，销售人员要通过建立技术壁垒、商务壁垒、搞定相关决策人，来达到直接议标中标，确保以较好的价格较好的商务条件成交。

决胜招投标：赢单关键策略

小心竞争对手的三种招标陷阱

独家议标。这是最好的招标销售策略。竞争对手工作或客户关系到位，设置你无法逾越的技术和商务壁垒，客户急需采购而你不知道信息等等情形下，竞争对手可以给客户施加影响，将公开招标改为内部招标，进而变成独家议标，导致你无法参与，更不要说赢单。

串标或围标。串标和围标其实违反了招标投标法。作为一种被法律禁止的销售手段，其实也经常会在招标中出现。一种竞争对手与客户关系良好，客户已经有明显的采购倾向性，但因为种种原因无法进行独家议标，被客户默认支持的串标行为；另外一种客户对竞争供应商群体不熟悉，无客户支持的串标行为。此时个别不法供应商，就会选择一两家代理商或有配合意愿的供货商配合投标，采用围标的方式赢取招标。既保证了客户招标形式上的公正，又确保了中标优势。

准围标。竞争对手有时很难找到愿意围标的供应商，有时就会在客户的支持下，刻意选择一些没有实力、实际无法满足客户要求或者价格商务条件差距较大的供货商参与投标。此种情况下，无论选择什么竞争对手，原则一定是与客户关系不紧密的竞争对手，或者干脆是不知情的竞争对手，免得搬起石头砸自己的脚。

客户为了控制投标书作弊，或增加标书作弊的难度，会要求所有的投标标书，都必须像书籍一样进行胶订。避免使用活页装订方式的标书，内页文本在投标结束后被偷换。有些投标单位与工作人员串通，针对标书内容做一些偷梁换柱的手脚，把投标时标书提供的相关虚假内容用其他合理的资料进行替换；有些还会将多余标书销毁，只保留更改过的标书存档，避免被事后检查发现。

搞定评委，影响参与人员

大客户销售的成败实际上是由客户内部的总支持力决定的，决胜招投标关键在于评委的总支持力。参与项目投标前一定要事先摸清招标评委情况。

如果是来自于专家库的评委，调查评委过去参加的相关招标，可以了解到相关评委的资料；一般客户负责招标的经办部门也会了解评委的相关资料。如果是内部招标，大部分参与采购决策的关键客户基本上都可能会参与评标。搞清楚确定参加的招标评委，事先制定妥善的述标、答疑、沟通方案，对招标评委施加积极、正面的影响。

销售人员一定要警惕，有些竞争对手会利用自身的影响力，将自己的铁杆支持者安排进入评标小组担任评委。

搞定重要影响者。评标过程中有一种人要特别注意，也许他在评委中间，也许他不在评委中间，但他们有时作为一个主管或设计部门的技术权威，或者上级主管的环评、质监等部门人员，意见可以左右评标结果。一定要搞清评标小组中是否有这样强有力的影响者。一定要事先拟订方案力争搞定。

调离反对者。竞争对手坚定支持者出任的评委，你未必都能搞定。当反对者的敌对意愿太强，实在无法改变时，应考虑放弃这个人或部门，去寻求其他人或部门支持。要警惕竞争对手通过内部教练的力量，把支持你的多数评委全面调离，或者在招标时临时安排出差等，制造他们不在场的时机开标，等到他们回来生米已经做成熟饭，订单已经成为竞争对手囊中之物。

稳定中间派。作为多方势力都未能搞定的中间派评委，可以让他们的意见被孤立，同时利用他们洁身自好的特点，稳住他们，让他们持保留意见，不要让他们轻易发表意见支持竞争对手，成为竞争对手的支持者。

安置重磅炸弹。搞定的评委中，安排一个对你形成的竞争壁垒了解，敢于放炮的铁杆支持者，在评标答疑现场，强力开火质疑竞争对手方案，重点打击竞争对手的劣势，利用问题大力强化你的优势，利用评委的从众心理，直接搞定那些中立评委，对那些被竞争对手搞定的评委施加压力，令其不敢在评标会上为竞争对手说话。

不同招标的报价策略

一次报价定输赢

客户为了获得最优惠的价格，往往会制定一次报价，最低价中标的条款给供应商投标报价施加压力。此种情况下，销售人员要从两个方面来确定商务报价，一是要力争摸清客户的标底，二是充分考虑竞争对手报价情况。客户的采购部门或计划部门在制订采购计划时会有初步预算。竞争对手的报价可以根据平时收集的竞争对手投标报价和实际销售价格，结合竞争对手的客情关系分析。

如果竞争对手客情关系好，你的商务报价不宜过高，以免你的内线难以做工作；如果你具有很强的客户关系优势，可以按照客户的预算或招标标底设计报价。如果不对客户标底和竞争对手报价分析，凭自己的想象报价，就容易过高或者过低，报价太高容易失去机会，报价太低即使中标利润也大受损失。

多轮报价决生死

有些客户更加高明，采用多轮报价的竞价方式最终获得最优的商务报价。如果事先能确定是多轮报价，首次报价就不能太低，太低了以后没有降价空间，容易给竞争对手可乘之机，首次报价适当高一点给竞争对手释放一颗烟幕弹，使竞争对手认为你工作不扎实、大意，不至于大幅度下砸价格，为你二次报价留有余地和利润空间。很多单位二次报价就定标了，一般而言，报价基本上不会超过三轮。

事先要设计好合理的价格让步空间，先多后少，逐步缩小让价空间。价格一次性让步空间过大，容易遭到客户质疑的，会被认为无诚意的表现。所以对每一次的报价都要谨慎。

评标时各家竞争对手基本会在一个休息室，经验丰富的销售人员会根据对手书写报价的笔画动作，判定他的报价情况，所以在书写报价的时候，一定要回避对手的目光，同时可以利用此招了解竞争对手的报价。招标现场提交的报价文件一定要拖延到最后一刻，或者与最后一家竞争对手同步上交评标小组，防范你的报价被竞争对手内线透露。

招标现场一定要注意避免情报泄密。招标时众多竞争对手共处一个休息室，接听电话时一定要注意回避，涉及报价时一定要确保不被他人听见；在室内书写报价文件时要注意遮挡，避免竞争对手通过笔锋的运转猜测出你的报价，最好的办法是躲到竞争对手视线无法看到的地方书写。

己方在招标答疑时，一定要将门反锁好，避免答疑的关键内容如二次报价等从门缝传到门外其他等候的竞争对手。笔者的一次投标，因为没有注意到竞争对手有意将门的反锁键锁住，答疑时的二次报价情况通过门缝传出，被躲在门外的竞争对手窃听。这种情报泄露的情形在只有两家的竞争性谈判中最为常见。

还有一种情况也要警惕，竞争对手会事先对招标场所踩点，提前了解招标当天的现场服务人员是谁，做通服务人员的工作，利用送开水或提供其他服务时的便利，偷窥你的报价等关键内容。一般而言，客户是不会注意服务人员的。所以递交二次报价等招标澄清文件时，尽可能在大家都交上去之后再递交，或者与竞争对手同时提交，避免一不留神情报就泄露。

虽然透露评标内容是会受到纪律处分，但评标现场从来就不是能保守秘密的场合。尽管招标单位采用了多种手段，如收缴手机、集中评标等，但道高一尺魔高一丈，仍然难于避免情报泄露。笔者就曾经遇到过一个案例，竞争对手给内线提供了一个手机和号码，并与内线约定用英文单词密码，A 到 J 代表 1 ~ 10 个数字，一个英文单词就把招标现场的价格透露了。

避免情报被泄露，最好的办法是多留几个心眼。

宣布中标不代表战争结束

改变评标决策模式

有时候你前期工作做得很扎实，也还是不一定能中标。竞争对手赢得订单，但优势并不明显，客户内部的支持力量也势均力敌。只要客户没有公布中标结果，销售人员就不能放弃做工作，要想办法争取扭转乾坤。客户没有立即宣布，说明客户内部有分歧，或者还需要最高领导拍板。

其实能参与招标的供应商产品肯定符合客户需求，客户选择哪一家产品并不重要，关键是客户愿意选择哪一家供应商。

比如国有企业的招标，老总不一定参与，副总作为分管招标采购负责人，分管副总确定的评标结果与老总原意有重大分歧。如果此时老总愿意改变，老总会选择改变决策模式的方案。老总一般不会直接反对评标结果，老总会建议重大事项决策应由党委把关。党委委员有很多并非采购线，甚至包括纪委、工会等负责人，由党委委员参与评标的方式致使原来参与招标的人员大部分出局，把原定的评委大部分排除在外，对评委人员进行彻底洗牌，最终实现评标结果的翻盘。

进行二次招标

有时候，特别是金额巨大的招标，你在未摸清竞争对手的情况下，不敢贸然决战，情况不明的情形下出击有可能杀敌一千自伤八百。以超低价格竞争，即使中标利润也大受损失。这个时候可以与客户设计二次招标的方式，用第一次招标来摸清竞争对手的虚实，再在第二次招标中一击必杀，赢得最好的商务成交条件。

以退为进的销售

如果是毫无希望的招标，一般建议销售人员放弃，这样可以节约公司的营销费用。但如果是具有区域或行业影响力的领军企业，或有影响力的大集团客户组织的招标，建议你认真准备积极参加。招标评标答疑会上，平时销售拜访难以见到的客户重量级人物，可以在招标会上轻松见到。在招标这种场合下，客户不好意思对支持招标的供应商太冷淡，可以有机会获得其联系方式。

销售人员可以表达配合客户的意愿，说明己方即使不能中标，也愿意为客户选择最优供应商，提供多一个选择、多一份比较，并通过方案介绍、技术答疑等给客户重要人物留下深刻印象，为后续拜访打下坚实的基础。

这些企业发展比较快，定期会有重复的采购项目，通过招标混个脸熟争取后续订单；另外大集团客户考虑安全因素，往往会发展几家供应商相互制衡，这个时候很可能就有机会赢得部分订单。

及时获取中标通知书

评标结束后，如果己方中标，应要求客户及时公示中标结果，立即与客户签订商务合同，要求客户立即支付预付款，防止事情发生意外变化。同时拜访你未搞定的评委，使其变为中立或者支持者，为合同执行打下坚实的准备。

所有招标工作，我们看见的只是浮在水面的冰山一角，永远看不到的是冰山下面巨大冰块。如果我们不努力做好客户工作，幻想能通过招标赢得订单，我们最终收获的一定是失望。当然，个别项目也许会有意外，就像大多数人买彩票，只是极少数人中头奖一样。中标，功夫一定是在招标工作之外。

5. 双赢合同谈判技巧

销售流程中的商务合同谈判指买卖双方就“产品买卖合同”中交易价格、商务条件等内容相互博弈最终达成妥协的互动环节。当供应商的产品技术特性满足客户需求，客户决定向特定供应商采购时，买卖双方为了自身的经济利益和满足对方的需要，通过沟通、协商、妥协、合作等方式，签订产品买卖协议的过程就是商务谈判。

客户以公开招标方式采购时，一般会在标书中就“产品买卖合同”条款作出详细规定。这种情况下，供应商在投标前需要评估标书中的合同条款，确认己方是否愿意响应客户的交易条件。如果完全响应标书内容，商务谈判环节几乎可以忽略不计，供应商只要把握好招标过程中的报价策略即可。如果不完全响应标书内容，其商务偏离得到客户的认同，在宣布中标结果后，双方需要再进行商务谈判，确定最后双方满意的交易细节，这时商务谈判就会稍微复杂些。

如果客户采用议标或直接采购时，商务谈判就会占据重要地位。因为没有经过竞争对手激烈比价，客户无法确定合理的交易价格，只能通过双方的商务谈判，不断测试对方的底线，达成双方认同的价格和交易条件妥协方案，最后双方签订“产品买卖合同”。对销售人员而言，这两种交易方式的商务谈判难度大些，但其实赢单的胜算远远大于招标采购。

商务谈判的沟通、妥协、合作原则，其实在每一个销售步骤都存在。如果与客户建立了良好的互信关系，在客户组织和个人心中确立了技术优势，发掘出来的客户需求越多，解决问题的迫切性越强，使客户意识到解决问题会带来巨大价值，真正到了商务谈判步骤，商务谈判就不会是一个艰难过程，可能是一个享受成功的胜利过程。

劣势谈判地位的双赢原则

买方情报能力强大。大凡买方采购的谈判中，首先要大量收集情报，包括技术水平与市场价格，以确定自己的谈判目标。网络时代客户信息更加灵通，客户很容易收集到关于产品供应商、销售价格等方面信息，信息灵通的客户甚至还能获知同行的交易条件。这种“收集情报”的工作主要反映在谈判的准备阶段，也见于谈判开始甚至贯穿整个谈判过程中。

买方具有选择优势。产品同质化时代，任何有市场的产品其供应商都比较多，客户具有选择优势的强势地位。从某种意义上讲，商务谈判就是压卖方价格的，客户总会利用买方强势地位逼迫卖方降价。即使是老商品、老的供货渠道，买方也会以“原材料下降”“重复购买”或“重点客户”等理由追求更优惠的价格；对于首次交易，客户不知道多少价格是卖方底线，害怕价格买高了，所以一定会拼命压价。

客户需要提高经营效益。客户提高经营效益方式有三种，一是削减运营管理费用；二是扩大产品销售额，与竞争对手抢夺市场份额卖出更多的产品，或付出高昂代价、冒高风险开发新产品开拓新市场；三是与供应商进行一场漂亮的商务谈判，降低采购成本，把从供应商底线以上挣来的钱直接放进他们的腰包。与提高市场份额或削减运营费用相比，成功的谈判是提高利润最为便捷的方式，在买方时代这更为轻而易举。

尽管买卖双方事实上的地位不对等，但商务谈判毕竟是为了寻求合作，双方既“冲突”又“合作”。虽然达成合作对买卖双方都有利，但各方都希望获得尽可能多的利益，特别是处于强势地位的买方，会索求更多的利益，从而引发买卖双方的利益冲突。买卖双方都要正确认识谈判的双重特性，不断调整各自的需要和利益，即使处于强势地位的买方也不能无视卖方的利益，同时卖方也可以利用已方优势，或者找出买方劣势，实现形势易位获取谈判优势，通过妥协争取最终达成一致意见。

虽然事实上卖方很难再获得产品垄断性的竞争优势，但不代表卖方无法赢得谈判的优势。其实买方在选择卖方时也会存在很多选择限制。身处卖方市场的销售人员不应被买方表面上强势地位所吓倒。从技术或商务任何方面，销售人员都可以发掘出卖方无法忽视的优势，形成己方独有的优势地位，实现谈判地位的优势易位。

如买方决策人对卖方的产品或人员有偏爱；卖方产品业绩、技术、性能等确实比竞争对手有明显的优势；其他供应商交付能力无法满足客户项目进度的需要，卖方具有独家现货的供货优势；卖方技术优势没有替代性，特殊技术要求其他供应商无法满足；买方需要的特色培训或服务能力，比如买方希望提供专用设备的施工管理经验或人员，其他供应商无法提供；其他供应商要价太高，或者不能为买方提供融资和优惠付款条件，超出了客户的资金承受范围；等等方面，都可以为卖方提供强势的谈判地位，使卖方改变劣势谈判地位现状。

谈判的时间限制对任何一个谈判者来说都是一种巨大的无形压力。有时买方的最后时效也会成为改变卖方谈判地位的优势。无论买方的表现如何冷静，采购不能耽误生产的期限总是存在，或者买方希望尽快推进工作，在他们平稳的面具之后，常常隐藏着无比的压力。即使谈判的对象不变，但随着期限的迫近，买方的情况也会改变。大部分的妥协都是在最后一分钟发生，所以卖方一定要有耐性。

时间对谈判双方的利弊都有影响，时效的压力迫使人们迅速作出抉择。一旦有一方接受了时效的条件，这个谈判就会很快顺利地结束。在实际的谈判中，卖方要判断买方时效的真伪，确定接受还是拒绝买方的最后通牒。卖方不要为了急于签单，轻易让买方测知己方的截止期限，在确定不会丢单的基础上，卖方应放弃时效对己方的限制。

商务谈判中任何强势一方都不会无视另一方的最低利益和需要，因为这很可能导致谈判破裂。但商务谈判中各方所得利益的最终确定还是取决于谈判各方的实力、客观形势和谈判策略技巧的运用，谈判人员的素质、能力、经验、心理状态、感情等富于变化的因素对谈判过程和结果也有着很大的影响。

作为供应商的销售人员，商务谈判追求的是与客户建立长期合作关系，不是为了击败客户赢得胜利，而是要让双方的利益都得到最大化，无论处于谈判优势还是劣势地位都要自始至终坚持双赢的理念。处于劣势地位时，要利用客户合作的心态，尽力争取较好的交易条件，以达成销售为目的；即使是具有绝对优势的情况下，也不能想着在销售中大获全胜，要以双方利益为共同目标，实现双方利益最大化、损失最小化，让客户有赢的感觉。

虽然商务谈判是以经济利益为目的，双方都是为了争取自身的经济利益。但谈判的思路要开阔，买卖双方的经济利益并不一定是你有我无的零和博弈，也可能是你有我有全都有的双赢。即使是作为谈判核心的价格问题，谈判双方也存在着不同认知，对买方而言，交易价格不仅仅是采购产品价格，还包含后续使用成本、维修成本、维修时间和耽误生产的损失等总成本。

商务谈判中要实现双赢，思路一定要开阔，不要把谈判局限在一个问题上，买卖双方不是为了同样的东西而坐到谈判桌前，买方有自己的判断价值标准。在保证己方主要目标的情况下，不要拘泥于一时一地的得失。销售人员可通过转换买方的利益点，来实现买方总利益不变甚至增加。当买方某种利益点无法满足时，用其他买方利益点交换，甚至是组织利益点和个人利益点的交换，保证买方总利益不变，顺利取得买方的支持，实现谈判的双赢。

商务谈判的流程与内容

谈判有正式、非正式、大谈小谈、民间官方等不同类型，谈判程序也有很大的区别。产品买卖的商务谈判，谈判主场一般是在买方，谈判程序由买方主导。具体而言，谈判程序一般分为四个阶段。

开场阶段

开场阶段，指互相接触、交谈，介绍谈判人员和谈判背景，陈述己方观点的阶段，是买方询价、卖方报价阶段。

此阶段卖方要努力做到：适应并控制买方谈判节奏，保持实力优势；

妥当介绍己方参与人员，通过谈判座次安排和发言情况，认清买方主谈者，一般坐在中间位置为主谈者，谈判中第一个开口或者最后总结发言的，或者发言最多的人有可能是主谈者；以能产生正面效应的开场白烘托谈判的良好气氛，与买方参与谈判人员展开交流，寻找双方个人级和组织级的共识。

产品买卖合同谈判中，买方一般以谈判小组形式出现，要注意观察买方主谈人员及其谈判风格，对主谈者的意见要认真考虑，揣摩其真实的意图，而对其他谈判者的意见只要及时回应，合理解释即可，不可过多纠缠，忘记主要目标。如果己方也有其他人员参加，应在进入谈判场所前，事先将买方情况、谈判目标、谈判分工等与所有谈判人员沟通清楚，谈判条件的让步，一定要安排专人或主谈者负责，其他人不要随便表态。

销售人员在邀请上司参加谈判时，一定要事先将关于价格、商务的让步条件与上司沟通清楚，避免谈判现场买方提出条件上司无法应对的难堪，或因上司让步过大产生不必要的利益损失。

摸底阶段

摸底阶段是对双方有关介绍、陈述的观点分析、评论的阶段，所涉内容大体与开场阶段相同，但更为深入。

此阶段卖方要努力做到：确立己方大致范围的谈判底线；对买方的问题和态度加以澄清，摸清买方大致范围的谈判底线和谈判小组的决策范围；明确公开双方的分歧点，探索解决冲突的途径。

此阶段切忌轻易作出让步；以双方组织的形式讨论分歧点，将双方的冲突与个人间的对抗区分开。卖方特别要注意的是，不要因为买方某个谈判人员态度不友好、问题很刁钻而失去理智，因为这很可能是客户的黑脸人物，专门给卖方谈判者设计陷阱的。遇到此种情况可以利用幽默的方式回应，对于其中无理的要求干脆不予回应，也可以发起另外的谈判话题，对于必须回应但一时无法应对的，可以征得客户的主谈者同意，暂时搁置，留待最后解决。

磋商阶段

磋商阶段是对双方的条件、要求讨论、协商，以求达成一致的阶段，即商务谈判中的“讨价还价”。

此阶段卖方应努力做到：主动侦测买方谈判范围；从双方集体的交流过渡到个人间的交流，由阐述立场转变为解决问题；谈判重点由着眼过去转变为着眼将来；深入研究买方潜在需求，设法打破僵局创造机会和增加回旋余地，寻找并达成共识；设计总体谈判策略框架，策略而有计划地作出让步。

此阶段谈判的要点是，保证己方最低目标，争取中级目标，力争达到最优目标。对买方的让步要按事先设定的计划，卖方作出的每一次让步都必须要求买方做同等让步，或者至少要换取买方的实质支持。卖方切记不可因为急于求成，而轻易作出让步，这会使买方认为卖方留有的余地很大，使谈判难度大大增加，甚至有可能导致谈判破裂。

建议价格放在最后的阶段谈判，引导买方先将其他需要谈判的内容完成，最后价格的谈判前，一定要向买方确认除了价格是否还有其他问题，得到买方准确的回答后，再进入最后的价格谈判，确保买方不会再以别的理由要求卖方降价。

解决阶段

解决阶段并非不再磋商，但却是磋商的尾声，是以拟定、签订有关合同文本以及一系列善后活动为标志的双赢。当然，谈判破裂也是一种解决。

此阶段卖方应该努力做到：总结并扼要重述共同立场，以可信、明确承诺的姿态，提出双方均可接受的最终提议；如果买方谈判者不是最终决策人，必须同时与买方谈判者和买方组织在原则上达成一致，拟定并签订正式合同文本，谈判才算圆满结束。

无论卖方谈判目标实现得如何，一定要保持买方赢得谈判的感觉，以建立再次合作的关系。

谈判情报与目标设定

买方和谈判者的情报

谈判成功的重要前提条件是收集足够的买方情报。卖方所拥有的情报越多越可靠就能创造越多的机会和回旋的余地，作出更好的谈判决策。任何不真实性的错误情报都可能大大降低卖方的可信度和谈判能力。产品买卖商务谈判中，买方掌握的资料远比你想象的多。卖方要具备情报敏感度，尽可能提前收集有关市场、买方、谈判人员的情报，依据所掌握的真实情报，比较谈判双方力量的强弱，这类情报一般在客户关系阶段就要全面系统掌握。

卖方可以利用大量的公开资料。诸如抵押、留置权、法律判决、工商登记、税收情况等公开记录，报纸杂志、官方数据、各种研究报告、行业协会简报、期刊和网站的公开资料，信用调查、股东报告和内部网站等内部资料，大多数资料都能以很低的费用获取。

卖方可以利用历史数据分析。在某种程度上，人是可以预测的，买方容易重复所用过的战术。在实际的谈判过程中，分析买方现有的业务状况、合同履约、交货记录、质量问题等，能帮助卖方判断出买方的关注点；更重要的是要掌握买方实际现场谈判者的资料，包括买方的谈判成员、谈判风格以及公司的强项和弱点，就能预测买方谈判的策略和底线，增加卖方谈判的力量。

谈判桌上的火力试探。买卖双方都想知道对方想要什么，但是即使买方告诉了你，你也不太相信他。卖方要善于从买方表面的陈述中，或者己方的投石问路旁敲侧击，还可以进行火力侦探，判断主谈者的强项和弱点，试探出买方的真正意图，并隐藏自己的期望值。也可以直接向买方提问，了解买方愿意支付的费用，也许很快就能得到买方底线数字。

卖方要注意，很多时候一些不起眼的人物，如谈判场所的服务人员、买方文印室的文员等都有可能成为情报来源。

卖方谈判目标设定

卖方在确定谈判目标时一定要分清自己想要的和需要的内容。根据目标优先等级排序，分清轻重缓急，哪个是最重要的目标，哪个是次要目标，把最高目标、中级目标和最低限度目标一一排列。列出目标的优先顺序之后，还要分清哪些是可以让步的，哪些是不能让步的，必须清楚明确，坚持原则。商务谈判中需要洽谈的常见问题包括价格、数量、质保期、交货期、付款方式、安装培训、售后服务等。

卖方设定己方谈判目标后还要根据所收集的情况分析买方的目标，针对买方最高目标、中级目标、最低目标，策划谈判进程与策略，在谈判中检验自己的判断并调整谈判策略。与卖方最关注价格不同，买方采购产品时最关注的不一定是价格，也可能是售后服务、产品质量。不同的客户，不同的谈判对手谈判目标肯定有差别，但不管怎么样，买方的谈判目标与卖方一定是有差距的。作为卖方肯定希望买方能接受己方目标，买方肯定也希望卖方接受他的要求，只有双方都设定了谈判目标，才能通过交流和谈判使双方的目标趋于一致。

谈判常见策略与技巧

产品买卖合同谈判中，买卖双方谈判交锋的焦点主要是集中在价格方面，其他如付款条件、交货日期、安装培训、售后服务、配件供应、技术升级等很多时候是作为价格谈判的筹码，为赢得最优价格作出的调整。

商务报价与让步策略

客户要的永远比你想要给的更多。谈判时，除了根据事先收集的资料，评估买方可能的谈判目标外，任何时候都不要轻易相信自己的假设。“assume”（假设）这个字，意思是“ass - u - me”（蠢货—你—我），能使你和我都成为蠢货。

商务谈判中的报价包括价格、数量、交货期、付款方式等。报价直接影响谈判的开局、走势和结果，事关卖方最终获利的大小，是关系到商务谈判最终能否成功的关键问题之一。

不要轻易报价

接到买方询价时不要轻易报价。特别是客户采购流程前期，买方不了解自身问题的严重性、迫切性，解决问题能带来的巨大利益，客户需求尚未明确，就不可能理解产品的价值。此时销售人员贸然报价，高价会使客户觉得太贵，低价客户会觉得质量不行。

进入商务谈判环节后，卖方不要轻易在原报价的基础上再报价，其实质是价格的首次让步。卖方应先让买方充分了解产品的使用价值和能给客户带来的利益，使买方认识到产品的巨大价值后再开始价格谈判。

开场报价一定要高

卖方开出的起点价要最高，报价最高的好处有：开场报价会影响买方对卖方提供的商品或服务的判断，会给买方留下产品质量高的印象；能为后续讨价还价留有较大的空间；最终的成交价格也会较高。开场报价给出卖方价格的最高限度，后续的讨价还价不可能突破开场报价，如果开场报价太低，最终的成交价格也一定很低。

报价并不能随心所欲地决定，而是受供求关系和竞争情况以及谈判对手的状况等因素制约。卖方不仅要考虑按此要价所能获得的利益，还要考虑要价被对方接受的可能性。从卖方来讲，要价的下限是产品成本，上限是买方的购买力。不切实际的过高要价会被买方认为没有诚意。

报价不要报整数，应报一个有零头的数字。商务谈判时，如果报出一个整数价是暗示让人家来降低价格。报价时要清楚明确，不要主动加以解释说明，才能给买方留下诚实、谈判余地很小的印象，从而得到更好的谈判结果。报价不坚定或吞吞吐吐，买方就会怀疑价格水分很大。买方听完报价后肯定会对感兴趣的问题提出质疑，卖方再根据买方的兴趣所在，针对性地进行解释和说明。报价解释原则：不问不答，有问必答，避虚就实，能言不书。

买方价格试探与应对方式

买方不了解产品本身的价值时会以同类产品或竞争产品价格作参考比

价，或者要求卖方提供产品的成本和分项报价，还可能要求卖方对产品的构成项目分项报价。

同行比价

应对同行比价的还价方式，一是分析买方选择对比的产品是否具有可比性，如果没有可比性则可以说明原因，不要掉入买方比价的圈套；如果具有一定的可比性，则要分析出卖方自身产品优势，体现价格的合理性使买方信服。

应对同行比价，可以采用差别报价策略，针对客户性质、购买数量、交易时间、支付方式等方面的不同，采取不同的报价策略，并向客户实证方式是最优报价。卖方可准备一些合同副本，价格一定要比报价高出一大截，因为买方还会要还价，对卖方给出的优惠价格进行实证，其实买方经常会提出这方面的要求。

成本比价

应对成本分析比价，卖方要能计算出产品的成本，并在此基础上再加一定的利润，作为依据进行讨价还价。进行成本说明时要考虑策略，客户能够进行验证的项目成本一定要准确或不要水分太多。制造产品使用的采购件或通用件客户可以在市场进行比价验证，成本计算得越准确谈判还价的说服力越强；产品自制件、专门的设计系统和方案成本客户无法进行验证比价，则可以适当提高成本，以保证产品的总价格平衡。

应对成本比价可以采用除法报价策略，即以商品总价格除以商品的数量或使用时间，得出一种数字很小的价格，使买方对本来不低的价格产生一种便宜、低廉的感觉。

分项比价

分项比价是指对主要产品的构成项逐个比价，对包装费、运输费、技术费、培训费、工程设计费、安装费，甚至还有配套设备等逐项比价。应对买方的分项比价，对包装、运输、配套设备等客户易于获知成本的方面，比对市场行情报出优惠价格或低于成本的价格，对产品、技术、安装价格费用可以视买方掌握资料的情况适当报高价。

应对分项比价，可以采用加法报价策略，把产品价格分解成若干项目，在谈判中按层次渐进逐步提出，使若干次的报价最后加起来仍等于当初想一次性报出的高价。

让步原则与让步技巧

让步涉及买卖双方的切身利益，不可随意让步。让步可能取得正面效果，通过适当的让步赢得谈判的成功；也可能取得负面效果，作出了某种牺牲却为对方创造了更为有利的条件。让步的基本规则是以小换大，为了达到这一目的，要事先充分准备，在哪些问题上与对方讨价还价、在哪些方面可以作出让步、让步的幅度有多少？

利益交换式让步原则

利益交换式让步是指以卖方的让步换取买方在某一问题上的互惠性让步。要争取互惠式的让步，卖方需要有开阔的思想和视野，除了某些必须坚持的原则，不要在某一个问题上执着，要灵活地使自己的利益在其他方面得到补偿。谈判时使用横向式商谈比用纵向式商谈更容易获得互惠条件。

所谓横向式商谈是几个议题同时讨论，同时取得进展，然后再同时向前推进。横向式商谈把各个议题联系在一起，双方可以在各议题上进行利益交换达到互惠式的让步。

所谓纵向式商谈是先集中解决某一个议题再开始解决其他议题。采用纵向式商谈的方式，双方往往会在某一个议题上争执不下，或者最后只是某一方单方面的让步。

在实际的谈判中，要争取互惠式的让步，可以采用这样的方式进行：当卖方谈判人员提出让步时向买方表明，我们作出这个让步是与公司政策或公司主管的指示相矛盾的，因此我们只能同意这样一个让步：即买方也必须在某个问题上有所回报，这样我们可以对公司有个交代。

示弱胜强的非实质性让步原则

谈判中的让步实际上就是牺牲自己的一部分利益。谈判过程中买方就某一个交易条件要求卖方作出让步，其要求有一定的理由支持，而卖方又不愿意在这个问题上作出实质性的让步时，就可以采取示弱的办法，做到不牺牲自己的利益，又能让买方满意的同样效果。

认真倾听买方的诉说和要求，肯定买方要求的合理性，并向买方表示：我方充分理解您的要求，我们也认为您的要求是有一定的合理性的。但就我方目前的条件而言，因受种种因素的限制，实在难以接受您的要求。我们保证在这个问题上，我方给予其他客户的条件绝对不比给你们的好，希望你们能够谅解。如果不是什么大的问题，买方听了上述一番话之后就有可能会自己放弃要求。

心理学认为：人们对自己争取某个事物的行为的评价并不完全取决于最终的行为结果如何，还取决于人们在争取过程中的感受，有时后者比前者更重要。认真倾听对方的诉说可以让买方感受到受尊敬的满足感；保证给买方的待遇不低于其他客户，则进一步强化了买方的满足感，使买方觉得与他人相比自己并没有吃亏。人们存在着一种横向比较的习惯，或者说相互攀比的心理。作出这样的保证就可以满足买方的这一心理。

以卖方目前条件不具备为由而婉言拒绝买方的要求实际上是以一种低姿态或弱者的形象来谋取买方的宽大和怜悯，这是一种谈判的战术。

以长期利益换取让步原则

谈判中的让步实际上是给买方一种满足。满足有两种：一种是现实利益的满足；另一种是长期利益的满足，或者说是未来的满足。未来的满足虽然暂时没有实现，但从心理上讲，买方的需求已得到满足，或部分地得到满足。在商务谈判中，有时无法直接给买方的某一让步就可以通过给予买方期待的满足或未来的满足，以避免现实谈判中要求你在某一问题上作出的让步。

卖方可以通过强调保持与己方的业务关系，将能给买方带来长期的利益；对成功建立和发展双方的长期业务关系，本次交易至关重要，向买方说明长期利益和短期利益之间的利害关系。如果买方是一个精明的商人是会考虑长期更大的利益，而放弃一些近期利益的。

卖方只是给了买方一个期待的满足，并未付出什么现实的东西却获得了谈判中的实质性让步。

卖方在谈判中的让步技巧

让步不是目的而是实现目的的手段。不要执着于某个问题的让步，整个合同比各个问题更重要。

不要做无谓的让步，不是迫不得已，不到最后关头不要轻易让步。让步要有利于谈判的总体战略，每次让步或是为了创造和谐的谈判气氛，或是以牺牲眼前利益换取长远利益，或是换取买方在其他方面相应的让步或优惠。

未完全了解买方的所有要求以前不要让对方轻易得到好处，或是未经重大讨论就让步。人们往往不珍惜轻易得到的东西，过于随便的盲目让步会给对方以无所谓的印象，影响双方的实力对比，让买方占有某种优势甚至得寸进尺。必须让买方懂得，卖方每次作出的让步都是重大的让步。即使作出的让步对卖方损失不大，是微小的让步也要使买方觉得让步来之不易，从而珍惜得到的让步。

没有得到某个交换条件不要再次轻易让步。谈判中双方“交换”让步是一种习惯行为，“交换”让步不能停留在愿望上，要保证“交换”的实现。卖方在让步后应等待和争取买方让步，在买方让步前，绝对不要再让步。接受买方让步时要心安理得，不要承诺作同等幅度的让步，否则争取到的让步就没有意义了。

要严格控制让步的次数、频率和幅度，步步为营。一般认为，让步次数不宜过多，过多不仅意味着利益损失大，而且影响谈判的信誉、诚意和效率；频率也不可过快，过快容易鼓舞买方的斗志和士气；幅度更不可过大，过大可能会使买方感到卖方报价的“虚头”大，会使买方的进攻欲望更强，程度更猛烈。

让步要分轻重缓急。一般不首先在原则的问题、重大问题上让步，也不要首先在买方尚未迫切要求的事项上让步。在己方认为重要的问题上力求使买方先让步，而在较为次要的问题上，根据情况需要，己方可以考虑先作让步。

让步要选择恰当的时机。如果让步过早，会使买方以为是“顺带”得到的小让步而得寸进尺；如果让步过晚，除非让步的价值非常大，否则将失去应有的作用；让步时机要恰到好处，才能以较小的让步获得买方较大的满意。一般而言，主要的让步应在成交期之前，以便影响成交机会，而次要的、象征性的让步可以放在最后时刻，作为最后的“甜头”。

在准备让步时尽量让对方开口提出条件，表明其要求，先隐藏自己的观点、想法。每次让步后都要明确，让步已到何种程度、是否获得了预想的效果。

谈判中的让价策略

卖方必须根据所掌握的信息对整个交易作出通盘考虑，估计买方的期望值和可能接受的价格，并根据卖方的最高目标、中间目标、最低目标设定还价时让步的台阶。

商务谈判中卖方的价格让步有其特定的规律，让价必须呈逐渐减小的趋势，即早期的让步一定要比后期的让步大。如果后期的让步比前期更大会让买方感到价格水分很大，会再次进行更大幅度的压价，或担心受到价格欺诈而中止谈判，会导致卖方利益严重受损，甚至丢掉订单。

如果买方按照分项比价方式谈判，卖方针对每个项目的让价最多不能超过两次，尽量不在每个项目上都让价，因为最终汇总总价时买方还会要求再次让价。如按让步总额设定70%、30%让步比例，或者60%、40%让步比例。

如果买方按照总价方式谈判，卖方的让价最多不要超过四步，让步的方式有两种。

方式一：卖方让价幅度逐次递减（如总让价的40%、30%、20%、10%），显示出卖方愿意妥协、希望成交的愿望，同时也显示出卖方越来越强硬的立场，逐渐消除买方的更多幻想，容易使买方在谈判中掌握还价的度，从而达成交易。这种让步方法在合作性较强的谈判中常用。

方式二：先作一次很大的让步（如总让价的50%、30%、15%、5%），向买方表示一种强烈的妥协姿态，表明卖方的成交欲望，然后让步幅度急剧减少。其优点是不需用其他手段就能传递“我已接近让价的极限了”的信息，诱惑力强，诚信可靠又比较合理，容易达成交易。

设定的价格让步步骤不一定要全部使用完毕，如果买方接受了卖方的报价，卖方获得较好的交易条件时不要将得意之情表露出来，以防止客户反悔，而是要及时恭维买方获得了最好的交易条件，让买方有赢得谈判的感觉。特别是买方的第一次还价就超过了卖方的预期，卖方不要轻易接受买方开出的条件，一定要让买方感觉到赢得了谈判，获取了最优的交易条件。

在谈判现场，无论卖方谈判人员拥有多大的决策权限，都要时刻在买方面前保持低调。谈判中遇到需要让步的情形，随即向买方表示超过权限，需要请示上级。无论让步内容是否需要汇报，都要作出请示上级的样子。事先要和上级沟通好谈判内容和方案，如果情况方案有变化，一定要先在电话里清楚表述。

回避或假装回避客户打电话，并在电话中就需请示的内容汇报，恰当的时候还可故意泄密，通过卖方人员私下讨论、电话交流、遗漏资料等方式，有意让买方谈判人员获知“机密内容”，让买方确信卖方的让步都是有诚意的、接近底线的，让买方有赢的感觉。有时候，买方谈判人员会要求卖方在谈判现场请示，以防止卖方人员采用此谈判策略。同时卖方也要防止买方使用这样的策略。

对于买方使出的车轮战术、红白脸战术、故意发脾气战术、中止谈判等谈判技巧，卖方要心中有数，不为所动，要明白这是买方的策略，不要轻易上当作出让步。针对买方的一切谈判技巧，卖方的策略是装聋作哑，牢记自己的目的，适当缓和谈判现场的气氛，以不变应万变。

卖方最终让价时一定要先和买方确认还有没有其他问题，没有解决买方所有问题时不要轻易给出最后的价格；在得到肯定的意见后，才可以给出最后的价格。如果买方采购决策者没有参与谈判，还要留有给买方决策者杀价的余地，让买方决策者有面子。

巧妙化解谈判僵局

双方在谈判中出现僵局是谈判常有的事。出现谈判僵局一般有三类原因。利益问题：找不到双方利益共同点，无法达成一致；人员问题：表述沟通不畅、态度过于强硬或木讷；环境问题：政策发生变化、行情发生变化。

如果是利益问题，先要分析双方是否都正确表明了自己的利益需求，如果卖方无法作出让步，可以争取引入新的条件，以创造新价值达到双赢。

如果是卖方人员问题，应调整自身态度，或更换谈判代表以适应买方；如果是非买方主谈人员问题，可采用搞定主谈者、对其冷处理的方式，如果是买方主谈人员，可以请求客户关键人物的支持，施加压力或者调离。如果是买方某个人提出的无理要求，要采取对事不对人的方式化解，或利用红脸白脸策略缓解气氛。如果是环境出现问题，出现双方不可抗力的事件，应相互理解和支持，并重新审视谈判条件，甚至重新开始谈判。

还可以通过暂时中止谈判，利用商务宴请等轻松环境取得情感上的互动，获取买方的谈判底线，从而重新制定谈判策略，化解谈判僵局。

合同签订注意事项

与买方签订合同时，卖方最好使用己方经过律师审定的合同范本，防止自己在现场对合同审查出现疏漏，带来不必要的损失。但在大客户销售中，卖方实际很难做到这一点，因为大客户管理更加规范，公司有专门的律师负责合同审查、风险评估等法律事宜。如果做不到卖方起草合同文本，至少要争取与买方共同起草合同文本。

合同是双方意愿表述一致的产物，双方达成的合作条款必须在合同文本里体现出来。合同条款必须严密细致、清楚明确，文字要简洁，概念要明确，内容要具体，防止因叙述不当而变得含混不清，给以后的合作埋下隐患。

卖方要在可能的情况下，尽量争取在己方所在地进行合同的签字仪式。因为签订地意味着发生诉讼时的法院管辖权，除了考虑本地法院对卖方的支持，还充分考虑到卖方到买方维权会产生更多的交通、食宿等额外成本。

如果不是在卖方所在地签订合同，卖方不要轻易在对方拟订的合同上签字。销售人员应该将合同文本以传真或电子邮件的方式发回公司，经公司商务、技术、生产、法律等部门共同评审，以确认合同文本无法律漏洞，无明显对卖方苛刻的条件，卖方确认有合同能力执行等，经评审通过后再与买方签订合同。

产品买卖合同组成的要素有：签约双方、标的、数量、质量、价款或者报酬、履行的期限、地点和方式、违约责任、解决争议的办法等，这是卖方在签订合同时需要审查或与买方商讨的重点内容。其他还有如知识产权、保密、不可抗力、合同变更解除终止等，一般都会有比较规范的条文。

签订合同主体

最主要的是审查买方签订合同主体资格，企业法人、自然人、其他法律认可的组织均具有签订合同资格。与买方签订合同时要确认其独立企业法人身份，并要求客户提供营业执照、组织机构代码证、税务登记证等资料，要注意营业执照是否年检、经营期限是否有效；买方为自然人时，要求其提供身份证和户口本验证。

标的

产品买卖合同中的标的就是指产品及其附属产品。合同对标的规定应当清楚明白、准确无误，对于名称、型号、规格、品种、等级都要约定清楚。标的不合法会导致合同无效。

数量

标的数量要确切，要选择买卖双方都接受的计量单位和计量方式，如有必要还需约定合理的正负差值或损耗的标准。对于用台、套等单位计量的设备还需要有具体的供货范围进行详细约定。

质量

质量是合同的主要条款。标的物的质量标准要详细具体，如标的的技术指标、质量要求、规格、型号等，包括标的物的理化成分、规格、性能、款式、感觉要素等五个方面。

签订合同时对标的物的质量要求应详细注明，质量条款一般包括质量标准条款、质量验收条款、质量异议条款。

质量标准条款可以用实物、商品或双方约定表示。设备类产品主要按国标、行标、企标或产品说明书规定执行。

质量验收条款包括质量验收的期限、地点、方式、责任等内容

验收地点。设备类产品一般涉及安装等内容，在买方所在地检验居多。

验收期限。卖方应在合同中约定质量检验期限，如设定产品到达买方现场后××天（最长30天）内必须安装，如果因买方原因未完成安装视同设备验收合格；设定产品安装完××天（最长15天）内必须试机检验，如果因买方原因未完成试机视同设备验收合格等。

验收方式。对于设备类的产品，验收条件一般按照技术要求检验，对于卖方而言，尽量约定为试机成功即验收合格。因为买方关注的质量问题可以在后续异议期内提出，或质量保证期内维修。

质量责任包括质保期限、保修责任

质保期限。质保期限约定要明确，最好约定为：自卖方货物到达买方现场之日起一年。如约定为：自设备验收合格后一年，一定要有详细的验收合格时间标准，避免买方故意不验收导致的质保期无限延长。或者约定为：自设备验收合格后一年，最长不超过自卖方货物到达买方现场之日起18个月。

保修责任。一般约定：质保期内非人为操作因素损坏，卖方负责免费维修，如因买方原因损坏，卖方负责维修，买方承担因此发生的费用。尽量不要写有任何质量问题卖方负责免费维修，遇到买方不讲道理，什么事都要卖方派人，成本高不说，人员调度难，服务质量肯定下降，客户满意度就跟着下降。

质量异议条款。产品表面瑕疵一般在检验时即可发现，隐蔽瑕疵有些

需要在设备安装运行后才可以发现，需要在合同中约定质量异议期，保证买方利益。

对于需安装调试的复杂产品，签约时要注意约定异议方式和期限，对产品的质量异议一般要求书面提出，异议期一般最长30天。如果没有约定异议期，合同法规定：买方在合理期限内没有通知或自标的物收到之日起2年内未通知出卖人的，视标的物为合格。

价款和报酬

价款和报酬是合同的主要条款，价款是取得标的物所应支付的对价，报酬是获得服务所应支付的对价。广义的价款包括产品本身的价款，还包括运输费、保险费、保管费、装卸费、安装费、售后费用等系列费用，狭义的价款指标的物本身的价款，其他通称为费用。

实际产品买卖合同中，卖方的价款一般包含安装、售后费用，但运输费、保险费用，有时需要与买方进行谈判。但大多数买方都会要求卖方承担运输费用。但在签约时有两点要注意：

无论运输费用是否由卖方承担，都要争取在合同中分列，因为产品增值税税率17%，运输费用税率要低得多，运输公司还可以开票抵扣。

要在合同中明确：产品到达买方所在地的装卸、保管、安装费用由买方承担，因为在买方装卸时，卖方难以安排相关设备和人员。即使买方不愿意提供，至少也要保证装卸、保管费用由买方承担，因为买方设备人员齐备，实际并不产生额外费用，只是提供便利而已；安装费用可以分开谈，要求买方提供吊装及其他相关安装设备和安装人员协助，其他费用可以由卖方承担。

履行的期限、地点和方式

履行期限是指买卖双方履行自己的义务，如交货、付款、完成工作的时间界限。期限可以是精确的，也可以是不确定的。产品买卖合同中，卖方履行的期限是产品的交货日期，买方履行的期限是付款时间，应尽量用明确、具体或者明确规定的计算期限的方法。

履行地点，最佳履行地点：卖方工厂或仓库交货。合同明确履行地点，一是可以明确风险责任的分担，标的物的毁损、灭失风险负担采取的是控制权主义，即产品交付前风险由卖方承担，交付后的风险由买方承担，法律另有规定或买卖双方另有约定的除外，对于交付是否完成，与履行地点直接相关。

二是履行地点关系履行费用的负担。如果自行提货，履行地点一般在卖方所在地，卖方交付之后即履行完毕合同义务，不再对货物运输负责，运费由买方承担；送货上门运费一般由卖方承担，当然也可双方另行约定送货费用。

履行方式是指买卖双方履行合同义务的具体方式。从时间分类可分为即时履行和一定期限内履行，从次数分类可分为一次性履行和分期分批履行，从运输方式可分为公路、铁路、航空、海运、联合方式运输等，还包括价款和报酬结算和支付方式，如现金结算、转账结算、支票结算、承兑汇票、信用证结算等方式。

实际合同中一定要注明付款方式。工业产品或设备通常的付款方式为，预付款30%、进度款30%、提货款30%、质保金10%，更好一点付款方式为，预付款30%、提货款60%、质保金10%，最佳的付款方式为预付款30%、提货款70%、卖方提供10%的银行质量保函。买方谈判的焦点将进度款改为提货款，提货款改为验收款，要求留有质保金；卖方要争取货物发出前收到尽量多的货款，尽可能用银行保函代替质保金，因为保函到时自动失效，卖方无收款风险，还可以减少资金的占用。

对产品的交货时间，卖方也要慎重考虑，谈判时要充分估计可以实际使用产品的时间和卖方生产制造最短的时间，要尽量争取充裕的时间，确保能按合同约定时间履行，避免因不能履约造成的风险。

违约责任

违约责任是指违约方因违反合同义务应承担的责任，是守约方的重要救济手段。可以督促双方及时全面履行合同，有利于违约发生后纠纷的及时解决，限制违约承担损失范围扩大的风险。实际合同中，约定违约责任有：约定违约金、延迟履行违约金/赔偿金/滞纳金、支付押金/订金/诚意金、支付定金等方式。

约定违约金。买卖双方事先约定、在违约后作出的独立于履行行为以外的给付。一方违约时应根据违约情况向对方支付一定数量的违约金。

延迟履行违约金/赔偿金/滞纳金，这点在约定交货和付款时间比较常见，属于双方协商内容，如果合同中没有约定，一般参考中国人民银行计收同期逾期贷款利息的标准。

支付押金/订金/诚意金并不是法律术语，本质上属于质押的范畴，即买方违约，无权收回支付押金/订金/诚意金，卖方违约不承担双倍返还，只需要退还支付押金/订金/诚意金及利息即可。

支付定金。根据法律或买卖双方约定，买方在合同订立时或订立后、履行前，按合同标的额的一定比例，预先给付卖方的金钱。买方不履行约定的，无权要求返还定金，卖方不履行约定应当双倍返还定金。定金具有双重属性，既是担保形式，又可作为一种违约责任形式。

在签订合同时要明确买方不按时付款的违约责任，一般条款有：买方未付清全部货款时，标的物所有权归卖方所有；还可以约定逾期支付的违约金、赔偿金标准。同时要降低买方对约束卖方的延迟交货违约金的标准。

异议、索赔和仲裁

异议包括数量异议和质量异议。质量异议在前面已经有阐述。数量异议期一般为收到货物后的3天，卖方要求买方以书面形式提出异议，未收到书面异议视同双方无数量异议。

索赔方式分为双方协商和仲裁。这方面内容一般买卖双方都会有专门的法律人士负责，只要在合同条款中明确争议的处理方式即可。

重大合同签订后，卖方还要密切注意买方的经营状况，以防买方经营不善导致合同无法执行；还要注意有无影响合同执行的不可抗力的因素发生，力求防患于未然，以免造成无法挽回的损失。

商务谈判环节的关键点：成交为最低目标，在确保成交的目标上，争取最佳的商务条件。让买方在合同谈判中体验赢的感觉，为后续合同执行、收款工作打下坚实的基础。

6. 零成本借力样板营销

高层拜访，让客户感觉赢

合同签订完毕，对于采购客户而言，整个采购流程只有安装实施没有结束，客户采购实施步骤的体验将会对供应商的产品验收和货款回收带来较大的影响。如果采购实施顺利，客户有了良好的采购体验，除了能顺利收回客户货款，还能争取客户下次采购的订单。此时应该寻找机会宴请客户采购相关部门的人员，进一步加强双方的关系。

合同签订完毕后，销售人员应在第一时间拜访客户高层，向客户高层承诺按时按质交货，会以最好的实施人员协助客户安装使用，会视客户需要提供良好的培训和服务，总之，向客户高层保证，客户的选择是正确的。大型项目或重点客户还应该安排公司高层领导对客户进行访问，将双方的关系由个人层面的关系进一步上升到双方的组织关系层面，增强客户组织的满意度和稳定性，增加将来客户重复购买或二次购买时竞争对手撬单的难度系数。

拜访客户内支持者和教练，感谢他们在采购项目中的支持，对于事先有承诺的客户，可以作出保证坚定他们的信心。一定要在合同执行过程中，或者合同执行完毕时兑现。千万不可以过河拆桥，因为后续还有验收、收款，甚至后续订单等需要客户支持，即便无此烦忧也要这样做，销售要以诚信为本。客户有自己的圈子，在客户圈子里面名声坏了，基本上这个行业就不要再做了。

拜访客户内部的反对者，项目已经尘埃落定，他们所支持的对象已经没有存在价值，此时和他们建立关系相对比较可行，他们中的很多人在后续的付款、服务、配件等方面可能还会有很多交道要打，建立关系能为后续项目执行和客户的重复购买打下良好的客户关系基础。

此步骤要注意及时收取客户的预付款或者定金，只要客户的定金未付到供应商的账户，合同就有不可预见的风险。可能客户上级单位改变意见，或者客户高层改变意见、客户内部发生问题，甚至竞争对手捣乱或者提出特别优惠的交易条件等，都有可能导致合同的中止或终止。很多合同都注明自客户定金到账才生效，所以客户在未支付定金之前终止合同对客户是没有任何损失的，供应商也无可奈何。

在收款的同时还要想办法和客户财务人员建立联系。如果你和他们熟悉，他们会将你的付款计划排在采购人员报上来的其他付款计划之前，及时或提前将货款支付给你。在现金和承兑之间，他们会优先给你现金。在客户资金紧张的时候，他们会偷偷告诉你，有一笔资金入账，赶紧找相关部门做支付计划。

顺利完成安装和验收

产品到达客户现场安装调试时建议销售人员一定要在客户现场；如果安装时间需要较长周期，建议销售人员在安装开始阶段和结束阶段一定要在客户现场，担负起现场协调的总责任人。千万不可以合同签订之前天天露面，合同签订之后再不露面。

现场安装调试需要协调的内容很多，包括要求客户提供吊装设备、能源动力、安装人员等多个方面，有些客户，特别是大中型国有企业的基层人员地位较低或素质不高，在采购过程中人微言轻，加上内心总认为采购过程充满了腐败，有时候出于显示自己重要性或会吃拿卡要，可能无事生非或不予配合。特别需要连续安装的设备，他们到下班点就撤离，让安装工作不得不拖延。

供应商的安装和售后人员一般是技术出身，本身协调客户关系能力就较弱，与客户各层次人员也不熟悉，加上他们在销售过程获益很少，又没有协调客户关系的相关销售费用，所有他们很难或者很少有积极性协调这些关系。双方安装人员的关系紧张，客户基层人员的推诿或刁难会导致安装延期、质量问题多，甚至会使设备验收难以通过等矛盾，严重影响客户满意度和销售人员的后续收款工作。

销售人员除了维护客户关系外，平时也要善于进行内部营销，与公司领导、直接上级、财务、内勤等支持人员和服务人员搞好关系，要善于协调素质较好的服务人员，为关键项目或关键客户服务，避免素质不高的服务人员给客户带来负面影响，甚至影响产品的验收收款工作。服务人员工作条件艰苦，收入较销售人员差距较大，在条件允许的情况下，销售人员应尽可能为服务人员协调较好的工作和生活条件。好的服务人员经常能提前获知客户二次购买信息。

销售人员在开始安装时到达现场，协调客户相关安装部门、人员和设备，介绍己方安装技术人员与客户认识，确定协调机制和协调责任人，如有可能可以安排商务宴请，增进关系并加深双方的印象，直到己方安装技术人员能自行与客户进行沟通协调，销售人员方可暂时撤离。撤离前必须交代好服务人员各项应注意的事项，避免因沟通不畅带来的不必要损失。

在设备安装完毕进行调试时，销售人员也应到达现场，随时处理不可预见的紧急状况。对于设备运行中出现的问题要争取解决在萌芽状态，如果遇到需要较长时间处理的复杂问题要与安装技术人员及时作出处理方案，必要时申请公司资源支持。同时应和客户甚至是高层客户做好解释工作和说明原因和处理办法。

试机成功后应及时获取客户的验收证明。有些供应商此部分工作由专门部门完成，但是建议销售人员不要放手，因为出现了任何麻烦，安装技术人员是不会承认他们有责任的。

建议安排一次宴请，宴请现场所有参与安装的客户基层人员。基层人员平时没有多少销售人员把他们放在眼里，你这样做了，无疑会为你赢得加分。将来设备运行中出现什么问题，他们会第一时间与你沟通，让你尽快处理将问题解决在萌芽状态，在客户高层为你说好话，证明高层的采购决策无比正确，上下一致满意，大大提升客户的满意度。

特别要强调对操作层面客户的宴请。项目前期收集信息阶段，销售成功后安装调试，都不要忘记宴请的操作层面客户。特别是购机后的安装调试是联络操作层面客户感情的最佳时机。一是感谢客户帮忙，二是为将来处理机器故障打下基础，三是力争把操作人员发展成为内线。如果是可能重复购买的客户，还要多请几次，事后请客比事前请客更能拉近与客户的感情，还可以让客户觉得你有人情味，不那么功利。

以点带面，样板驱动营销

严格意义上讲，采购安装实施、货款回笼（部分质保金可能要质保期满后才可以收回），一个完整的采购流程就正式结束。优秀的销售人员除了庆贺成功，更多的是思考如何利用市场初步突破的契机获得更大的销售业绩。

前面已经讲过，基层操作人员一般不会参与到具体采购过程，在采购过程中很难获得利益，更没有多少销售人员在意他们的感受。如果销售人员能发自内心尊重他们，在平时略施小恩小惠就能获得他们的好感。

和操作人员建立朋友关系，他们会精心维护好朋友的产品，损坏时及时沟通情况。在产品的实际使用过程中，销售人员还要特别注意通过与操作人员的沟通，获知详细的产品使用数据，包括能源消耗、备件消耗、生产效率、常见故障及处理办法，数据越详细越好。如果客户那里同时有竞争对手的设备，你还要尽可能收集竞品的资讯，这些数据都是将来销售的重要武器。

大客户销售有个特点即所谓的产业集群效应。一般重点客户的周边或大或小会形成一定规模的同行客户，如钢铁集团周边的小型钢铁企业、典型矿山的成矿带周边分布的其他矿山。除了天然形成的集群，还有很多客户因为产业配套、区域优惠招商等原因走到一起。

这些同行业客户一般都会有同样的产品需求，而且他们之间的交流也很频繁，客户内部的很多相关人员甚至是老乡、同学，总之有千丝万缕的联系。销售人员要时刻记住，在整个销售流程中，时刻请客户内部人员推荐或介绍同行业客户或周边的客户。特别是合同顺利执行完毕后，双方关系更进一步的时候，就更有基础请客户内部的人员推荐客户了。

请客户内部人员推荐的潜在客户，要征询推介人的意见，是否可以告知客户谁是推荐人。最好在获得推荐名单和电话时，就当着推荐人的面立即电话联系，电话拨通后，可以在征得推介人同意的情况下，请推介人在电话里直接与客户沟通，介绍相关情况并替你约见，这样的推荐效果最好。如果不方便立即联系客户，最迟不要超过24小时，一定要和客户及时联系。

无论联系的效果怎样一定要及时向推荐人反馈联络情况，向推荐人致谢或者请求进一步帮助。销售成交后记得感谢推荐人。其他人推荐客户也应该参照这样的方式处理。

很多时候，周边的客户了解到同行使用了新产品，往往过来看看设备的使用情况。这个时候客户一般不会联系销售人员，使用的情况如何，很多时候就要靠客户操作人员的介绍了。如果操作人员多说几句好话，使用过程中精心操作都会给客户留下良好的印象，为将来的销售打下坚实的基础。善于和客户打交道的操作人员还会帮你把考察客户的电话留下并第一时间通知你。如果操作人员说你的坏话，甚至还故意弄出些故障，后果不言而喻。

销售人员在日常工作中要善于建立样板基地，让样板来驱动市场营销。同时还要多培训现场操作人员，让他们着重向考察人员介绍产品的使用效率和稳定性能。如果培训好了操作人员，销售人员就等于多了几位不需要发工资的得力销售助手。

除了维护好客户关系，客户组织利益也不可忽视，对于样板客户要提供相对友好或额外的服务，争取客户管理层的支持。如配件供货价格折扣，设立配件仓库，常驻服务人员，定期巡检和免费的设备维护等。客户管理层的推荐也至关重要。私人层面的购买，参观客户更相信现场操作层面人员介绍，单位组织购买，参观客户会比较关注管理层意见。

采购实施环节的关键点：顺利完成产品的安装验收、货款回收，实现二次销售或重复购买，扩大配件销售额，形成稳定老客户关系。同时要力争将每一个用户都打造成公司的样板工程，让每一个客户都成为你的销售助手，自动自发地为你拓展新客户。

参 考 文 献

曹恒山．享受拒绝．北京：北京大学出版社，2008.

曹恒山．谁懂性格谁拿订单．北京：北京大学出版社，2009.

陆和平．中国式关系营销．北京：企业管理出版社，2010.

杰尔·厄卡夫、维利·伍德［美］．鲁伟刚译．关系决定成败．北京：中国社会科学出版社，2005.

龙平．如何选拔顶尖销售人才．北京：北京大学出版社，2006.

尼克·雷克汉姆．SPIN 销售巨人．北京：企业管理出版社，2006.

付遥．摧龙六式．北京：北京大学出版社，2008.

海英．礼仪的力量．北京：北京师范大学出版社，2011.

金正昆．公关礼仪．北京：北京联合出版社，2013.

蔡世军．合同法律问题与实务操作．北京：中国法制出版社，2010.

The end